Аруначала Шива

Arunachala SHIVA

**Commentaries on
Sri Ramana Maharshi's Teachings
Who Am I? (Nan Yar)**

Premananda

OPEN SKY PRESS
www.openskypress.com

Аруначала Шива

Комментарии к учению Шри Раманы Махарши «Кто Я?» (Nan Yar)

Премананда

OPEN SKY PRESS
www.openskypress.com.ua

Аруначала Шива

Издательство «Открытое Небо»
08722 Киевская обл.,
Обуховский р-н, с.Триполье, ул. Шевченко, 125
info@openskypress.com.ua

Все права защищены. Никакая часть данной книги не может быть использована или воспроизведена без письменного согласия правообладателя. Для получения информации, пожалуйста, обратитесь в издательство «Открытое Небо».

Первое издание

© Издательство «Открытое Небо» 2015

ISBN 978-617-7161-15-7

Фотографии из Time Life / Getty Images, Элиот Элисофон: стр. 79, 153, 223
Фотографии из Magnum Photo от Генри Картиер Брессон: стр. 309, 347, 349
Фотографии Аруначалы от Г. Бойд: стр. 125, 250, 271, 310
Фотографии Аруначалы от Дев Гогои: стр. 50, 191
Все остальные фотографии из книжного магазина Рамана Ашрама
и архива Open Sky House.

Отпечатано в Украине
Полиграфия - Издательство "Досконалый Друк", Киев, 2015
doskdruk@gmail.com

OPEN SKY PRESS
www.openskypress.com.ua

Бхагаван Шри Рамана Махарши

Я посвящаю эту книгу Бхагавану Шри Рамане Махарши, мудрецу Аруначалы. Он вошел в мою жизнь тихо, незаметно, через фотографию двадцать лет назад, и стал главным вдохновением в моей жизни.

Благодарю за прожитую тобой образцовую жизнь, за простоту и ясность, с которыми ты направляешь нас. Вопрос «Кто Я?» дает золотой ключ всем, кто желает познать свою истинную природу.

Бхагаван Шри Рамана Махарши

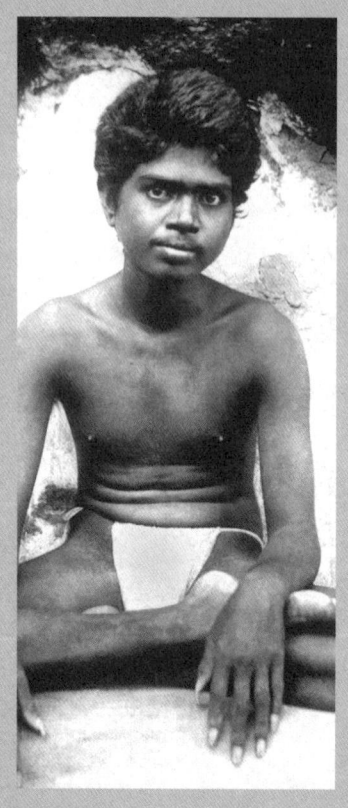

Мудрец Аруначалы, родившийся в 1879 году, один из наиболее знаменитых современных индийских мудрецов, святой и духовный мастер.

В шестнадцатилетнем возрасте с ним произошло спонтанное пробуждение. Он покинул свой дом в Мадурае и отправился в Тируваннамалай к священной горе Аруначала. Он прожил много лет в одиночестве и тишине на самой горе и в ее окрестностях, никогда больше не покинув ее. В 1920 году был построен существующий ашрам. Здесь он жил и обучал вплоть до своей смерти в 1950 году.

Многие из этих *Маха Риши* (великие пророки), учеников и преданных, которые получили благодаря ему Самореализацию, преподают своим собственным ученикам практику Самовопрошания, используя вопрос «Кто Я?».

Бхагаван Шри Рамана Махарши

Бхагаван	Живой Бог
Шри	Почетный в смысле прославленный
Рамана	Тот, кто знает, что он Истинное Я, тот кто находится в сердце всего
Маха	Великий
Риши	Мудрый/Чистая Осознанность

Выдающийся мудрец, пребывающий в сердце всего.

Важные события в жизни Шри Раманы

Дата	Событие
30 декабря 1879	Родился в Тиручули, Тамилнаду, Южная Индия. Имя, данное при рождении - Венкатараман
Июль 1896	Духовное пробуждение
1 сентября 1896	Прибыл к Аруначале в возрасте шестнадцати лет
Февраль 1897	Перебрался в Гурумуртхам
1898	Перешел в пещеру Вирупакша в возрасте двадцати лет
1902	Дал первое записанное учение «Кто Я?» в возрасте двадцати двух лет
1906-07	Начал снова разговаривать
1907	Получил имя Бхагаван Шри Рамана Махарши
1916	В пещеру Вирупакша переехала мать
1916	Перешел в Сканда Ашрам в тридцать семь лет
Май 1922	Умерла мать, и затем Бхагаван спустился с горы
1920-е	Бхагаван переписал и опубликовал «Кто Я?»
1920-е	Созданы примитивные постройки ашрама из бамбука
1927-1942	Построены каменные здания ашрама
1930-е	Визит Пола Брантона
1940-е	Напротив усыпальницы Матери построен новый гранитный Холл
1949	На руке Бхагавана появилась раковая опухоль
1949	Будучи тяжело больным, перебрался в Комнату Самадхи
14 апреля 1950	В 20:47 Бхагаван покинул тело

Книги Премананды на русском языке:
«Великое Заблуждение»
«Намётки на Пути к Пробуждению – Индийские Мастера»
«Сатсанги у Аруначалы»

Фильмы Премананды с русскими субтитрами:
«Намётки на Пути к Пробуждению – Индийские Мастера»
«Великое Заблуждение»
«Сатори. Метаморфоза Пробуждения»
«Европейские Мастера – Намётки на Пути к Пробуждению»
«Аруначала Шива – Комментарии к учению
Шри Раманы Махарши "Кто Я?"»

Готовятся к изданию книги Премананды на русском:
«Пападжи. Удивительная Благодать»
«Европейские Мастера – Намётки на Пути к Пробуждению»

Благодарности
к русскому изданию

Издание книги «Аруначала Шива» на русском языке стало возможным благодаря великодушной поддержке Арджуны в создании издательства «Открытое Небо» и коммуны «Дом Открытого Неба» в Триполье под Киевом, в Украине.

Основную часть перевода выполнил Натарадж из издательства «Открытое Небо». Я хочу искренне поблагодарить его за время и усилия, которые он посвятил осуществлению перевода такого высокого качества.

Редактирование и перевод – это огромная работа, и она была умело организована Рамани из «Открытого Неба». Мои благодарности команде, занимавшейся вычиткой: Атме, Натараджу, Арджуне, Ольге, Шанти и Юлии. Благодарю также Александра Борисова из Москвы за его профессиональную окончательную вычитку.

Европейское издательство Open Sky Press Ltd. поддерживало издание книги на русском языке. Атма мастерски отформатировала всю книгу и подготовила ее к печати. Русскоязычная жительница европейской коммуны Open Sky House Нирвано оказывала поддержку Атме, а также вычитала всю книгу.

Премананда 2015

Благодарности

Я пребываю в огромном долгу благодарности перед двумя моими Мастерами – Ошо иАпаджи. Без двадцати лет, проведенных мною у их стоп, эта книга не смогла бы появиться на свет. Шри Рамана вошел в мою жизнь тихо и незаметно, постепенно став моим главным вдохновением и наставником. Я выражаю ему особую благодарность, потому что эта книга – дань моего уважения его образцовой жизни и тому, что он сделал древние учения доступными нам на современном языке.

Я в особом долгу перед Дэвидом Годманом за то, что он поделился богатством своих знаний обо всех сторонах Шри Раманы, собранных в течение тридцати лет. Я также в долгу перед Рамом за его великолепное введение в *веданту* и те многие часы, которые мы провели вместе за увлекательными беседами. Эти диалоги и интервью были проведены в 2002 году в течение года, проведенного мной в ритрите в Тируваннамалае. Кроме того, я бы хотел поблагодарить Дэвида и Рама за их терпение в прошедшие годы.

Интервью, или диалог – это спонтанная и уникальная беседа. Благодарю Кали Деви за ее тщательное редактирование записей интервью, аккуратно выполненные Дэвом Гогои и Сатьей. Также благодарю Кали Деви за внимательную многократную вычитку рукописи и за бесценную ежедневную поддержку, которую она оказывала всей команде и, в особенности, мне. Махиму и Даршану – за последние редакционные штрихи во время перевода этой книги на немецкий язык.

Мне следует поблагодарить Шри В.С. Раманана, президента Шри Рамана Ашрама, за разрешение использовать фотографии Шри Раманы и Ашрама, имеющиеся в магазине ашрама. Кали

Деви и Даршану, которые сделали большинство современных фотографий Рамана Ашрама и окрестностей Аруначалы. Благодарю Дэва Гогои и Грехема Бойда за их превосходные фотографии Аруначалы. Картье-Брессона за то, что оказался в ашраме, когда Шри Рамана покинул тело, и Веллинга за его классическое фото, украшающее обложку книги.

Парвати и Даршане за графический дизайн многочисленных страниц с иллюстрациями, и Парвати за советы по графическому дизайну обложки. Спасибо Парвати за прекрасную карту и DVD-диск с трейлером. Также Даршане за окончательное редактирование DVD и за потрясающе красивый DVD-фильм «Аруначала Шива», выпущенный отдельно.

Мои сердечные благодарности всем жителям коммуны Open Sky House за любящую энергетическую поддержку, за создание пространства для всех тех, кто работал над книгой. И, наконец, моя глубокая благодарность Парвати, директору Open Sky Press, за ее кропотливую добросовестную работу по форматированию книги и за координацию взаимодействия с нашей типографией таким образом, который позволил опубликовать книгу в столь высоком качестве.

Премананда 2009

Содержание

Введение к русскому изданию 1
Введение 3
Предисловие Алан Джейкобс 7

Введение
1 Жизнь Шри Раманы *Дэвид Годман* 15
2 Учение Шри Раманы *Дэвид Годман* 49
3 Преданные Шри Раманы *Дэвид Годман*.. 79

Оригинальный текст
4 «Кто Я?» (Nan Yar) *Шри Рамана* 125

Комментарии
5 Анализ опыта просветления Шри Раманы
   Рам 139
6 Комментарии к «Кто Я?»
   Рам 153
7 Комментарии к «Самовопрошанию»
   Рам 191
8 Комментарии к «Кто Я?»
   Дэвид Годман 223
9 Как выполнять Самовопрошание
   Премананда 251

История Жизни
10 Дэвид Годман 271
11 Рам 309
12 Премананда 347

Глоссарий 383
Контакты 391

Самовопрошание

При возникновении каждой мысли следует быть бдительным и спросить: «К кому пришла эта мысль?». Ответом будет: «Ко мне». Если вы будете вопрошать «Кто Я?», ум вернется к источнику, из которого он вышел. Возникшая мысль также исчезнет.

Шри Рамана Махарши

Оригинальный набросок Шри Раманы Махарши

Вступление
к русскому изданию

Я очень рад, что эта книга «Аруначала Шива» переведена на русский язык. Уже достаточно давно Шри Рамана Махарши стал влиятельным индийским мастером. За последние годы его метод Самовопрошания с использованием основополагающего вопроса «Кто Я?» стал известен многим духовным искателям. Рамана Ашрам в Тируваннамалае на юге Индии стал местом паломничества ищущих со всего мира. Сюда в последние годы совершили паломничество многие русскоязычные искатели истины. Эта книга содержит жизнеописание и учение Шри Раманы «Nan Yar», а также комментарии к нему, что делает книгу «Аруначала Шива» насущной для тех, кого привлекает Шри Рамана.

Я впервые побывал в Москве в 1989 году. В тот приезд я шесть месяцев путешествовал по тогда еще Советскому Союзу и провел медитационные уикенды в восемнадцати городах страны. Тогда я познакомился с великой душой русскоговорящих людей. Я был очень тронут.

С тех пор я неоднократно приезжал в Россию, в основном, в Москву и Санкт-Петербург. Мне импонируют глубина бытия и качества русской души. Четыре года назад меня неожиданно пригласили в Украину. Судьба распорядилась так, что в первые же дни я познакомился с несколькими людьми, которые посодействовали и поддержали мое учение. За прошедшие четыре года сформировалась преданная Санга-группа, которая встречается со мной в Киеве каждые три месяца. На ее базе в июне 2013 была образована русскоязычная коммуна «Дом Открытого Неба» в Триполье, в которой люди живут постоянно, www.openskyhouse.com.ua. Внимание этой коммуны сосредоточено на учении Шри Раманы Махарши.

Триполье – историческая деревня под Киевом, в которой коммуна создала прекрасный Ритритный центр, www.openskyretreat.com.ua. Здесь я регулярно провожу ритриты с участниками из Украины, России и Западной Европы. Сейчас, когда эта книга готовится к печати, жители коммуны реконструируют здание под гостиницу www.tripillyahotel.com.ua, которая обеспечит жильем гостей Ритритного центра и финансово поддержит коммуну.

Коммуна создала издательство, которое с 2013 года перевело и выпустило две моих книги: «Великое заблуждение», основанную на восемнадцати годах моих учений, и «Намётки на пути к Пробуждению – Индийские Мастера», подробно излагающую намётки к учению четырнадцати индийских мастеров. Совместно с книгами также выпущены пять духовных фильмов с русскими субтитрами, предлагаемые на сайте www.openskypress.com.ua, а также в книжных магазинах Украины и России, контактные данные которых вы можете найти на этом веб-сайте.

Каждое воскресенье по «Сатсанг-ТВ» из Open Sky House («Дом Открытого Неба»), расположенном в центре Западной Европы, я провожу интернет-трансляцию моих встреч с русским переводом. Во время этих встреч вы можете побеседовать со мной в прямом эфире, подключившись через Skype. Посетив сайт www.premanandasatsangtv.org, вы также можете просмотреть архив, содержащий около девяноста записей встреч с русским устным переводом. Если у вас есть iPhone или iPad, вы можете подключиться через приложение SatTV. Могу сказать, что двадцать пять лет я искренне наслаждаюсь своей связью с русскоговорящими людьми.

«Аруначала Шива» подробно объясняет, как проводить Самовопрошание – «Кто Я?». Это замечательный инструмент для любого человека, желающего пробудиться к своей истинной природе. Обе коммуны Open Sky сориентированы на Раману Махарши и Пробуждение, и на проживание этого Пробуждения в нашей повседневной жизни. Приглашаем посетить нас!

Премананда 2015

Введение

Книга «Аруначала Шива» – дань уважения духовному величию Бхагавана Шри Раманы Махарши, пробудившегося к своей истинной природе в 1896 году в возрасте шестнадцати лет. Спустя несколько недель после этого события он покинул дом и добрался до Аруначалы, святой горы в городе Тируваннамалай на юге Индии, считающейся воплощением самого *Шивы*. Шри Рамана провел всю свою жизнь на горе, которую считал своим Мастером. Большинство духовных адептов считает его одним из величайших мудрецов Индии нашего времени.

Маленький буклет «Кто Я?» (Nan Yar) Шри Раманы содержит суть его учения, сосредоточенного на Самовопрошании. Буклет появился в результате встречи Шри Раманы с духовным искателем, одолеваемым жгучим желанием найти ответ на свой вопрос «Кто Я?». Несмотря на то, что первоначально отвечая на вопросы, Шри Рамана не был знаком со священными писаниями, его ответы стали духовной классикой и согласуются с традициями как *йоги*, так и *веданты*. Он отвечал на вопросы, поставленные перед ним в тот день, из Истинного Я, отражая как древнюю индийскую, так и современную ему мудрость.

Нет сомнений в том, что значение, которое Шри Рамана придавал Самовопрошанию как наиболее прямому пути к Самореализации, в последние годы привлекает огромное внимание серьезно настроенных западных искателей Истины. Внимание привлекает не только его учение, но также его показательный образ жизни и *саттвичная* (спокойная и умиротворенная) природа ума, нашедшая отражение в архитектуре его *ашрама*, который он сам спроектировал. Тысячи искателей с Запада каждый год приезжают в *ашрам*, чтобы побыть несколько дней в хоть и скромном, но замечательном спокойствии этого места. Всегда доставляет большое удовольствие сидеть на красном глиняном полу и брать прямо руками и есть аппетитную вегетарианскую пищу, подаваемую из ведер на «тарелки» из банановых листьев.

Эту тишину атмосферы *ашрама* можно ощутить по ста фотографиям на тридцати шести страницах книги. Они охватывают жизнь Шри Раманы, начиная с его самого раннего фото, сделанного в возрасте двадцати одного или двадцати двух лет, и заканчивая его смертью в 1950-м. Удалось раздобыть несколько малоизвестных фотографий, включая две, сделанные известным французским фотографом Картье-Брессоном в последние дни и сразу после ухода Шри Раманы. Страницы с фотографиями также показывают развитие Рамана Ашрама с первых дней и до настоящего времени и знакомят нас с людьми, которым посчастливилось провести время рядом с Шри Раманой. Великолепие *гуру* Шри Раманы – горы Аруначалы, этого воплощения *Шивы*, украшает каждую страницу.

Первый шаг к созданию этой книги был сделан в 1992 году, когда я жил в соседней комнате с Дэвидом Годманом в Рамана Ашраме. Он любезно разъяснил мне суть Самовопрошания и познакомил с Шри Лакшманой Свами, одним из последних живущих прямых учеников Шри Раманы. Впоследствии Дэвид входил в состав большой общины людей с Запада, живших рядом с Пападжи в Лакнау. На день рождения Пападжи в сентябре 2000 года он охотно дал интервью о своей жизни и отношениях с Пападжи. Его история – классический пример того, как мастер ведет свою настоящую работу. Позднее, в 2002-м, мы записали интервью о жизни Шри Раманы, его учении и преданных. Тогда же он предложил мне свои комментарии к «Кто Я?» и поддержал этот проект, выложив эти интервью на своем веб-сайте. Поскольку материал был очень интригующим, я решил продолжить работу над этой публикацией, даже несмотря на то, что это заняло у меня несколько лет.

В то же самое время в 2002 году, находясь в Тируваннамалае в индивидуальном ритрите, я познакомился с Рамом. Как правило, по вечерам его можно было застать в местном ресторане, излагающим увлеченным слушателям свои взгляды на *веданту*. Мы стали друзьями и многие часы провели в беседах. Из наших бесед я вынес бо́льшую внутреннюю ясность и был особенно рад, когда он в течение многих часов терпеливо объяснял мне тонкие нюансы *веданты*. Это непосредственно привело к тому, что я попросил его провести со мной беседы об учении Шри Раманы, представленные в этой книге, в которых Рам интерпретирует учение, опираясь на свое знание *веданты*. Это ценная работа, и решение опубликовать ее дало материал для оживленной дискуссии о корректной интерпретации сущности учения Шри Раманы.

«Аруначала Шива» состоит из четырех разделов. В первом Дэвид Годман знакомит нас с жизнью Шри Раманы и многих его ближайших учеников. Он углубляется в подробности учения, в особенности Самовопрошания. Полный оригинальный текст «Кто Я?» (Nan Yar), отредактированный Шри Раманой в 1920-х, включен во второй раздел. В третьем разделе в комментариях Дэвида, Рама и в моих собственных подробно излагаются ключевые вопросы и ответы. Один из моментов, вызывающих сильные разногласия, – вопрос о «разрушенном уме». Дэвид в Главе 2 решительно настаивает на этом, как на существенной части учения Шри Раманы, а Рам в своих комментариях предлагает противоположную интерпретацию. В четвертом разделе история жизни каждого из комментаторов предлагает интересный и уникальный взгляд на приключения серьезных духовных искателей.

Интервью и диалоги с Дэвидом, Рамом и со мной были смонтированы в замечательный девяностоминутный фильм «Аруначала Шива», выпущенный на DVD-диске. Он содержит архивные материалы о Шри Рамане, современные съемки его *ашрама* и, конечно, живописные кадры Аруначалы. Фильм выражает важные моменты жизни и учения Шри Раманы в визуальной форме. В конце книги вы найдете DVD-диск с трейлером, который позволит вам ощутить вкус полного фильма. Кроме диска также прилагается схематическая карта Аруначалы и прилегающих к ней паломнических храмов, *ашрамов* и гостиниц, отпечатанная на высококачественной бумаге.

Х.В.Л. Пунджа, которого с любовью называли Пападжи,

«Лев из Лакнау», был прямым учеником Шри Раманы. С 1990-го и до его смерти в 1997 году множество западных учеников стекалось в Лакнау чтобы побыть в его присутствии. Я был одним из них. Он всегда говорил, что был каналом для учения Шри Раманы, хотя, конечно, это учение принадлежит скорее древней духовной традиции, нежели какому-то отдельному Мастеру. Пападжи был моим *гуру*, и в дальнейшем Шри Рамана стал моим главным вдохновителем и наставником.

В последние пятнадцать лет стремительно растет число западных духовных учителей, преимущественно учеников Пападжи, путешествующих по миру и проводящих *сатсанги* (встреча в Истине). В результате их послание затрагивает все возрастающее количество искателей на Западе, и кажется все более важным раскрыть древние учения, чтобы их значение стало понятно более широкой аудитории. Мне бы хотелось, чтобы эта книга внесла вклад в расширение доступности учения Шри Раманы, и, таким образом, также и древней мудрости. Я бы хотел, чтобы она бросила вызов укоренившимся духовным идеям и способствовала здоровой дискуссии. И, наконец, это моя дань признательности Шри Рамане, который направлял меня в последние годы моего собственного путешествия в качестве духовного учителя.

Премананда 2009

Предисловие
Алан Джейкобс

Какое великолепное название для такой превосходной книги! «Аруначала Шива». Святая гора, считающаяся самим Господом Шивой, была признанным центром паломничества в течение тысячелетий и, пожалуй, прежде всего, в течение пятидесяти лет домом для знаменитого учителя мирового масштаба, почитаемого *джняни* (тот, кто осознал Истинное Я) Бхагавана Шри Раманы Махарши.

Премананда, уважаемый западный мастер *адвайта-веданты*, и в этот раз использовал свои мощные навыки ведения интервью для того, чтобы основательно, с большой глубиной исследовать вдохновенные учения Шри Бхагавана. Работа духовного мастера направила Премананду в Австралию, Новую Зеландию, Индию и Европу, включая Россию. За последние шесть лет он взял интервью у многих индийских святых и мудрецов, результатом которых стала мастерски сделанная и успешная книга «Намётки на пути к Пробуждению – уникальные диалоги с 16 индийскими мастерами об учении Шри Раманы Махарши». Второй том этой книги о мастерах Запада будет опубликован в ближайшее время.

Для своих бесед в «Аруначала Шива» Премананда выбрал Дэвида Годмана, известного автора книг по Рамане Махарши, и Рама, учителя и автора книг по *веданте*. Он тщательно и подробно расспрашивает их обоих, всесторонне исследуя учение Шри Бхагавана, чтобы ясно и во всей полноте разъяснить его смысл. Эти интервью окажут значительную помощь очень многим духовным искателям, как восточным, так и западным, которые желают больше узнать о Шри Рамане и о его послании современному человечеству – учении, обещающем привести их к Самореализации, если только они последуют его рекомендациям с настойчивостью и постоянством.

Своей книгой «Будь тем, кто ты есть» Дэвид Годман составил, пожалуй, наилучшее введение в учение Шри Бхагавана, и теперь она завоевала прочную репутацию эталонного справочника. Дэвид в принципе считается одним из самых компетентных в мире людей в вопросах, касающихся жизни, учения и учеников Шри Бхагавана.

Рам учился у великого мастера *веданты* Свами Чинмайананды, и теперь использует свои превосходные писательские способности для того, чтобы объяснить эту древнейшую истину языком, совершенно понятным западному искателю. Его комментарии к учению Шри Раманы с точки зрения *веданты* создают возможность для оживленной дискуссии. Премананда сделал самый мудрый выбор в отношении своих партнеров для диалогов.

Книгу по праву открывает интервью Премананды с Дэвидом Годманом, чье всестороннее исследование впервые раскрывает множество личных подробностей из жизни Шри Бхагавана. Премананда и Дэвид движутся дальше, и в двух увлекательных главах углубляются в нюансы учения Шри Раманы и жизни его близких учеников.

Следующий раздел содержит ключевой текст самого Шри Бхагавана «Кто Я?» (Nan Yar). Это фундамент, основополагающая работа по исключительно важному учению *атма-вичары*, или Самовопрошанию, о котором Шри Рамана всегда говорил как о прямом и надежном пути к Самореализации, при условии добросовестной практики этого учения. И тогда польется Благодать.

Затем Премананда ведет диалог с Рамом об уникальном опыте просветления Шри Бхагавана, случившимся еще когда он подростком учился в школе. Рам всесторонне исследует собственное описание Бхагаваном этого события и делает некоторые весьма проясняющие комментарии, которые окажутся наиболее полезными для всех тех, кто желает понять смысл этого события.

Рам также комментирует «Кто Я?» (Nan Yar) в наиболее доступной форме. Его анализ этого важного текста с точки зрения *веданты* выполнен блестяще и настоятельно рекомендуется тем, кто серьезно интересуется практикой Самовопрошания, пониманием Истинного Я и учения Шри Бхагавана. Премананда и Рам углубляются в обсуждение описания Самовопрошания Шри Раманой в его книге «Самовопрошание».

Если этого окажется недостаточно, то в следующей главе Дэвид Годман анализирует, разъясняет и комментирует «Кто Я?» (Nan Yar) в своей доходчивой и ученой манере.

Завершая раздел комментариев, Премананда предлагает нам собственное понимание практики Самовопрошания и наиболее практичным образом поясняет, как ее выполнять. Для учеников, которым трудно приступить к Самовопрошанию, комментарии Премананды окажутся ясными и доходчивыми.

Эти главы о Самовопрошании существенно посодействуют многим ищущим, пытающимся решительно взяться за эту важнейшую *садхану* (духовная практика), которая вкупе с преданной сдачей формирует основу великого дара Шри Раманы человечеству.

Это, пожалуй, подходящий момент для более глубокого и подробного обсуждения Самовопрошания. Шри Бхагаван называет его прямым путем к Самореализации, и его описание приводится в классическом писании *адвайты* «Йога Васиштха». В этой глубокой философской работе, перемежающейся поучительными историями и притчами, мудрец Васиштха обучает Самовопрошанию своего ученика, принца Раму, повторяя важные наставления по ходу развития сюжета. С тех пор в литературе по *адвайте* почти не встречается упоминаний об этой практике. Дело в том, что ее стали преимущественно беречь для посвященных зрелых учеников. Таким образом, она превратилась в скрытое, тайное учение. Выдвинув эту практику с самого начала, когда он дал письменные ответы на вопросы после своей Самореализации, на первый план своего учения, Шри Бхагаван преподнес великий новаторский подарок нашему утомленному человечеству.

«Кто Я?» (Nan Yar) превратилось почти что в *мантру* (священный звук) учения Шри Бхагавана. Так что

Самовопрошание стало секретом, доступным любому человеку без изменения его образа жизни. Последователи могут его практиковать и приблизить день своего освобождения благодаря этой потрясающе эффективной *садхане*. Я советую всем, кто по-настоящему стремится к Самореализации, хорошенько изучить эти работы Шри Бхагавана, вошедшие в его «Собрание произведений», «Кто Я?» и «Самовопрошание». При его жизни каждому новичку, приходившему в его *ашрам* на *даршан* (пребывание в присутствии святого), выдавали буклет «Кто Я?».

Самовопрошание как практика распространена только среди учителей *адвайты*, следующих учению Шри Бхагавана. Его не дают в других традициях, в которых *бхакти* (преданность) и *карма-йога* (работа как служение божественному) преимущественно является избранным путем к освобождению. Конечно, медитацию преподают во всех традициях, но совсем не обязательно в какой-либо связи с Самовопрошанием.

Несомненно, Самовопрошание стало очень популярным на Западе благодаря бурному росту количества учителей *адвайты*, появившихся после *маха самадхи* (осознанный уход из тела в момент смерти) Бхагавана в 1950 году. Однако, Самовопрошание зачастую оставляют в стороне из-за малозаметной трудности с его началом, и необходимости в инструктировании для того, чтобы основательно укрепиться в практике. Часто его преподают в неправильной, чересчур упрощенной форме, которая не оказывается достаточно эффективной для разрушения скрытых тенденций ума, скрывающих и препятствующих полному раскрытию потенциала настоящего Истинного Я. Шри Бхагаван предлагал множество различных подходов к Самовопрошанию, о котором отзывался как о прямом пути к Самореализации, соответствовавших потребностям его последователей разной степени зрелости и темперамента.

Существует метод вопрошания, применяемый в момент возникновения мыслей или эмоций, спрашивать себя: «У кого возникли эти мысли или эмоции?». Это приводит ум к неожиданной остановке, к безмолвию. В другом варианте возможно помещать внимание на Истинное Я, или на центральное ощущение «Я есть-ности», или же просто становиться осознающим собственное осознание. Это может быть глубокой практикой погружения в сердце, с контролем дыхания или без него, как Бхагаван учил в «Шри Рамана Гите». Или можно использовать настоящее «Я», которое есть имя Бога, повторяя «Я-Я-Я» как мантру. Следует прочесть его «Собрание произведений» и ответы на вопросы в его «Беседах», старательно читая нумерованные ссылки на Самовопрошание для того, чтобы полностью укрепиться в практике, а затем выполнять ее настойчиво и усердно. Тогда завеса и преграды, скрывающие Истинное Я рассеиваются, *васаны* (тенденции ума) проявляются и эго, или ложное чувство «я», повергается. Самореализация неизбежно придет к старательному практикующему Самовопрошание в надлежащий момент, так говорит Бхагаван Шри Рамана!

Вслед за этими важными главами Премананда переходит к расспросам Рама и Дэвида об их собственных историях жизни, захватывающих духовных поисках, проливая свет на их собственные духовные открытия. Премананда также подвергает себя углубленному интервью.

Дэвида Годмана собственный поиск и паломничество привели в Рамана Ашрам, затем к встрече с Х.В.Л. Пунджей (Пападжи), Нисаргадаттой Махараджем, Аннамалаем Свами, Лакшманой Свами и многими другими основными, близкими последователями Бхагавана. Дэвид рассказывает нам о своих ярких переживаниях от встреч со многими мудрецами, с которыми он общался, брал интервью и работал, когда писал их биографии.

Дэвид обосновался в Индии и прожил тридцать лет в Тируваннамалае, где продолжает усердно редактировать и переводить лучшие работы мудрецов об учении Шри Бхагавана, таких, как известный тамильский поэт Шри Муруганар. Множество последователей Шри Бхагавана находятся в большом долгу перед этим прекрасным писателем и биографом за его преданную работу на протяжении более чем тридцати лет.

Описание колоритной жизни Рама читается как увлекательный роман. После успешной карьеры в бизнесе он примкнул к психоделическому движению 60-х. Путешествия вглубь сознания в итоге привели его к своему мастеру, Свами Чинмайананде. Под руководством этого великого мастера Рам изучил *веданту*. Его уникальный дар своим читателям и тем, кто приходит к нему за наставничеством, заключается в способности передать мудрость *веданты* современным языком. Он поддерживает интереснейший веб-сайт, на котором развенчивает многие духовные мифы, и сейчас опубликовал свою новую книгу «Как достичь просветления».

История жизненного пути Премананды в хронологическом порядке повествует о его годах, проведенных в Японии, Индии, США, Австралии и в настоящее время – в Европе. Он рассказывает, как годы, проведенные с Ошо подготовили его к встрече со своим *садгуру* (освобождающий *гуру*), Пападжи, и как отпало его личное отождествление с «Преманандой». Работа духовного учителя водила его по многим странам, а также привела к созданию сатсанг-коммуны недалеко от Кёльна в Германии, в которой люди живут постоянно.

Глубокая любовь Премананды к Шри Рамане послужила катализатором создания этой и других книг, что в результате сформировало платформу для содержательной дискуссии и дебатов об интерпретации учения Шри Раманы.

Чем в итоге обогащает нас эта превосходная книга? По моему мнению, она рассказывает нам о том, почему учение этого величайшего гуру, Шри Раманы Махарши, приобрело такое существенное влияние в двадцатом и двадцать первом веке, что привело к духовному ренессансу и интересу к *адвайта-веданте*, как в Индии, так и на Западе, распространяясь подобно лесному пожару. Книга также способствует пониманию учения Шри Раманы в содержательном ключе и успешно преподносит новаторское осмысление его работы.

Это, несомненно, значительная, серьезная работа об учении Шри Бхагавана Раманы Махарши. Она окажется наиболее полезным введением для тех, кто впервые встречается с *адвайтой*, а также ценным учебником и руководством для всех, кто уже следует его учению как на Востоке, так и на Западе. Книга щедро украшена сорока страницами фотографий и исключительно хорошо оформлена. Она включает демо-диск с отрывками из выпущенного отдельно от книги DVD-фильма «Аруначала Шива».

Для меня было честью приглашение написать предисловие к этой значимой книге, которая, как я уверен, поможет многим тысячам глубоко интересующихся этим драгоценнейшим учением, как в настоящем, так и в будущем. Следует еще раз поздравить и поблагодарить Премананду за его усердную работу, внесшую значительный и важный вклад в признанную литературу по Шри Рамане Махарши.

Алан Джейкобс
Президент Фонда Шри Раманы Махарши, Великобритания
Лондон, июль 2009.

Величайшая ошибка человека — думать, что он по природе слаб и порочен. Каждый человек божественен и силен по своей истинной природе. Слабы и порочны его привычки, желания и мысли, но не он сам.

Шри Рамана Махарши

ВВЕДЕНИЕ

Вверху: Пещера Вирупакша, после 1903 г.

Слева: Сканда Ашрам

Справа вверху: Вид на Сканда Ашрам с верхней тропы

Справа в центре: Шри Рамана и Мать, приблизительно 1920 г. Групповое фото с Матерью и Кунджу Свами (сидит справа) в Сканда Ашраме, 1916-1918 гг.

Внизу: Классический вид на южный склон Аруначалы

ГЛАВА 1

Жизнь Шри Раманы у Аруначалы

Беседа Дэвида Годмана с Преманандой

[прямая речь Шри Раманы выделена жирным шрифтом]

Дэвид проводит нас по разным этапам жизни Шри Раманы. Глава начинается с рождения Шри Раманы в 1879 году в семье из штата Тамилнаду, что на юге Индии. Его жизнь в этой семье закончилась после его внезапной духовной реализации в возрасте шестнадцати лет. Зов его любимой Аруначалы, святой горы в Тируваннамалае, был настолько силен, что перед ним было невозможно устоять. Дэвид рассказывает о подробностях жизни Шри Раманы у Аруначалы с периода глубокого самадхи в храме Аруначалешвара до времени его жизни на горе в пещере Вирупакша и затем в Сканда Ашраме. Позже, будучи уже всемирно известным Мастером, он построил ашрам у подножья горы.

Титул Бхагаван Шри Рамана Махарши был дан ему в 1907 году ведическим ученым Шри Ганапати Шастри. Дэвид, ты можешь начать с рассказа о его ранних годах жизни и о том, как он пробудился, будучи подростком из Мадурая?

Родившись в 1879 году в семье *браминов* в небольшом городке Тиручули в южном штате Тамилнаду, Бхагаван получил имя Венкатараман. Он происходил из религиозной семьи среднего класса. Его отец, Сундарам Айяр, был по профессии «адвокатом без диплома». Он представлял людей в правовых вопросах, но не имел официальной квалификации, необходимой для юридической практики. Несмотря на этот недостаток он, похоже, был хорошим районным адвокатом и пользовался большим уважением в своем окружении.

У Венкатарамана было обычное детство без каких-либо признаков будущего величия. Он преуспевал в спорте, ленился в школе, умеренно проказничал и не выказывал особого интереса к вопросам религии. Тем не менее, у него было несколько необычных черт: во время сна он погружался в такое глубокое бессознательное состояние, что не просыпался, даже когда его друзья применяли к нему физическую силу. Он также обладал необычайным везением: в командных играх любая сторона, за которую он играл, всегда выигрывала. Этим он заработал прозвище Тангакай, означающее «золотая рука», его дают людям, которым фортуна улыбается намного чаще обычного. Также Венкатараман обладал природным талантом разбираться в хитросплетениях тамильского литературного языка. В раннем подростковом возрасте он уже знал достаточно, чтобы поправлять школьного учителя тамильского языка, если тот делал какие-либо ошибки.

Венкатараману было двенадцать, когда умер его отец, после чего семья переехала в Мадурай, город в южной части штата Тамилнаду. В один из дней 1896 года, когда ему было шестнадцать, с ним произошло необычайное духовное пробуждение. Когда он находился в доме своего дяди, у него возникла мысль, что он умирает. Он испугался, но вместо того, чтобы паниковать, лег на землю и начал анализировать происходящее, исследовать, из чего состоит смерть: что умрет, а что выживет после смерти. Спонтанно он начал процесс Самовопрошаниия, достигший в течение нескольких минут кульминации в его собственном непреходящем пробуждении. В одном из своих немногочисленных письменных комментариев к этому процессу он говорил: «**Вопрошая "Кто видящий?", я увидел, что видящий исчезает, оставляя одно лишь То, что пребывает вечно. Не возникало мысли, говорящей "Я видел". Как бы тогда могла прийти мысль, говорящая "Я не видел"?**». За эти несколько мгновений его индивидуальная идентичность исчезла и сменилась полной осознанностью Истинного Я. Это переживание, это осознание остались с ним на всю оставшуюся жизнь. Ему больше не нужны были никакие практики или медитации, потому что переживание смерти оставило его в состоянии полного и окончательного освобождения. В духовном мире подобное случается очень редко: чтобы кто-то, не интересующийся духовной жизнью, смог в течение нескольких минут и без каких-либо усилий или предварительной практики достигнуть состояния, на попытки достижения которого другие ищущие тратят целые жизни.

Я говорю «без каких-либо усилий», потому что эта инсценировка смерти и последующее Самовопрошание, похоже, было чем-то, что случилось с ним, а не тем, что он сделал сам. Когда он описывал это событие своему телугскому биографу, местоимение «я» не встречалось ни разу. Он говорил: «**Тело лежит на земле, конечности самопроизвольно выпрямились**», и так далее. Такое описание действительно оставляет читателя с ощущением, что это событие было совершенно безличным. Некая сила овладела мальчиком Венкатараманом, заставила его лежать на полу и, в конце концов, привела к пониманию, что смерть наступает для тела и ощущения индивидуальности, и что она не может затронуть лежащую в основе реальность, в которой оба они проявляются.

Когда Венкатараман встал, он был полностью просветленным мудрецом. Однако у него не было культурного или духовного контекста, который бы позволил ему надлежащим образом оценить то, что с ним произошло. Он прочел несколько биографий древних тамильских святых, посетил множество ритуалов в храмах, но, казалось, ничего из этого не имело отношения к новому состоянию, в котором он оказался.

Какой была его первая реакция? Что он думал о том, что с ним произошло?

Годы спустя, вспоминая этот опыт, он сказал, что думал тогда, что подхватил какую-то странную болезнь. Тем не менее, болезнь ему настолько нравилась, что он надеялся, что она не пройдет. В какой-то момент вскоре после опыта он предположил, что он вероятно одержим. Когда он обсуждал случившееся с Нарасимхасвами, первым из тех, кто составил его биографию на английском, для описания своих первых реакций на это событие он неоднократно использовал тамильское слово «авесам», означающее одержимость каким-либо духом.

Обсуждал ли он это с кем-нибудь? Пытался ли он выяснить, что же с ним произошло?

О том, что произошло с ним, Венкатараман никому из своей семьи не сказал. Он старался вести себя так, будто ничего необычного не случилось. Он продолжал посещать школу и поддерживал видимость нормальности для своей семьи, но с каждой неделей ему становилось все сложнее и сложнее поддерживать такой внешний вид, потому что его все больше и больше затягивало внутрь себя. В конце августа 1896 года, когда он должен был написать текст в качестве наказания за ненадлежащее выполнение школьного задания, он впал в глубокое состояние погруженности в Истинное Я.

Его брат насмешливо сказал: «Какой прок от всего этого для такого как ты?», имея в виду: «Какая польза от семейной жизни для того, кто проводит все свое время, ведя себя как *йогин*?».

Справедливость замечания поразила Венкатарамана и привела его к решению покинуть дом навсегда. На следующий день он ушел, не сказав никому, ни куда он направляется, ни что с ним произошло. Он всего лишь оставил записку, в которой говорилось, что он отправляется на «благое дело» и что не следует тратить деньги на его поиски. Его местом назначения была Аруначала, крупный центр паломничества в нескольких сотнях миль на север. В записке своей семье он написал: «**Я уехал отсюда на поиски своего Отца, подчиняясь его повелению**». Его отцом была Аруначала, и самовольным уходом из дома и семьи он следовал внутреннему призыву горы Аруначала.

У него была полная приключений поездка в Тируваннамалай, занявшая три дня, хотя при лучшей информированности он мог добраться туда меньше, чем за день. Он прибыл к Аруначале 1 сентября 1896 года и провел там всю оставшуюся жизнь.

Мог бы ты обрисовать, что такое Аруначала, и что она символизирует? Расскажи также, какая она была при первом приезде Шри Раманы?

Небольшой городок Тируваннамалай и прилегающая гора Аруначала всегда были крупным центром паломничества. Дух города не так-то уж сильно изменился за последнее время, несмотря на присутствие авторикш, телевизионных антенн и обширно разросшиеся пригороды. Основная культура и стиль жизни людей, вероятно, остаются неизменными много веков. По дороге из Китая домой Марко Поло прибыл в Тамилнаду в 1200-х. В его описаниях занятий и образа жизни людей очень легко узнать людей, живущих здесь сегодня.

В Тируваннамалае находится один из основных в Южной Индии храмов *Шива-лингама* (фаллического символа божественного). Существует пять храмов, каждый из которых соответствует одному из первоэлементов: Земля, Вода, Огонь, Воздух и Эфир. В Тируваннамалае расположен храм Огня.

Первые записи об этом месте датируются примерно 500 годом н.э., и в те дни оно уже было известным. В те времена святые путешествовали по Тамилнаду, восхваляя Аруначалу как место, где живет *Шива*, и советовали каждому посетить ее. Эта традиция намного старше той, которая внезапно возникла в исторических записях примерно 1500 лет назад лишь по той причине, что масштабные культурные перемены привели к тому, что люди начали воздвигать соответствующие памятники и делать записи. Я бы сказал, что Бхагаван, в этом историческом контексте, самый последний и, вероятно, наиболее известный представитель целой вереницы выдающихся мудрецов, которых привлекала сила этого места на протяжении, полагаю, как минимум последних двух тысяч лет.

Когда был построен большой храм Шивы?

Храм разрастался слоями, площадками, от центра наружу. Вероятно, давным-давно там было святилище величиной с маленькую комнату. Определить возраст можно благодаря тому, что стены храма использовались как государственный архив. Всякий раз, когда король выигрывал войну с соседями, он посылал человека высечь данный факт на стене храма. Или, если он жаловал какому-нибудь понравившемуся ему человеку пятьсот акров, это также наносилось на стену. Вот откуда мы можем узнать, кто выигрывал сражения, что и кому выдавал король.

Вероятно, храм был построен в девятом столетии, так как в этот период во внутренней святыне были сделаны первые надписи, называемые эпиграфами. Постепенно, примерно до 1600-х годов, храм становился все больше и больше. Сегодняшних размеров он достиг в семнадцатом столетии. Для тех, кто никогда не видел это строение, я должен сказать, что оно огромно. Предположительно, каждая из четырех сторон имеет около ста восьмидесяти метров в длину, а главная башня – более шестидесяти метров в высоту.

И туда Бхагаван пошел по прибытии?

Еще в детстве Бхагаван интуитивно знал, что Аруначала каким-то образом символизирует Бога. В одном из своих стихов он писал: **«С беззаботного детства необъятность Аруначалы** сияла в моей осознанности». Он чувствовал: «Это самое святое место, самое святое состояние, это Сам Бог». Он испытывал благоговейный трепет перед Аруначалой и тем, что она олицетворяет, никогда реально не понимая, что это место паломничества, куда он на самом деле мог поехать. Так продолжалось до его подросткового возраста, когда один из его родственников приехал оттуда и сказал: «Я побывал у Аруначалы».

По словам Бхагавана, это было разочарованием. До этого он воображал, что это некое великое небесное царство, куда святые, просветленные люди попадают после смерти. Узнать, что он мог за пять рупий добраться туда на поезде, стало для него некоторым разочарованием.

Его первая реакция на слово «Аруначала» – полнейший благоговейный трепет. Затем был непродолжительный период разочарования после того, как он узнал, что это всего лишь место на карте. Однако позднее, после своего опыта просветления, он понял, что именно сила Аруначалы вызвала этот опыт и физически привела его к горе.

> **Посмотри, вон (Аруначала) стоит как будто неживая. Каким образом она работает – тайна, находящаяся за пределами всякого человеческого понимания. С самого беззаботного детства необъятность Аруначалы сияла в моей осознанности, но даже когда я от кого-то узнал, что это был всего лишь Тируванналамай, я не осознал ее значения. Когда она повергла меня в безмолвие, привлекла меня к себе, и я приблизился, то понял, что она была абсолютным безмолвием.**

Стих, из которого я только что привел цитату, отражает ранние этапы его отношений с горой. Последняя строка содержит прекрасный каламбур. «Ачала» на *санскрите* имеет два значения:

«гора» и «абсолютное безмолвие». На одном уровне поэма описывает физическое паломничество Бхагавана в Тируваннамалай, а на другом он говорит о том, что его ум вернулся к Сердцу и стал полностью безмолвным и неподвижным.

Сразу после приезда, и этого вы не найдете ни в одной из широко известных биографий, он говорил, что стоял перед храмом, тот был закрыт. Но все двери, вплоть до самого внутреннего святилища, неожиданно открылись перед ним. Он сразу вошел внутрь, прошел прямо к *лингаму* и обнял его.

На самом деле он не хотел, чтобы такая версия событий была опубликована по двум причинам. Во-первых, он не хотел, чтобы люди узнали, что вокруг него происходят чудеса. Когда подобные события происходили, он старался преуменьшить их значение. Во-вторых, он знал, что священники в храме очень огорчатся, если узнают, что он прикоснулся к их *лингаму*. Даже несмотря на то, что он был *брамином*, священники восприняли бы его действия как осквернение, и им пришлось бы назначать специальную, тщательно подготовленную *пуджу* (молитвенную церемонию) для переосвящения *лингама*. Не желая их расстраивать, он хранил молчание.

Да, мы только что вернулись из храма – там на двери огромный замок.

Да. Как правило, никто из посторонних не может приблизиться к *лингаму*. Заботиться о нем – наследственная профессия. Никому, кроме тех, кто принадлежит к этому роду, не позволено заходить за металлическую ограду в трех метрах перед *лингамом*.

У этой истории есть другой интересный аспект. С момента просветления в Мадурае у Бхагавана было ощущение сильного жжения в теле, которое сразу прошло после того, как он обнял *лингам*. Прикосновение к *лингаму* заземлило, или рассеяло энергию. *Лингам* в храме не только олицетворяет Аруначалу; считается, что он – сама Аруначала. Прикосновение к *лингаму* было финальным актом физического соединения Бхагавана с его *гуру*, Аруначалой.

Я не читал ни о каких других визитах Бхагавана во внутренний храм. Возможно, это был единственный раз. Одного посещения хватило, чтобы выполнить данную часть дела. Бхагаван всегда любил физическую форму горы, Аруначалы, и он проводил на ее склонах столько времени, сколько мог, но его история с *лингамом* в храме была завершена в течение нескольких минут по его приезде в 1896 году.

Прав ли я, считая, что с того момента он преимущественно оставался в пределах храма?

После такого впечатляющего прибытия он несколько месяцев провел в различных частях храма. В день приезда он выбросил все свои деньги в местный водоем, обрил голову в знак физического отречения, выбросил всю одежду и просто сидел в молчании, часто в глубоком *самадхи* (погружение в Истинное Я), в котором он абсолютно не осознавал ни свое тело, ни происходившее вокруг. Остаться в живых и стать великим учителем было предписано его судьбой, поэтому люди заботились о нем и заставляли его есть. Если бы ему не была предназначена такая судьба, то, вероятно, он бы покинул свое физическое тело или умер бы от пренебрежения им. В первые три-четыре года своего пребывания там он бо́льшую часть времени не осознавал происходящее вокруг. Редко ел, и однажды его тело начало гнить. Он частично лишился кожи на ногах, это были гноящиеся раны, но он даже не замечал их.

Это было когда он сидел в том подвале?

Да, ты там был? Он называется Патала Лингам. Он пробыл там примерно шесть недель. В конце этого периода его пришлось физически вынести наружу и очистить.

По его словам, в первые годы он мог открыть глаза и не знать, как долго он не замечал существования мира. Если при попытке подняться и сделать несколько шагов в его ногах была определенная сила, то он понимал, что не осознавал тело относительно короткое время – возможно день или два. Если ноги подкашивались, он определял, что находился в глубоком *самадхи* много дней, возможно недель. Иногда, открыв глаза, он обнаруживал, что находится не в том месте, где сидел, когда их закрыл. Он не помнил, как его тело перемещалось из одного места в другое в пределах одного *мантапама* (притвор храма).

Признавал ли кто-нибудь в нем великого святого или хотя бы кого-то особенного?

Было несколько человек. Сешадри Свами, также местный святой, заметил его, когда он сидел в Патала Лингаме. Он пытался заботиться о Бхагаване и оберегать его, но без особого успеха. Бхагаван упоминал еще об одном или двух других людях, которые интуитивно чувствовали, что он находился в очень возвышенном состоянии. Но в те дни таких людей было очень немного.

Это были люди из храма?

Сешадри Свами жил поблизости. Вероятно, было два-три человека, уже тогда распознавших в нем нечто особенное. Некоторые просто уважали его за такой аскетический образ жизни, но были и другие, которые, похоже, знали, что он находится в возвышенном состоянии. Дедушка человека, который позже стал юристом ашрама, был одним из тех, кто, по словам Бхагавана, прекрасно понимал, кем он был на самом деле.

В то время можно было легко принять его поведение за признак некоторого помешательства, не так ли?

Здесь легко завоевать доверие, особенно если целыми днями сидеть совершенно неподвижно и не есть. Такое трудно сымитировать. Ты не станешь сидеть несколько дней в полном лотосе, совершенно неподвижно, лишь для того, чтобы получить бесплатную еду. Но, в то же время, это не является доказательством твоего просветления. Во времена Бхагавана здесь был человек, который сидел по восемнадцать часов в сутки с закрытыми глазами. Его звали Говинд Бхат, он жил в Палакотту, это прилегающее к Рамана Ашраму поселение *садху* (аскет). Он пытался привлечь учеников еще при жизни Бхагавана, но у него это не очень-то получалось. В конце концов, просветление, а не физические трюки, привлекает настоящих преданных.

И как же получилось, что он перебрался из храма на гору?

Ты был в месте под названием Гурумуртам? Это храм в миле от города. Человек, который присматривал за Бхагаваном, пригласил его отправиться жить в манговую рощу рядом с этим храмом. Он перебрался туда примерно на полтора года. За все пятьдесят лет это было самое большое расстояние, на которое он удалялся от горы. Даже там бо́льшую часть времени он не осознавал свое тело и мир. Он говорил, что его ногти отросли на несколько дюймов, а волосы он не расчесывал и не мыл несколько лет. Много лет спустя Бхагаван рассказывал, что если волосы не расчесывать, они спутываются и растут очень быстро. К концу пребывания в Гурумуртаме у него были длинные сбившиеся волосы и отросшие ногти.

Он говорил, что иногда слышал, как люди шептали: «Этот человек пробыл здесь сотни лет». Из-за высокой степени аскетизма он выглядел старым даже в свои восемнадцать.

Исходя из того, что ты рассказываешь, всегда было ясно, что он святой?

Ясно кому? Это легко утверждать, оценивая прошлое сейчас, но на тот момент множество местных жителей не имели о нем никакого мнения. Население Тируваннамалая в районе 1900-го года, вероятно, составляло около двадцати тысяч человек. Если к нему регулярно приходило двадцать человек, а остальные не удосуживались, то это означает, что девяносто девять процентов местных жителей либо ничего не знали о нем, либо не интересовались настолько, чтобы его посещать.

Его дядя, приехавший в 1890-х, чтобы попытаться забрать его домой, спрашивал горожан: «Что он делает? Почему он себя так ведет?» И ответы не были позитивными: дядю уверили, что Бхагаван просто прогуливал школу, и его необходимо забрать домой. Даже в более поздний период в Тируваннамалае многие люди были о нем невысокого мнения. Люди, ставшие его преданными, были теми, кто оставил хоть какие-то записи, поэтому опубликованные мнения о нем несколько односторонни.

То есть к его двадцати годам уже стали приходить преданные, чтобы побыть рядом с ним?

Он приехал, когда ему было шестнадцать, и в последующие два-три года у него время от времени был один человек, заботившийся о нем постоянно, плюс несколько человек, приезжавших повидать его время от времени.

Только в первые годы прошлого столетия люди стали приезжать действительно регулярно. К началу первой декады двадцатого столетия у него образовалась небольшая группа последователей. Несколько человек регулярно приносили ему еду, а несколько других были частыми посетителями. Большое количество любопытствующих ищущих приходили посмотреть на него и уходили. Помимо таких туристов, у него было, наверное, четыре или пять постоянных последователей.

Это были местные жители?

В основном местные. Одна женщина по имени Акхиландамма, жившая примерно в сорока милях, время от времени приезжала из своей деревни и привозила ему еду. Еще один человек, Шивапракашам Пиллай, жил в другом городе, но регулярно приезжал на *даршан* (пребывание в присутствии святого). Почти все остальные жили в Тируваннамалае.

И он перебрался из манговой рощи на гору?

Приблизительно в 1901 году он перебрался в пещеру Вирупакша и пробыл там около пятнадцати лет, хотя она была не лучшим местом для того, чтобы жить круглый год. Летом в ней было слишком жарко. Он жил там приблизительно восемь месяцев в году, а потом переходил в другие близлежащие пещеры и храмы, такие как пещера Садгуру Свами, храм Гухай Нама Шивая и место, называемое Пещера Мангового Дерева.

Все они находятся в пяти минутах ходьбы от пещеры Вирупакша. Там на горе, чуть ниже пещеры Вирупакша, есть большой водный резервуар Мулайпал Тиртхам. Он служил источником воды для *садху*. Все, кто находился там, зависели от него, поэтому все их пещеры и хижины располагались неподалеку от источника.

Теперь там образовалась небольшая ферма с множеством коров и всем прочим.

Все меняется.

Но на самом деле прямо возле пещеры Вирупакша протекает ручей.

Он течет не круглый год, а когда Бхагаван перебрался в пещеру, его и вовсе там не было. Однажды летом прошла большая гроза, вызвавшая лавину, которая унесла многие камни вокруг пещеры. После уборки завалов обнаружилось, что из-под близлежащих камней бьет новый источник. Преданные говорили, что это подарок от Аруначалы, и Бхагаван, похоже, был согласен с ними.

Похоже, это прекрасный небольшой источник воды.

Он очень сезонный. Здесь последних полторы недели лил сильный дождь. Но если дождя не будет, то в течение недели он пересохнет, поэтому не такой уж он и хороший источник.

Это тот же самый ручей, который протекает через Сканда Ашрам?

Нет, у пещеры Вирупакша независимый источник. В Сканда Ашраме, пожалуй, самый лучший источник на этой стороне горы. Его также не было, когда Бхагаван только перебрался жить на гору. Он пошёл туда на прогулку – это в нескольких сотнях футов выше пещеры Вирупакша – и, заметив влажное пятно, посоветовал раскопать его и выяснить, есть ли там хороший источник воды. Он там был. И теперь ручей, который протекает через Сканда Ашрам, является самым высоким постоянным источником воды на горе – на высоте около двухсот метров над городом.

Означает ли это, что Сканда Ашрам не существовал в те дни?

Верно. Он был назван в честь человека по имени Кандасвами, который начал строить ашрам в начале прошлого столетия. Он проделал солидный объём работ. Когда он начинал работы, здесь была каменистая осыпь с уклоном в сорок пять градусов. Он углубился в склон горы и использовал выкопанную землю и камни для создания плоской террасы на склоне. Он посадил множество кокосовых и манговых деревьев, растущих и поныне. Теперь это красивое место, тенистый оазис на склоне горы.

Таким образом, когда Бхагаван перебрался туда, место было достаточно хорошо обустроено – там были кое-какие постройки и терраса?

Была терраса, были посажены молодые деревья, но при этом всего лишь одна маленькая хижина, в которой не хватало места для всех. Преданные того времени собрали кое-какие средства и построили здание, которое мы можем видеть сегодня.

Ты знаешь, сколько человек было там с Бхагаваном? Полдюжины?

Пожалуй, в среднем в пещере Вирупакша было четыре или пять человек. Ко времени, когда Бхагаван перебрался в Сканда Ашрам, среднее количество увеличилось, наверное, до десяти-двенадцати. Я говорю о тех, кто жил с Бхагаваном всё время и оставался с ним ночевать. Было много и других людей, которые просто навещали его и уходили.

То есть даже в пещере были люди, которые жили с ним?

Да, они ели и ночевали вместе с ним. Многие из них уходили в течение дня и занимались своими делами, не сидели там все время. Кстати, были только мужчины. До тех пор, пока в 1916 г. не приехала мать Бхагавана, в пещере разрешалось ночевать только мужчинам. Даже несмотря на отсутствие формальной структуры, люди, жившие с Бхагаваном, были склонны считать себя *садху*, давшими обет безбрачия. Они рассматривали пещеру как исключительно мужской ашрам.

Изначально эти *садху* не хотели, чтобы мать Бхагавана переезжала к ним. Однако когда Бхагаван объявил: «Если вы заставите ее уйти, я уйду вместе с ней», они были вынуждены сдаться и позволить ей остаться.

Таким образом, живя в пещере, он не пребывал в уединении или одиноком безмолвии. Хотя существует представление о Бхагаване как о человеке, пребывавшем в полном уединении и безмолвии.

На различных этапах жизни он вел себя по-разному. В конце 1890-х, в позднем подростковом периоде, он практически никогда ни с кем не взаимодействовал. Большую часть времени он просто сидел с закрытыми глазами в главном храме, либо в близлежащих храмах и святилищах. Несмотря на то, что он практически не разговаривал, он осознавал происходившее вокруг, потому что в дальнейшем он будет часто говорить о происшествиях той поры. Период почти полного безмолвия длился около десяти лет, примерно до 1906 года. Он не принимал обет молчания, а просто временно потерял возможность произносить звуки. Когда он пытался заговорить, сначала из горла шел некий гортанный звук. Иногда ему приходилось предпринимать по три-четыре попытки, чтобы произнести слова. Из-за того, что говорить было настолько сложно, он предпочитал молчать.

Примерно в 1906-1907 годах, когда у него уже восстановилась способность к нормальной речи, Бхагаван начал взаимодействовать с окружающими посредством слов. В этот период он также подолгу бродил в одиночестве по Аруначале. Он любил бывать на горе, она была его главной страстью, его единственной привязанностью.

Это происходило в одиночестве? Он прогуливался один?

Время от времени он брал с собой кого-нибудь на короткую прогулку, но в основном был один.

Существуют ли записи о том, кто был его первым преданным? Или не стоит говорить «первый преданный»?

Было несколько человек, заботившихся о нем в первые годы его пребывания здесь, – их можно назвать самыми ранними его преданными. Наиболее известный – Паланисвами, он ухаживал за ним с 1890-х до своей кончины в 1915 году. Они были неразлучны почти двадцать лет.

Значит, этот человек должен был жить с Бхагаваном в пещере?

Да, он постоянно заботился о Бхагаване в пещере Вирупакша. Он также жил с Бхагаваном в Гурумуртаме.

И постепенно притягивались другие люди, остававшиеся более или менее постоянно. По-видимому, формальной инициации не существовало.

Я на самом деле не знаю, кто решал: «Хорошо, ты можешь сегодня ночевать здесь». Ни управляющих, ни отдела регистрации не было. Каждый мог прийти и сесть рядом с Бхагаваном – хоть на целый день, если хотел. И если кто-то задерживался до вечера, то можно было остаться переночевать. Если была еда, то она делилась между всеми присутствующими.

Бхагавану никогда не было дела до того, кто был там и кого не было, кому было позволено оставаться, а кому нет. Если люди хотели, они оставались, хотели уйти – уходили.

Вероятно, так и продолжалось. Я имею в виду, что он никогда не принимал активного участия в управлении ашрамом, не так ли?

В период Вирупакши работы было немного. С Бхагаваном находилась только группа просящих милостыню *садху*, которые оставались с ним, когда желали. Они ходили в город, просили на улицах подаяние, собирали еду и приносили ее наверх в пещеру. Тогда Бхагаван все смешивал и распределял – это была вся еда на день. Если еды подавали на улицах недостаточно, люди ходили голодными. Никто не готовил, поэтому работы не было, за исключением эпизодической уборки. После приезда матери в 1916 году заработала кухня. Медленно, постепенно сложилась следующая ситуация: если ты хотел жить с ним постоянно, ты должен был работать. Даже сегодня людям, постоянно живущим и питающимся в ашраме, необходимо работать. Это не место для тех, кто хочет весь день сидеть и медитировать. Если же вам хочется вести такой образ жизни, живите где-нибудь в другом месте.

То есть это, наверное, началось, когда они перебрались в Сканда Ашрам?

Когда Бхагаван перешел в Сканда Ашрам, все стало более организованно, но по-прежнему это оставалось сообществом нищенствующих *садху* вплоть до начала 1920-х. Бхагаван сам ходил просить подаяние в 1890-х. Я бы не сказал, что он поощрял попрошайничество, но считал, что это хорошая традиция. Иди и проси себе еду, ешь то, что подадут люди, спи под деревом и проснись на следующий день ни с чем. Он искренне одобрял

подобный образ жизни, но не мог следовать ему после того, как осел на одном месте и вокруг него вырос ашрам.

И носил он только набедренную повязку?

Поначалу, первые несколько месяцев, он был голый. Спустя пару месяцев после его приезда в храме проходил большой праздник. Преданные уговорили его и надели на него набедренную повязку, поскольку знали, что его могли арестовать, если бы он сидел без одежды в таком значительном месте. Бо́льшую часть жизни он носил одну лишь набедренную повязку, иногда дополняя её *дхоти* (отрез хлопковой ткани), который он повязывал под мышками, а не вокруг талии. Зимой по утрам здесь весьма прохладно, но он никогда не выказывал желания или потребности в большем количестве одежды.

Когда ашрам начал разрастаться?

Спуск с горы – большой шаг в жизни Бхагавана. В 1922 году умерла его мать, её похоронили на том месте, где сейчас располагается ашрам. Это место было выбрано потому, что на тот момент здесь находилось индуистское кладбище. После её смерти Бхагаван продолжал жить в Сканда Ашраме, но примерно шестью месяцами позже спустился с горы и больше не возвращался. Он никогда не приводил причин, по которым остался у подножия горы. Он просто сказал, что не чувствовал никакого позыва возвращаться в Сканда Ашрам. Вот как возник Рамана Ашрам.

То есть на самом деле ашрам построен на индуистском кладбище?

Да. В те дни кладбище было достаточно далеко за городом. Сейчас границы города расширили, чтобы включить Рамана Ашрам, а нынешнее кладбище теперь находится в миле от города.

Как ашраму удалось приобрести землю вокруг?

Землей, где похоронили мать Бхагавана, на самом деле владел матх, религиозная организация в городе. Когда она умерла, ученики должны были получить разрешение у главы матха на ее захоронение на этой земле. Однако проблем не возникло, поскольку он также был последователем Бхагавана, о котором был высокого мнения, поэтому передал землю во владение зарождавшемуся Рамана Ашраму.

И первой постройкой была усыпальница над могилой Матери?

«Усыпальница» – чересчур шикарное слово. Вскоре после переселения Бхагавана с горы в 1922 году здесь было сделано замечательное фото, на котором видна единственная постройка – хижина из листьев кокосовой пальмы. Впечатление такое, что достаточно одного хорошего порыва ветра, чтобы она рухнула. Посещавшие его в том году люди рассказывали, что в комнате, где жил Бхагаван, не было места даже для двоих. Вот таким было здесь первое здание: хижина из пальмовых листьев, которая вероятно протекала во время дождя.

Сейчас здесь очень красиво: вода, деревья, павлины. Восемьдесят лет назад все должно было быть очень примитивно.

Я говорил с человеком, расчищавшим эту территорию. Он рассказывал, что здесь были большие валуны, колючие кустарники и много кактусов. Настоящим лесом она не была. Для буйной растительности здесь неподходящий климат, да и почвы немного. Гранитное основание зачастую близко подходит к поверхности и во многих местах образует скалистые выступы. Этот человек, Рамасвами Пиллай, рассказал, что первые шесть месяцев он провел, убирая валуны с помощью лома, вырубая кактусы и выравнивая землю.

Участвовал ли сам Бхагаван в работах в начале строительства?

Я не думаю, что он строил первую хижину из пальмовых листьев сам, но, перебравшись сюда, он совершенно непосредственно занимался управлением работами. Первое настоящее здание – *самадхи* (усыпальница) Матери – было спроектировано и построено им.

Ты видел, как здесь делают кирпичи? Это похоже на то, как дети делают куличики из земли. Сначала изготавливается форма для кирпича, потом замешивается гора глинистой массы, и с помощью такой формы делается тысяча кирпичей, которые потом сушатся на солнце. Когда они хорошо просохнут, из них складывают сооружение размером с дом, с большими отверстиями для бревен у основания. Внешняя сторона кладки герметизируется мокрой глиной. Дрова поджигают у основания со всех сторон, и когда огонь разгорится, эти отверстия также закладывают. Кирпичи обжигаются в горячей бескислородной среде, процесс аналогичен производству древесного угля. После двух-трех дней огонь угасает, и если не случилось никаких неприятностей, кирпичи обжигаются как надо. Однако, если огонь затухает слишком быстро или во время обжига пойдет сильный дождь, кирпичи не будут обожжены должным образом. Если такое происходит, то вся партия зачастую пропадает, потому что кирпичи остаются мягкими и рассыпчатыми, больше похожими на печенье, чем на кирпич.

В 1920-х кто-то пытался делать кирпичи возле ашрама, но обжиг прошел неудачно, все полусырые кирпичи были выброшены. Бхагаван, не переносивший растрат в любой форме, решил использовать эти бесполезные с коммерческой точки зрения кирпичи для строительства усыпальницы над могилой матери. Однажды вечером он построил всех, кто был в ашраме, в линию от печи для обжига до *ашрама*, и люди передавали кирпичи из рук в руки до тех пор, пока в *ашраме* их стало достаточно для постройки. На следующий день Бхагаван сам клал кирпич и вместе с преданными выстроил стену вокруг *самадхи*. С внутренней стороны бо́льшую часть работ проделал сам Бхагаван, поскольку люди чувствовали, что раз это будет храм, то внутренние работы должны выполняться *брамином*.

Это было единственное сооружение, которое Бхагаван построил сам. Но спустя годы, когда возводились большие гранитные здания, из которых преимущественно состоит ашрам в настоящее время, он был и архитектором, и инженером, и контролировал строительный процесс, ежедневно давая указания и проверяя выполнение работ.

Ты говоришь, что он не терпел расточительства. Можешь рассказать об этом немного подробнее?

Он считал, что все, что попадает в ашрам – дар божий, поэтому всему обязательно должно быть найдено применение. Он мог собрать ногтями с кухонного пола упавшие семена горчицы и настоять на том, чтобы их сохранили или использовали. Бывало, он обрезал белые поля пробных экземпляров книг, издававшихся ашрамом, сшивал и делал из них небольшие блокноты; он также мог пытаться приготовить обрезки овощей, например, колючие хвостики баклажанов, которые обычно выбрасывают. Он признавал, что несколько фанатичен в экономии, и однажды даже заметил: «Хорошо, что я никогда не был женат. Ни одна женщина не смогла бы вынести мои привычки».

Возвращаясь к строительной деятельности, насколько он был вовлечен в процесс принятия текущих решений? Например, решал ли он, где будут расположены двери и окна?

Да. Он либо устно объяснял, чего хотел, либо делал небольшие эскизы на обратной стороне конвертов или использованной бумаге.

Твое описание Бхагавана полностью отличается от образа Бхагавана, целый день сидящего в самадхи. Большинство людей думает, что он провел всю свою жизнь, тихо сидя в холле, ничего не делая.

Ему не нравилось сидеть целый день в холле. Он часто говорил, что это его тюрьма. Если он работал и к нему приходили посетители, и ему говорили, что он нужен в холле, Бхагаван мог вздохнуть и заметить: «Люди пришли. Я должен возвращаться в тюрьму».

«Должен идти сидеть на диване».

Да. «Должен идти сидеть на диване и рассказывать людям, как просветлеть».

Бхагавану нравилась любая физическая работа, но в особенности он любил готовить. Он был главным поваром ашрама как минимум пятнадцать лет. Каждое утро вставая в два, в три часа, Бхагаван нарезал овощи и следил за приготовлением пищи. Когда шло строительство ашрама в 1920-е и 30-е, он также был главным инженером и архитектором.

Я считаю, что то, что ты сейчас рассказываешь, очень важно. Люди склонны представлять его как человека, сидящего на диване с блаженным видом и ничего не делающего. Ты описываешь совершенно другого Бхагавана.

Его состояние было неизменным с шестнадцати лет, но внешние действия менялись. В начале его жизни здесь, у Аруначалы, он был тих и редко что-либо делал. Тридцатью годами позже у него был интенсивный, напряженный график, однако его переживание того, кем он был, так ни разу и не пошатнулось в течение этой последней тридцатилетней фазы занятости.

Мне нравится как ты рассказываешь, потому что в известной мере разоблачаешь многие духовные мифы.

Бхагаван никогда не чувствовал себя комфортно в ситуации, когда вокруг него на полу сидели люди, а он сидел на диване в роли *«гуру»*. Ему нравилось работать и жить с людьми, взаимодействовать с окружающими нормальным, естественным образом, но с годами возможностей вести такой образ жизни становилось все меньше и меньше.

Одной из проблем было то, что зачастую люди, оказавшись перед ним, становились полностью охвачены благоговейным страхом. Большинство людей в его присутствии не могло действовать нормально. Многие посетители воспринимали его как бога и хотели поместить его на пьедестал, но, судя по всему, он не одобрял подобного отношения.

Есть несколько хороших историй о том, как новые люди вели себя естественно и получали естественный ответ от Бхагавана. Майор Чадвик писал, что Бхагаван имел привычку заходить к нему в комнату после ланча, рассматривал его вещи будто любопытный ребенок, садился на кровать и болтал с ним. Однако, когда однажды Чадвик приготовил стул к приходу Бхагавана, его посещения прекратились. Чадвик перестал воспринимать Бхагавана как друга, который заходит в гости, и начал относиться к нему как к *гуру*, который нуждается в уважении и специальном стуле. Когда была введена такая формальность, визиты прекратились.

То есть он рассматривал себя как друга, а не как мастера?

Бхагаван не имел никакого представления о себе, он просто реагировал на отношение к нему и мысли о нем окружающих. Он мог быть другом, отцом, братом, богом, в зависимости от подхода к нему его преданного. Одна женщина была убеждена в том, что Бхагаван – ее младенец. У нее была маленькая кукла, похожая на Бхагавана, и в его присутствии она покачивала ее будто младенца. Вера в эти отношения была настолько сильной, что у женщины на самом деле начиналась лактация, когда она держала куклу Бхагавана.

Похоже, он одобрял любые формы отношений *гуру* – ученик, которые удерживали внимание последнего на Истинном Я или на форме *гуру*. Но при этом он также любил и получал удовольствие от общения с теми, кто мог относиться к нему как к обычному человеку.

Иногда Бхагаван говорил, что не имеет значения, как вы рассматриваете *гуру*, лишь бы вы могли думать о нем постоянно.

В качестве яркого примера он приводил древнюю историю двух людей, которые просветлели, ненавидя Бога настолько сильно, что не могли не думать о нем.

Существует тамильское выражение, которое переводится как «мать – отец – гуру – Бог». Многие люди испытывали к нему подобное чувство. Сам же Бхагаван говорил, что он никогда и ни с кем не чувствовал себя *гуру* в отношениях гуру – ученик. Публично он заявлял, что у него вообще не было учеников, так как с перспективы Истинного Я не существовало никого, кто бы отличался или был отделен от него. Будучи Истинным Я и зная, что существует одно лишь Истинное Я, он понимал, что непросветленных людей, нуждающихся в просветлении, нет. Он говорил, что всегда видел вокруг себя только просветленных.

Утверждая это, Бхагаван однозначно выполнял функции *гуру* для тысяч людей, которые верили в него и старались претворять в жизнь его учение.

В течение какого периода Бхагаван активно участвовал в строительных работах?

Хижины из пальмовых листьев в ашраме начали заменяться каменными зданиями примерно в 1930 году. Период большого строительства длился с 1930 по 1942 год. Храм Матери был построен после, но Бхагаван уже так не контролировал проектирование и сооружение. Эти работы были поручены квалифицированным строителям храмов. Бхагаван регулярно посещал строительную площадку, но не особо вовлекался в принятие решений в отношении проектирования и инженерных работ.

Если кто-нибудь в течение этих двенадцати лет приходил к нему, то мог бы не найти Бхагавана сидящим на диване, а работающим или управляющим рабочими?

В зависимости от того, когда бы человек пришел. Бхагаван следовал определенному распорядку: он всегда был в холле во время песнопений, примерно по сорок пять минут утром и вечером. Он мог находиться там вечером, общаясь со всеми работниками ашрама, которые не могли повидаться с ним в течение дня из-за своих обязанностей в различных частях ашрама. Также он мог находиться в холле, если к нему приезжали посетители, желавшие с ним поговорить. Он регулярно гулял на горе или в Палакотту, прилегающей к ашраму территории. Такие прогулки обычно происходили после еды. В промежутках между этими событиями он занимался другими своими делами. Если ничто или никто не нуждался в его внимании в холле, он мог пойти на кухню посмотреть, как идут дела у поваров, или пойти в хлев проверить, все ли в порядке с коровами. Если в ашраме проводились крупные строительные работы, он мог выяснить, как продвигается работа. Однако в большинстве случаев он проводил обход стройплощадок, когда у всех остальных была сиеста.

Бхагаван управлял множеством рабочих, не только теми, кто работал на стройке. Например, под его руководством преданные в холле переплетали книги, повара работали в соответствии с его инструкциями и т.д. Единственная сфера, в которую Бхагаван, похоже, не был склонен вовлекаться – офис ашрама. Он предоставил в ней своему брату Чиннасвами практически полную свободу действий, хотя время от времени мог вмешаться, если чувствовал, что нечто упущенное должно быть сделано.

В более ранние годы, вплоть до 1926-го, он также достаточно регулярно совершал прогулки вокруг подножия Аруначалы.

И несколько человек могли следовать за ним?

Да, в более поздние годы за ним следовала большая толпа, а когда он проходил мимо города, людей становилось еще больше. Его дожидались, чтобы попытаться накормить или завлечь к себе в дом, но он отклонял все приглашения. После 1890-х он ни разу не заходил в частный дом в городе.

Он прекратил обходы горы в 1926 году, потому что начались ссоры из-за того, кому придется остаться в ашраме. Никто не хотел оставаться, но кому-то всегда нужно было оставаться охранять имущество. В конце концов, он сказал: «Если я перестану туда ходить, тогда больше не будет ссор из-за того, кому оставаться». Он никогда больше не ходил вокруг Аруначалы.

Ты говорил, что он был очень простым человеком и ему нравились простые люди. Я предполагаю, что животных он тоже любил.

Почти всех. Я читал, что ему не особо нравились кошки, но не знаю ни о каких свидетельствах этого. Насколько я могу судить, он любил всех животных в ашраме. Он проявлял особую нежность к собакам, обезьянам и белкам.

И они, надо полагать, тоже жили в ашраме?

Бхагаван часто говорил, что люди ашрама самовольно поселились на земле, которая принадлежит животным, и что местные дикие животные обладают на нее преимущественным правом владения. Он никогда не одобрял, если их прогоняли для создания большего пространства для людей, или потому, что кому-то не нравилось соседство с животными. Он всегда принимал их сторону при любой попытке изгнать их или причинить какие бы то ни было неудобства.

У него на тахте жили белки. Они свили гнездо в соломенной крыше у него над головой, бегали по нему и выводили потомство у него в подушках. Иной раз он случайно мог задушить одну из них, когда садился. Они были повсюду.

Ему явно нравилось соседство с животными. Разделяли ли его любовь остальные жители ашрама?

В отличие от многих людей, собравшихся вокруг него, для Бхагавана это было нормально и естественно. Ему всегда приходилось бороться на стороне животных, чтобы обеспечить им надлежащее обращение, или чтобы им не доставляли излишних неудобств.

К 1940-м Старый Холл, в котором Бхагаван жил с конца 1920-х, стал слишком мал для толп людей, которые хотели повидать его. Поэтому в 1940-х для него был построен большой Новый Холл, каменное здание напротив Храма Матери. Просторное, впечатляющее, гранитное пространство напоминало *мантапамы* в храме, место пугало некоторых людей и всех животных.

Когда Бхагавану показали, где он будет сидеть, он спросил: «А что будет с белками? Где они будут жить?». Не было ниш, где они могли бы сидеть, или травянистых материалов для их гнезд. Также Бхагаван посетовал на то, что здание может отпугнуть некоторых бедных людей, которые хотели бы прийти к нему. Он всегда смотрел на подобные вещи со стороны проигравшего, будь то животное или человек.

Тот большой каменный диван, похоже, ему не подошел.

Да, он был совершенно не в его стиле. Один скульптор сделал каменную статую Бхагавана как раз по завершении обустройства Нового Холла. Когда Бхагавану сказали, что эта свежевысеченная гранитная тахта предназначена для него, он ответил: «Пусть каменный *свами* сидит на каменной тахте».

В конечном счете он все-таки переехал в Новый Холл, потому что больше принять такое большое количество людей было негде. Но пробыл он там недолго.

И это было примерно за год до того, как он покинул тело?

Бхагаван переехал в Новый Холл вскоре после торжественного открытия храма над *самадхи* его матери в марте 1949 года. В тот год у него развилась саркома, рак на руке. Болезнь истощила его физически до такой степени, что он даже не мог дойти до уборной и вернуться обратно. По этой причине его уборную переоборудовали в комнату, где он и провел несколько последних месяцев своей жизни.

Ее называют Комнатой Самадхи?

Да. Энергичная тамильская женщина Джанаки Амма пришла в ашрам в 1940-х. Когда она попросила показать ей женскую уборную, ей ответили, что таковой не имеется. Тогда Джанаки организовала ее постройку, и она стала комнатой, в которой Бхагаван провел свои последние дни. Это была ближайшая к Новому Холлу уборная, и Бхагаван переселился в нее в 1949 году. На то время она стала его уборной, поскольку никто не хотел доставлять Бхагавану неудобства, заставляя его далеко ходить. Он никому не позволял себе помогать, когда ходил в уборную, даже когда был крайне слаб. Видел ли ты его съемки в последний год жизни?

Да.

На это больно смотреть. Колени тряслись из стороны в сторону, на них были массивные опухоли. По этим кадрам понятно, что он был чрезвычайно ослаблен, но при этом никогда никому бы не позволил помогать себе передвигаться. В дверном проеме Нового Холла есть сложная каменная ступенька. Преданные были вынуждены стоять рядом совершенно беспомощно, когда Бхагаван пытался преодолеть это препятствие, потому что никому не было позволено предлагать помощь. В конце концов, когда эта ступенька стала непреодолимым препятствием, он переселился в уборную и жил там до своего ухода в апреле 1950 года.

Правда ли, что в течение этого периода он по-прежнему был доступен?

Он упорно настаивал на том, чтобы все желающие встретиться с ним могли получить *даршан* хотя бы один раз в день. Когда люди осознали, что ему осталось здесь быть недолго, толпы увеличились. В последние несколько недель устраивался проходной *даршан*: люди чередой проходили мимо его комнаты и по очереди делали *пранам* (поклон с прикасанием соединенных рук ко лбу).

И это продолжалось до последнего дня?

Да, он дал свой последний публичный *даршан* во второй половине дня своего ухода.

Я, кстати, встречал человека, который проходил мимо Бхагавана в день его смерти.

Бхагаван настаивал, чтобы общественность имела к нему максимальный доступ. Вплоть до 1940-х двери его комнаты были открыты двадцать четыре часа в сутки. Если бы ты захотел увидеть его в 3 часа ночи, никто бы не помешал тебе войти и пообщаться с ним. Если у тебя была какая-то проблема, ты мог прийти и рассказать ему о ней среди ночи.

То есть несмотря на то, что он выполнял много работы – нарезка овощей, строительство и т.д. – он всегда был доступен?

В той фазе жизни рядом с ним было не так много людей. Ты говоришь о тех годах, когда он активно занимался приготовлением пищи, строительными работами. Если в те дни к нему приходила группа людей, он отправлялся в холл узнать, чего они хотят.

У всех, кто жил в ашраме, были обязанности. Люди работали в хлеву, в саду, в офисе, на кухне и т.д. Этим жителям ашрама не разрешалось садиться возле Бхагавана в течение дня, поскольку им нужно было работать. Вечером работники ашрама собирались вокруг Бхагавана и, как правило, на пару часов он был в их полном распоряжении. Посетители обычно уходили домой вечером. Люди, которых он видел в течение дня в холле, были посетителями ашрама, наряду с несколькими преданными, жившими неподалеку.

Все имели возможность задавать ему вопросы?

Теоретически – да, но многие были слишком напуганы, чтобы обратиться к нему. Иногда он начинал говорить без вопроса. Он любил рассказывать истории о знаменитых святых, а еще он часто вспоминал некоторые моменты из различных этапов своей жизни. Он был великолепным рассказчиком и всякий раз, когда у него была хорошая история, он изображал в лицах главных героев. Бывало, он настолько увлекался повествованием, что мог заплакать, дойдя до особенно трогательного места в рассказе.

Значит представление о нем как о молчаливом человеке не совсем верное?

Большую часть дня он был молчалив. Бхагаван говорил окружающим, что предпочитает находиться в молчании, но иногда, будучи в настроении, мог говорить часами.

Я не хочу сказать, что все, кто приходили к нему на встречу, получали незамедлительный словесный ответ. Ты мог прийти с, казалось бы, серьезным вопросом, а Бхагаван мог тебя проигнорировать. Он мог смотреть в окно и даже не подать знака, что услышал вопрос. В то же время кто-то другой мог прийти и незамедлительно получить ответ. Иногда это слегка напоминало лотерею, но в итоге каждый получал то, в чем нуждался, или то, что заслуживал. Бхагаван откликался на происходившее в уме человека, сидевшего перед ним, а не только на его вопрос, и поскольку он был единственным человеком, который знал, что происходит в уме спрашивающего, посторонним его ответы подчас казались данными наугад или необоснованными.

Многие могли не получить словестного ответа на свои вопросы, но позже обнаружить, что уже само пребывание в его присутствии дало им покой или ответ, в котором они нуждались. Это был тот ответ, который предпочитал давать Бхагаван: безмолвный, исцеляющий поток благодати, приносивший человеку покой, а не просто удовлетворительный словесный ответ.

Бог — неведомая сущность. Более того, Он находится вовне. Тогда как Истинное Я всегда с тобой, и Оно — это ты. Почему ты не обращаешь внимания на сокровенное и увлекаешься внешним?

Шри Рамана Махарши

Вверху: Вид на Аруначалу со стороны Сканда Маха Пуранам

Слева: Шри Рамана с преданными, приблизительно 1940 г.

Внизу: первые годы Рамана Ашрама, бамбуковая хижина над Усыпальницей Матери, 1922 г. Шри Рамана с коровой Лакшми

Справа в центре: Вид на Рамана Ашрам с Аруначалы Самадхи коровы Лакшми

Справа внизу: Коровник в Рамана Ашраме, первое капитальное строение

ГЛАВА 2

Учение Шри Раманы

*Беседа Дэвида Годмана
с Преманандой*

(прямая речь Шри Раманы выделена жирным шрифтом)

Дэвид излагает учение Шри Раманы в великолепной ясной и простой манере. Он раскрывает тонкости текста «Кто Я?» (Nan Yar), уделяя особое внимание разъяснению Самовопрошания. Для объяснения шагов к Самореализации, предлагаемых Самовопрошанием, он использует аналогию Шри Раманы между умом и быком, который возвращается в хлев, будучи соблазненным вкусным сеном. Он сравнивает это с двойственностью предпосылок духовных практик, как например, медитация. Дэвид подчеркивает преимущества, которые получает человек, у которого есть живой мастер; делится несколькими историями об отношениях Шри Раманы с его учениками. Мы можем удивиться, узнав о том, что они иногда проявлялись в форме гнева, а не только умиротворенной тишины и благожелательного взгляда, которыми он больше известен.

Дэвид, когда Шри Рамана начал передавать учение, в чем оно состояло? Мне говорили, что когда он жил на горе в пещере Вирупакша, к нему кто-то пришел и спросил, в чем состоит его учение. Как мы знаем, он изложил его в виде небольшого буклета. Можешь что-нибудь рассказать об этом?

Это было в 1901 году. У него даже не было тетради. К нему пришел человек по имени Шивапракашам Пиллай и стал задавать вопросы. Полагаю, главный его вопрос был: «Что такое реальность? Как ее распознать?». Диалог начался с этого, но не было произнесено ни слова. Бхагаван писал свои ответы пальцем на песке, поскольку это был период, когда ему было трудно произносить звуки. Такой примитивный способ письма давал краткие, содержательные ответы.

Шивапракашам Пиллай не записывал эти ответы. После каждого вновь заданного вопроса Бхагаван стирал предыдущий ответ и писал пальцем новый. Придя домой, Шивапракашам Пиллай записал то, что смог вспомнить из состоявшейся безмолвной беседы.

Спустя двадцать лет он опубликовал эти вопросы и ответы в качестве дополнения к краткой биографии Бхагавана, которую он написал и опубликовал. Я думаю, в первой опубликованной версии было тринадцать вопросов и ответов. Последователи Бхагавана оценили этот исключительный подарок. Рамана Ашрам опубликовал его в виде отдельного буклета, и с каждым последующим изданием в него добавлялось все больше и больше вопросов и ответов. В самой длинной версии их порядка тридцати.

В какой-то момент в 1920-х Бхагаван сам переписал этот ряд вопросов и ответов в виде прозаического эссе, развивая одни ответы и удаляя другие. На сегодняшний день под названием «Кто Я?» эссе опубликовано в «Собрании сочинений» Бхагавана, а также в форме небольшой брошюрки. Это просто краткое изложение ответов, которые Бхагаван написал пальцем на песке более чем за двадцать лет до того.

Довольно кратко.

Да, занимает, наверное, около шести страниц в большинстве книг.

Суть брошюры в вопросе «Кто Я?» Правильно?

Эссе называется «*Кто Я?*», но охватывает самые разные темы: природа счастья, что такое мир, как он начинает видимое существование и как исчезает. Также в нем есть часть с подробным описанием того, как заниматься Самовопрошанием.

Им нужно заниматься по утрам как практикой? Единожды или регулярно? Это что-то вроде дыхательной техники или какой-то медитации?

Пападжи (прямой ученик Шри Раманы и *гуру* Премананды) говорил: «Сделай это один раз и сделай правильно». Это идеальный вариант, однако я знаю лишь о двух или трех людях, которые проделали это единожды и получили верный ответ: непосредственное переживание Истинного Я. Эти люди были готовы к прямому переживанию, и Истинное Я откликнулось правильным ответом, правильным переживанием.

Как у самого Пападжи?

Пападжи никогда не практиковал Самовопрошание, несмотря на то, что настойчиво рекомендовал его, когда начал учить.

Мне приходят на память две замечательных личности, появившиеся у Бхагавана в конце 1940-х. Первая из них была женщиной, у которой часто случались видения Муругана, ее избранного божества. Она была преданной, никогда не слышавшей о Самовопрошании. Она даже почти ничего не знала о самом Бхагаване, когда предстала перед ним в апреле 1950 года. Она была в числе людей, получивших «проходной» *даршан* (пребывание в присутствии святого) в последние дни Бхагавана. Когда она стояла перед Бхагаваном, вопрос «Кто Я?» самопроизвольно возник у нее внутри, и в качестве ответа она получила непосредственное переживание Истинного Я.

Позже она говорила, что тогда впервые в жизни у нее случилось переживание *Брахмана* (абсолютная реальность).

Второй человек, которого я имею в виду, – Лакшмана Свами. Он также раньше никогда не практиковал Самовопрошание. Он был преданным всего несколько месяцев и в течение этого периода в качестве духовной практики повторял имя Бхагавана. В октябре 1949 года он сел и закрыл глаза в присутствии Бхагавана. Вопрос «Кто Я?» внезапно возник у него внутри, и в ответ его разум вернулся к своему источнику, Сердцу, и вопрос никогда больше не возникал. В его случае это было неизменным переживанием, настоящей Самореализацией.

В обоих случаях не было предварительной практики Самовопрошания, и в обоих случаях вопрос «Кто Я?» у них внутри возникал спонтанно. Вопрос не задавался намеренно. Эти люди были готовы к переживанию Истинного Я. В присутствии Бхагавана у них внутри возник вопрос, и в его присутствии их чувство индивидуальности исчезло. Я считаю, что физическое присутствие Бхагавана было таким же важным, как вопрошание. Многие задавали вопрос бесконечно, но не достигали результата, полученного людьми, у которых вопрос возник один раз.

Я бы также хотел отметить, что у них обоих переживание произошло в последние месяцы жизни Бхагавана. Несмотря на то, что его тело разрушалось, ослабляя его физически, духовная сила, его физическое присутствие оставались такими же сильными, как всегда.

Ты хочешь сказать, что Самовопрошание – не практика и не то, что следует выполнять усердно, час за часом, день за днем?

Самовопрошание является практикой для подавляющего большинства людей, и Бхагаван поощрял людей заниматься им настолько часто, насколько они могли. Он говорил, что ее следует настойчиво продолжать до самого момента реализации.

Это не было его единственным учением, и он не говорил каждому, кто к нему придет, выполнять ее. Как правило, у тех, кто приходил к нему и спрашивал духовного совета, он интересовался, что они практиковали. После ответа его обычной реакцией было: «Очень хорошо, продолжайте».

У него не было сильного миссионерского пыла в отношении Самовопрошания, но он говорил, что рано или поздно каждый должен прийти к Самовопрошанию, так как это единственно эффективный способ устранения индивидуального «я». Он знал, что большинство людей, приходивших к нему, предпочитали повторять имя Бога или поклоняться определенной форме Бога. Так что он позволял им продолжать близкую им практику. Однако, если бы ты пришел к нему и спросил: «Я сейчас ничего не практикую, но хочу просветления, какой самый быстрый и прямой путь к его достижению?», он бы, почти несомненно, ответил: «Практикуй Самовопрошание».

Существуют ли документальные свидетельства о том, что он говорил, что это наиболее быстрый и прямой путь?

Да, он упоминал об этом во многих случаях. Но не в стиле Бхагавана было навязывать его людям, он хотел, чтобы преданные пришли к Самовопрошанию, когда будут к нему готовы.

То есть, хоть он и признавал выполняемые людьми практики, он достаточно ясно высказывался, что наиболее быстрый и прямой способ – Самовопрошание?

Да, также он говорил, что необходимо придерживаться его до самого момента реализации. Для Бхагавана это не было техникой, которой можно заниматься час в день, сидя со скрещенными ногами на полу. Это то, чем следует заниматься в каждый момент бодрствования при любых действиях тела. Он говорил, что начинающие могут выполнять его сидя, с закрытыми глазами, но от остальных он ожидал выполнения практики одновременно с обычными повседневными делами.

Что бы ты мог сказать относительно самой техники: она означает от момента к моменту быть осознанным в том, что происходит в уме?

Нет, она не имеет никакого отношения к осознанию содержимого ума. Это очень конкретный метод, и его цель – выяснить, откуда исходит индивидуальное чувство «я». Самовопрошание – активное изучение, а не пассивное свидетельствование.

Например, ты можешь думать о том, что у тебя было на завтрак, или смотреть на дерево в саду. В Самовопрошании ты не просто поддерживаешь осознание этих мыслей, а направляешь свое внимание на думающего, у которого есть мысли, на воспринимающего, обладающего восприятием. Есть думающий «я», ощущающий «я», и это «я» – также мысль. Бхагаван советовал сосредотачивать внимание на этом внутреннем ощущении «я» для того, чтобы выяснить, чем оно является на самом деле. В Самовопрошании ты пытаешься выяснить, откуда возникает чувство «я», вернуться в то место и остаться там. Это не простое наблюдение, а активное исследование, в котором практикующий пытается обнаружить, как рождается чувство бытия индивидуальной личности.

Можно исследовать природу «я», формально спрашивая себя «Кто Я?» или «Откуда приходит это "Я"?». В качестве альтернативы можно пытаться поддерживать постоянную осознанность внутреннего ощущения «я». Любой из способов считается Самовопрошанием. Не следует давать ответы наподобие «я – сознание», потому что любой ответ, который вы дадите себе, будет скорее умозрительным, нежели основанным на опыте. Единственно правильный ответ – непосредственное переживание Истинного Я.

То, что ты сейчас сказал, очень понятно, но практически невыполнимо. Звучит просто, но по своему опыту могу сказать, что это очень трудно.

Самовопрошание требует приверженности, требует практики. Необходимо настойчиво продолжать и не сдаваться. Практика постепенно изменит привычки ума. Выполняя ее регулярно и непрерывно, ты устраняешь сосредоточенность на поверхностных потоках мыслей и переводишь внимание на то место, в котором возникает сама мысль. В нем ты начнешь ощущать покой и безмолвие Истинного Я, что будет стимулировать тебя продолжать практику.

У Бхагавана была очень уместная аналогия для этого процесса. Представь, что у тебя есть бык, которого ты держишь в хлеве. Если оставить дверь открытой, бык выйдет наружу в поисках еды. Возможно, он ее найдет, однако очень часто будет попадать в неприятности, выпасаясь на возделываемых полях. Их хозяева будут бить его палками и бросать в него камнями, чтобы прогнать, но он будет возвращаться снова и снова, постоянно страдая, потому что он не понимает принципа границ поля. Он просто запрограммирован искать еду и есть, где бы он ее ни нашел.

Бык — это ум, а хлев — Сердце, из которого он выходит и куда возвращается. Пастьба на поле представляет болезненную привязанность ума к поиску удовольствия во внешних объектах. Бхагаван говорил, что большинство техник, направленных на контроль ума, принудительно ограничивают движения быка, но они ничего не делают с врожденным стремлением быка блуждать и попадать в неприятности.

Ум можно временно связать *джапой* (повторение имени Бога) или контролем дыхания, но когда ограничение его движения ослабляется, ум снова уходит, навлекает на себя новые беды и страдает вновь. Ты можешь связать быка, но ему это не понравится. Дело закончится тем, что злой, своенравный бык, скорей всего, будет искать возможность совершить какой-нибудь акт насилия над тобой.

Бхагаван приравнивал Самовопрошание к пучку свежей травы под носом у быка. Как только он приближается, ты отходишь в сторону двери хлева и бык следует за тобой. Ты направляешь его назад в стойло, и он добровольно следует за тобой, поскольку желает удовольствия от поедания травы, которую ты держишь перед ним. Как только он попадает в хлев, ты позволяешь ему есть траву, всегда в изобилии хранящуюся там. Дверь хлева всегда остается открытой, бык в любое время свободно может выйти и побродить. Нет ни наказания, ни ограничения движений. Бык будет постоянно выходить, потому что такова природа подобных животных – бродить в поисках еды. И каждый раз, выйдя, он будет наказан за блуждание по запрещенным территориям.

Каждый раз, когда ты замечаешь, что твой бык вышел наружу, завлекай его обратно в стойло той же техникой. Не пытайся битьем заставить его подчиниться, или ты сам можешь быть атакован. И не старайся решить проблему насильственно, закрывая его под замок.

Рано или поздно даже самый тупой бык поймет, что поскольку в стойле всегда есть запас вкусной травы, то бродить снаружи нет смысла, потому что это всегда приводит к страданиям и наказаниям. Даже несмотря на то, что дверь хлева всегда открыта, бык со временем все больше будет оставаться внутри и наслаждаться постоянно доступной едой.

Это и есть Самовопрошание. Когда бы ты ни обнаружил ум, блуждающим во внешних объектах и чувственных ощущениях, возвращай его в хлев, то есть в Сердце, в источник, из которого он возникает и к которому он возвращается. Здесь ум может наслаждаться покоем и блаженством Истинного Я. Когда он блуждает во внешнем мире, ища удовольствия и счастья, он только попадает в неприятности. Но если ум остается дома, в Сердце, он наслаждается покоем и тишиной. В конце концов, даже несмотря на всегда открытую дверь, ум предпочтет оставаться дома и не блуждать.

Бхагаван говорил, что путь сдерживания ума – путь *йогина* (практикующий *йогу*). *Йогины* пытаются достичь сдерживания, заставляя ум быть неподвижным. Самовопрошание дает уму возможность блуждать где ему захочется, и достигает успеха, мягко убеждая ум в том, что он всегда будет счастливее, оставаясь дома.

Ты бы назвал пробуждением тот самый момент, когда осознаёшь, что травы достаточно дома, и поэтому нет необходимости выходить наружу?

Нет. Я бы просто назвал это пониманием.

Всего лишь пониманием? Несомненно, осознав, что дома полно травы, зачем снова выходить наружу?

Идея о том, что дома находиться лучше, принадлежит «я», и это «я» должно уйти прежде, чем сможет произойти реализация.

Давайте продолжим данную аналогию. То, что я сейчас скажу, не является частью изначальной аналогии Бхагавана, но включает другие части учения Бхагавана. Для реализации, истинного и постоянного пробуждения, бык должен умереть. Пока он жив, и пока дверь остается открытой, всегда существует возможность того, что он будет блуждать. Однако, если он умрет, он больше никогда не соблазнится выйти наружу. При реализации ум мертв.* Это не состояние, в котором ум просто переживает покой Истинного Я. Когда ум добровольно идет в Сердце и остается там, совершенно не чувствуя побуждения выскочить наружу, Истинное Я уничтожает его, и остается одно лишь Оно.

Ключевая часть учений Бхагавана состоит в том, что Истинное Я может устранить ум только тогда, когда у последнего больше нет никакой склонности двигаться вовне. Пока же присутствуют подобные тенденции движения вовне, пусть даже в скрытой форме, ум будет всегда оказываться слишком сильным для того, чтобы Истинное Я могло полностью его растворить.

Вот почему метод Бхагавана работает, а насильственное сдерживание – нет. Можно подавлять ум десятилетиями, но такой ум никогда не будет поглощен Истинным Я из-за наличия желаний, тенденций, *васан*. Они могут не проявляться, но по-прежнему будут существовать.

В конце концов, именно Милость, или сила Истинного Я, устраняет последние остатки свободного от желаний ума. Ум не может устранить сам себя, но он может принести себя в жертву Истинному Я. Через усилия, вопрошание, возможно вернуть ум к Истинному Я и удерживать его там в свободном от желаний состоянии. Однако ничего более ум сделать не может.

---

* Это спорный вопрос. См. Вступление в кн.: Премананда. Намётки на пути к Пробуждению. Киев: Открытое Небо, 2014.

Именно сила Истинного Я в тот самый завершающий момент вберет последние остатки ума в себя и устранит его полностью.

Ты говоришь, что в состоянии реализации ум мертв. Похоже, что просветленные люди думают, помнят и т.д. точно так же, как обычные люди. Для этого у них должен быть ум. Возможно, они не привязаны к нему, но он все равно должен существовать, иначе они не смогли бы функционировать в мире. Человек с мертвым умом был бы зомби.

Такое заблуждение присуще многим людям, потому что они не могут представить, как кто-либо может функционировать, принимать решения, говорить и т.д., не имея ума. Ты совершаешь все эти действия с помощью своего ума или, по крайней мере, ты так думаешь. Поэтому когда ты видишь святого, который нормально себя ведет в повседневной жизни, ты автоматически предполагаешь, что он также координирует все свои действия посредством сущности, называемой «ум».

Ты считаешь себя личностью, обитающей в теле, и когда видишь святого, то автоматически предполагаешь, что он также личность, действующая через тело. Святой вообще не воспринимает себя подобным образом. Он знает, что существует только Истинное Я, что тело возникает в Нем и выполняет определенные действия. Он знает, что вся деятельность и все слова, возникающие в теле, происходят исключительно из Истинного Я. Он не совершает ошибку, приписывая их воображаемой посреднической сущности под названием «ум». В подобном немыслящем состоянии некому организовывать интеллектуальную информацию, никто не принимает решений, что делать дальше. Истинное Я всего лишь побуждает тело делать или говорить то, что должно быть сделано или сказано в данный момент.

Когда ум исчезает, оставляя лишь Истинное Я, тогда тот, кто определяет будущее направление деятельности, выполняет действия, думает мысли, воспринимает ощущения, исчезает. Остается одно лишь Истинное Я, и Оно заботится обо всем, что должно быть сделано или сказано телом. Человек в таком состоянии всегда делает наиболее уместные вещи, говорит наиболее подходящие слова, потому что все действия и слова идут напрямую из Истинного Я.

Бхагаван однажды сравнил себя с радиоприемником, из которого доносится голос, говорящий осмысленные вещи. Они кажутся результатом здравой, обоснованной мысли, но если разобрать радиоприемник, то там не окажется никого, кто бы думал или решал.

Слушая такого мудреца, как Бхагаван, ты слышишь слова, идущие не из ума, а идущие напрямую из Истинного Я. В своих работах для описания состояния освобождения он использует термин *манонаша*, которое достаточно недвусмысленно означает «уничтоженный ум».

Ум, согласно Бхагавану, является всего лишь неправильной идеей, ошибочным убеждением. Он начинает существовать, когда «я»-мысль, чувство индивидуальности, предъявляет право собственности на все мысли и ощущения, обрабатываемые мозгом. Когда подобное происходит, это приводит к тому, что ум говорит: «я счастлив», или «у меня проблема», или «там я вижу дерево».

Когда посредством Самовопрошания ум растворяется в своем источнике, тогда приходит понимание, что ума на самом деле никогда не существовало, что это всего лишь ложная идея, в которую человек верил просто потому, что истинную природу ума и его источник никогда должным образом не исследовал.

Иногда Бхагаван сравнивал ум с незваным гостем на свадьбе, который создает проблемы, но выходит сухим из воды, поскольку гости невесты думают, что он со стороны жениха, и наоборот. Ум не принадлежит ни Истинному Я, ни телу. Он как незваный гость, который создает неприятности из-за того, что мы никогда не утруждаем себя выяснить, откуда он взялся. Когда же мы проводим такое расследование, ум, подобно причиняющему беспокойство гостю на свадьбе, просто растворяется и исчезает.

Позволь мне привести тебе замечательное описание того, как говорил Бхагаван, из третьей части «Сила Присутствия». Его написал Дж.В. Суббарамайя, ученик Бхагавана, бывший с ним в тесном контакте. Он очень хорошо иллюстрирует мой тезис о том, что слова святого исходят из Истинного Я, а не из ума:

> «Сама манера говорить Бхагавана была уникальна. Его нормальным состоянием было молчание. Он говорил так мало, что случайные посетители, которые видели его лишь непродолжительное время, интересовались, разговаривал ли он вообще. Задавать ему вопросы и извлекать из него ответы было уже само по себе искусством и требовало исключительных навыков самоконтроля. Искреннее сомнение, честный вопрос никогда не оставались без ответа, хотя иногда само его молчание служило лучшим ответом на некоторые вопросы. Спрашивающий должен был быть способен терпеливо ждать. Чтобы шансы получить хороший ответ были максимальными, следовало задать свой вопрос просто и кратко. Затем необходимо было оставаться тихим и внимательным. Бхагаван мог некоторое время молчать, после чего начать медленно и сбивчиво говорить. Постепенно его речь набирала силу, как будто моросящий дождь постепенно перерастал в ливень. Иногда он мог говорить часами напролет, удерживая слушающих завороженными. Но на протяжении всей беседы спрашивающий должен был оставаться совершенно безмолвным и не вмешиваться со встречными замечаниями. Любое вмешательство с вашей стороны могло разорвать нить его дискурса, и тогда он немедленно возобновлял молчание. Он никогда не вступал в дискуссии и ни с кем не спорил. Дело в том, что то, что говорил Бхагаван, было не точкой зрения или мнением, а прямым излучением внутреннего света, проявлявшимся в словах с тем, чтобы рассеять тьму невежества. Единственная цель его ответа состояла в том, чтобы направить спрашивающего вовнутрь, заставить его увидеть свет истины в самом себе».

Можем ли мы вернуться к аналогии с быком, которого необходимо соблазнить зайти обратно в стойло? Похоже, бык, олицетворяющий ум, должен умереть. Если ум умирает, можно ли рассматривать это как полное пробуждение? Есть ли разница между пробуждением и просветлением? Конечно, это всего лишь слова, но отображают ли они различные состояния?

Истинное Я всегда одно и то же. Истинное Я, которое осознает Истинное Я, всегда одно и то же. Разные уровни опыта принадлежат уму, но не Истинному Я.

Ум может быть временно приостановлен, будучи замещенным тем, что воспринимается как прямое переживание Истинного Я. Тем не менее, это не состояние *сахаджа*, постоянное естественное состояние, в котором ум никогда больше не возникнет вновь. Такие временные состояния – очень тонкие ощущения ума. Блаженство и покой Истинного Я переживается, опосредуется через «я», которое не было полностью устранено.

Например, я переживаю пребывание в этой комнате. Я опосредую это через мои ощущения, знания, мою память. Когда «я» возвращается в Сердце и остается там неподвижным, не возникая, то там, в таком состоянии, оно переживает эманации Истинного Я: спокойствие, мир, блаженство.

Но все равно это – переживание, а не просветление. Это не полная осознанность Истинного Я. Полная осознанность присутствует только когда нет «я», опосредующего его. Переживания Истинного Я, случающиеся при все еще существующем «я», могут рассматриваться как «предварительный просмотр готовящихся к показу кинокартин», как трейлер к фильму, выходящему на экраны на следующей неделе, но не как окончательное, необратимое состояние. Переживания приходят и уходят, и когда они уходят, ум возвращается со всей его обычной, раздражающей силой.

Как может человек продвинуться от таких временных состояний к постоянному? Достаточно ли пребывать в безмолвии или необходима Милость?

Здесь я бы снова хотел привести в пример Лакшману Свами. Я упоминал о нем ранее как о том, кто в присутствии Бхагавана осознал Истинное Я с помощью практики Самовопрошания. Поэтому здесь мы имеем дело с экспертом, с тем, кто знает, о чем говорит.

Лакшмана Свами достаточно ясно высказывается на этот счет. Он говорит, что ученики с помощью своих собственных усилий могут достичь так называемого «не требующего усилий, свободного от мыслей состояния». Это максимум того, чего ты можешь достичь самостоятельно. В таком состоянии больше не возникает мыслей, желаний или воспоминаний. Они не подавлены, просто они больше не появляются и не захватывают твое внимание.

Лакшмана Свами говорит, что если ты достигнешь подобного состояния благодаря собственным настойчивым усилиям, а затем сядешь в присутствии реализованного человека, то сила Истинного Я заставит остаточное «я» вернуться к своему источнику, где оно умрет и больше никогда не возникнет. Это завершенная и полная реализация. Такова роль *гуру*, тождественного с Истинным Я внутри: втянуть свободный от желаний ум в Сердце и полностью его уничтожить.

Как я упоминал ранее, этого не произойдет, если желания и тенденции ума все еще есть в скрытом состоянии. Все они должны уйти, прежде чем может быть достигнуто такое окончательное уничтожение. Ученик сам должен устранить весь ненужный хлам со своего «умственного чердака», а также ему необходимо находиться в состоянии, в котором отсутствует желание положить туда еще что-либо. *Гуру* не может проделать эту работу за него, ученик должен сделать ее сам. Когда это осуществлено, сила Истинного Я изнутри, внутренний *гуру*, завершит работу.

И ты, и я жили рядом с Пападжи, и мы оба слышали его слова: «У тебя это есть!». Имел ли он в виду первое, временное, состояние, или второе, необратимое?

Я бы сказал, почти всегда первое. Его особое мастерство, его талант, умение, заключалось в том, чтобы полностью выбить из-под тебя «интеллектуальный стул». Каким-то образом, мгновенно, он освобождал тебя от надстройки, от основания, от ума, и ты проваливался – хлоп! – прямо в Истинное Я. И ты немедленно думал: «Как здорово! Чудесно! Я просветлен!».

У него был удивительный талант, сила, способная ткнуть тебя носом в реальность Истинного Я. Это происходило совершенно спонтанно, потому что большую часть времени он даже не осознавал, что он это делал. Каким-то образом в его присутствии люди теряли ощущение функционирования через индивидуальное «я». Если подобное случается с тобой, ты полностью погружаешься в ощущение, познание бытия Истинным Я. Однако состояние не задержится по причинам, указанным мною ранее. Если ты не вычистил свой «умственный чердак» от ненужного хлама, такие переживания будут временными. Рано или поздно ум вновь заявит о себе, и такое явное переживание Истинного Я постепенно исчезнет. Это может длиться десять дней, недель, месяцев или даже лет, но затем оно уйдет, просто оставаясь в памяти.

Означает ли это, что второе, окончательное, состояние очень, очень редкое?

В *Бхагават Гите Кришна* говорит: «Из каждой тысячи людей один по-настоящему серьезен, из каждой тысячи серьезных людей лишь один знает меня тем, кто я есть на самом деле». Это один на миллион, и я думаю, что такая оценка очень оптимистичная. Лично я считаю, что цифра гораздо меньше.

В настоящее время множество людей путешествуют по всему миру и проводят сатсанг *(встреча в Истине). Многие из них позиционируют себя как последователи линии Бхагавана. Ты бы хотел что-нибудь сказать об этом?*

Прежде всего, Бхагаван никогда никого не уполномочивал учить. Поэтому все, кто заявляет, что у них есть разрешение

Бхагавана учить, говорят неправду. Люди могут утверждать, что они принадлежат линии преемственности Шри Раманы Махарши, что означает, что Бхагаван их *гуру*, или *гуру* их *гуру*. Я не думаю, что это обязательно дает им полномочия учить. Право учить может прийти от кого-то, кто осознал Истинное Я, а также оно может прийти от Истинного Я изнутри. Его сила дала Бхагавану право говорить и учить. Никто из людей не наделял его таким полномочием.

Пападжи обычно говорил: «Если тебе суждено быть *гуру*, Истинное Я изнутри наделит тебя силой для этой работы. Такое право не приходит откуда-либо или от кого-либо». Однажды Пападжи сказал мне, что Аруначала дала Бхагавану силу и право быть *сатгуру* (*гуру*, который освобождает). Думаю, что большинство согласится с этим.

Бхагаван никогда не получал права учить от *гуру* в человеческом облике, потому что у него такового не было. На самом деле, я не думаю, что Бхагаван очень хотел быть учителем. В свои первые годы на горе он трижды пытался сбежать от своих учеников, но ему никогда не удавалось уйти далеко, так как его существенно ограничивала любовь к Аруначале. У возможности спрятаться на Аруначале есть предел. Если ты желаешь сбежать в Гималаи, тогда это возможно, но если ты прячешься то под одним, то под другим камнем в Тируваннамалае, люди рано или поздно найдут тебя. После третьей неудачной попытки Бхагаван осознал, что быть в окружении людей и учить их – его судьба.

Можем вернуться к разговору о жизни Бхагавана? Я был поражен историями о его последних днях. У него был рак кожи на руке, но, казалось, он не проявлял к нему особого интереса. Можно ли было вылечить его с помощью западной медицины?

Его лечили лучшими методами западной медицины. Он перенес четыре операции, которые были сделаны очень компетентными хирургами, но опухоль была злокачественной и каждый раз возвращалась. Единственное, что могло его излечить – ампутация. На этом он поставил точку и отказался от ампутации руки. Но не следует полагать, однако, что он желал всего этого лечения. Всякий раз, когда его спрашивали, что следует делать, он отвечал: «Позвольте природе делать свое дело».

Докторов приводили руководители *ашрама* и ученики, не желавшие видеть, как он страдает. Бхагаван принимал любое их лечение, но не потому что чувствовал, что нуждается в исцелении, а потому что различные виды лечения предлагались в качестве акта преданности. Приходили все – аллопаты, гомеопаты, аюрведические доктора, травники, специалисты по лечению природными средствами, и он принимал всех их. Он не очень интересовался, преуспевали они или нет, потому что в нем не осталось ничего, что могло бы сказать «я хочу, чтобы это произошло» или «я не хочу этого». Он давал каждому, по очереди, поиграть со своим телом. Он позволял хирургам вскрывать его, травникам прикладывать припарки.

Так он жил всю жизнь. По существу, он позволял всей своей жизни случаться.

Да. Вероятно, он лучше докторов знал, что для него сработает, а что нет, но не вмешивался. Он позволил им делать все, что они хотели. Есть одна история о его последних днях, которую я особенно люблю. Один сельский травник приехал и сделал припарку из листьев, и наложил ему на руку. Высокопоставленные аллопаты были в ужасе, они считали, что теряют драгоценное время, пока этот пучок листьев находится на руке у Бхагавана. В конце концов, они ополчились против этого человека и вынудили менеджера *ашрама* снять припарку, чтобы они смогли продолжить работать своими скальпелями. Несмотря на то, что Бхагаван согласился, чтобы припарку поставили, он согласился и с решением ее снять.

Как я уже говорил, Бхагаван не любил чтобы что-то пропадало зря. Он сам снял припарку и приложил ее на шею другому человеку с раковой опухолью, и сказал: «Хорошо, давай посмотрим, поможет ли она тебе». Человеку стало лучше, а Бхагаван умер.

Вся его жизнь была живым примером полной сдачи «жизни, делающей свое дело». Мне кажется, что этот посыл не всегда доходит, потому что с его именем в первую очередь связывают Самовопрошание.

Я думаю, что ключевое слово к пониманию поведения Бхагавана – санскритский термин *санкальпа*, обозначающий «воля» или «намерение». Он означает решимость следовать определенному пути действий или решение сделать что-либо. Это *санкальпа*. Бхагаван говорил, что это то, что отделяет просветленное существо от непросветленного.

По его словам, непросветленные люди всегда полны *санкальп*, полны решений о том, что они собираются дальше делать: как они спланируют жизнь, как они будут изменять текущие обстоятельства для собственной выгоды в долгосрочной или краткосрочной перспективе. Бхагаван повторял, что у настоящего *джняни* (тот, кто осознал Истинное Я) нет никаких желаний достигать чего бы то ни было в этом мире. В нем не возникает ничего, что говорило бы: «Я должен сделать вот это, я должен быть вот таким».

Название моей книги «Сила Присутствия» на самом деле пришло как ответ на данную тему. Я прочитаю тебе, что написал:

> Однажды у Нараяна Айера произошла беседа с Бхагаваном, проливающая свет на данную тему, которая дала редкое понимание того, как действует сила *джняни*:
>
> «Однажды, когда я сидел подле Бхагавана, я чувствовал себя настолько скверно, что задал ему следующий вопрос: "Способна ли *санкальпа джняни* предотвратить судьбу учеников?".
>
> Бхагаван улыбнулся и ответил: "А есть ли *санкальпа* у *джняни* вообще? У *дживанмукты* (освобожденное существо) не может быть никаких *санкальп*. Это просто невозможно".
>
> Я продолжил: "Тогда какова же участь всех нас,

кто молится тебе, чтобы твоя милость снизошла на нас и спасла? Мы не получим пользы или не будем спасены, сидя перед тобой или подходя к тебе?". Бхагаван милостиво повернулся ко мне и сказал: «Плохая *карма* (результат всех действий) человека будет определенно ослаблена, пока он сидит в присутствии *джняни*. У *джняни* нет *санкальп*, но его *саннидхи* (присутствие) – наиболее могущественная сила. У него нет необходимости в *санкальпе*, но его возвышенное присутствие, самая могущественная сила, может творить чудеса: спасать души, успокаивать ум и даже освобождать зрелые души. Он не отвечает на твои молитвы, но поглощает их своим присутствием. Его присутствие спасает тебя, предотвращает *карму* и дарует блага в соответствии с обстоятельствами, [но] непреднамеренно. *Джняни* действительно спасает учеников, но не *санкальпой*, которой в нем не существует, а только своим возвышенным присутствием, своим *саннидхи*».

Это то, что Далай Лама и буддисты называют состраданием?

Я недостаточно знаком с буддизмом, чтобы высказываться на этот счет.

«Отсутствие *санкальп*» означает, что в просветленном существе нет чувств или мыслей наподобие: «я должен помочь этому человеку», «он нуждается в моей помощи», или «эта ситуация должна быть изменена». Все в полном порядке такое, как есть. Пребывание в таком состоянии каким-то образом создает энергию, присутствие, которое решает все приходящие проблемы.

Это можно сравнить с рабочим столом в приемной, где обрабатываются все поступающие запросы, и очень эффективно. Дверь во внутренний кабинет закрыта, за ней сидит *джняни* за своим столом и целыми днями абсолютно ничего не делает. При этом, благодаря пребыванию в его естественном состоянии, создается энергия, которая каким-то образом разбирается со всеми входящими запросами. *Джняни* должен находиться во внутреннем кабинете и просто быть самим собой, потому что если бы его там не было, приемная не смогла бы функционировать вообще.

Твои слова подкрепляют освященную веками идею о том, что необходимо прийти и находиться в присутствии просветленного.

Я согласен, но таких людей трудно найти. По моему мнению, их очень мало.

Пожалуй, твое мнение имеет определенное основание, потому что ты прожил здесь около тридцати лет. За эти годы ты повстречал многих людей, бывших рядом с Бхагаваном. У тебя необычный, аналитический взгляд на вещи; ты сам практиковал здесь и служил нескольким учителям этой линии преемственности. Этого должно быть достаточно, чтобы дать тебе определенные основания говорить о таких вещах.

У меня есть мнения, но я не авторитет. Не нужно пытаться сделать меня таковым. Можно найти множество людей, проведших здесь двадцать пять и более лет, и никто из них не согласится со мной. Ты свободно можешь пойти послушать их, и поверить всему, что они говорят.

Есть ли что-нибудь еще, о чем бы ты хотел сказать, подводя итог нашей беседе?

Найди учителя, чей ум мертв и проведи в его или ее присутствии столько времени, сколько возможно. Таков мой совет всем, кто серьезно настроен в отношении просветления.

Интересно. В Ришикеше мы встретили учителя, который сказал то же самое: «Тебе нужно найти гуру».

Есть предел тому, что ты можешь достигнуть самостоятельно. Сидеть в присутствии истинного *гуру* всегда лучше, чем медитировать самостоятельно. Я не говорю, что медитация бесполезна. Глубокая медитация очистит ум и приведет к компетентному *гуру*, но пребывание рядом с ним сравнимо со свободным спуском на велосипеде с горы вместо педалирования в гору.

У Пападжи было интересное мнение. По его словам, если ты медитируешь достаточно интенсивно, ты накапливаешь *пуньи*, духовные положительные очки, которые каким-то образом зарабатывают тебе право находиться в присутствии реализованного существа. Тем не менее, он говорил, что как только ты попал в присутствие просветленного, более продуктивным будет сидеть тихо и вообще не предпринимать никаких усилий. Когда ты находишься в присутствии подобного существа, именно сила Истинного Я, излучаемая через него, продвигает тебя вперед, а не то, что ты там делаешь.

Немного сменим тему. Можно сказать, что за последние десять-пятнадцать лет Шри Рамана и его учение вызывает все больший интерес.

По-моему, он очень знаковая фигура. Он – своего рода мерило, которым люди определяют свой статус в духовном мире. Но кроме этого, похоже, у людей нет особой заинтересованности узнать о нем и о его учении. Он – просто своего рода символ всего самого лучшего в индийской духовности. При этом большинство людей сильно в нее не углубляются и не узнают о нем больше.

Я думаю, что здесь есть доля правды. В качестве символа выступает безмолвный человек с красивыми глазами, который возлежит на кушетке. Твое описание Раманы и работа, которую ты делаешь, похоже, очень важны, потому что ты добавляешь «плоти к костям». Возможно, когда о нем сложится более полная картина, тогда его образ молчаливого идола, на которого каждый может проецировать все, что захочет, изменится. Он явно говорил много вещей, которые в действительности могут оказаться тем, чего люди не хотят слышать. Безмолвный гуру очень удобен – прекрасные глаза – его все могут полюбить. Но как только гуру начинает говорить и указывать на черты твоего эго, о которых ты, возможно, и не хочешь знать, тогда, конечно, становится несколько некомфортно!

Большинство письменных упоминаний о том, каким был Бхагаван, очень необъективны. Я разговаривал с людьми, знавшими его лично, и все они утверждали, что книги дают обманчивую картину. Они просто не упоминают о том, каким он мог быть строгим, суровым, и как непредсказуемо мог разгневаться. Быть с ним в такие моменты было адом. Люди же садились и писали: «Я вошел в холл, он посмотрел на меня, и я оказался в покое и блаженстве».

Верно. Как насчет гнева, к примеру?

О двадцати пяти случаях, когда он кричал на них, люди не упоминают. (Смех) Вот что, например, рассказывал мне Лакшмана Свами: «Ты никогда не знал, на кого он набросится и по какой причине». Понимаешь, в каждом конкретном моменте он реагировал на то, что происходило в уме человека. Если я начну кричать на тебя, люди подумают: «Что он сказал, что он сделал?». Для Бхагавана поводом служило то, что происходило у человека в голове в тот момент. Поэтому то, что происходило снаружи, часто не имело никакого отношения к тому, как реагировал Шри Рамана. Он видел или чувствовал то, что происходит внутри тебя, некое отношение... что-то, и довольно непредсказуемо мог взглянуть на кого-то и сильно отругать его не за то, что человек сделал, а просто потому что он мог видеть в человеке нечто, что было необходимо поругать в тот момент.

Лакшмана Свами рассказывал, как наблюдал за Бхагаваном, прогуливающимся во внутреннем дворе ашрама, возле столовой. Бхагаван увидел человека из Ченная, который кормил павлина воздушным рисом. Это должно было заслужить определенное одобрение Бхагавана – ему нравилось, когда люди заботились о животных. Он просто взглянул на этого мужчину и закричал: «Возвращайся в свой суд в Ченнае. Ты даже не знаешь как правильно кормить павлинов!». Что случилось? Кто знает. Что-то происходило в уме этого человека когда он кормил павлина, и Бхагаван накричал на него. Мне рассказывали, что подобное происходило постоянно.

Для меня интересно то, что описываемая тобой картина очень похожа на мое представление о Пападжи ...

Верно.

... и на образ мастеров дзен с их учениками. Внезапно понимаешь, что идеалистическая картина безмолвного человека на кушетке с красивыми глазами дает о нем весьма бледное представление.

Мне кажется, Бхагаван представлял собой редкое сочетание святого и *джняни*. Он был очень святым человеком по сравнению с кем-нибудь вроде Пападжи, который в действительности был мирским человеком. Пападжи страдал диабетом, высоким кровяным давлением, он мог быть раздраженным весь день из-за своего плохого самочувствия. Бхагаван так не раздражался, но вполне мог без видимой причины наброситься на человека и очень разозлиться. Все немного побаивались его. Об этом публике не рассказывают. Он производит впечатление эдакого благодушного Санта Клауса, к которому каждый приходил со своими проблемами. Но большинство людей были слишком напуганы, чтобы даже заговорить с ним.

Если посмотреть на влияние Бхагавана на мир, то мне кажется, что интерес к Шри Рамане и его учению растет. Отчасти благодаря людям с Запада, посещавшим его и писавшим о нем. Пол Брантон, затем майор Чадвик, несколько книг написал Артур Осборн, С.С. Коэн и затем Роберт Адамс. Роберт, пожалуй, больше других непосредственно учил, в то время как, скажем, Осборн был больше писателем.

Если говорить о людях, которые раскрыли Западу существование Шри Раманы и его учения, то номером первым, или самым ранним, будет Пол Брантон. Вероятно около двадцати лет его печатные труды служили основной причиной приезда людей к Бхагавану.

Он стал учителем?

Он сам в 1950-х годах стал учителем, очень склонным к затворничеству и избегавшим известности. Но в основном давал собственное учение, никоим образом не будучи вестником Бхагавана или его учений. Начиная с 1950-х, и я бы сказал, в течение двадцати пяти лет таковым был Артур Осборн, потому что по крайней мере двадцать лет всего лишь три книги, написанные или отредактированные им, были единственными книгами, которые западные люди могли найти в книжных магазинах Запада. То была эпоха до видео, до посланников, гастролирующих по всему миру и проводящих *сатсанги*. В шестидесятых, семидесятых и начале восьмидесятых, если тебе была нужна духовная информация, ты мог получить ее в своем ближайшем любимом книжном магазине. Те три книги были единственными широко распространенными книгами про Бхагавана.

После них в издательстве Penguin вышла твоя книга «Будь тем, кто ты есть».

Она вышла в 1985 году и была определенно наиболее продаваемой на Западе книгой про Бхагавана за последние двадцать лет. Большинство из тех, кто приехал с Запада в те годы из-за того, что прочли книгу, читали только ее. Я не говорю, что это потому что книга хорошая, просто Penguin исключительно хорошо ее распространяло. Они продали огромное количество экземпляров.

Я думаю, что это говорит твоя скромность. Любой человек, слушающий твои истории, поймет, что ты обладаешь невероятно глубокими познаниями о Шри Рамане и его учении. Конечно, частично причиной настоящего интереса к Шри Рамане служит нарастающее количество книг, но на самом деле Пападжи также оказал огромное влияние в последнее время.

Верно, Пападжи был следующим большим фактором влияния. Давай называть его «сбегающий» учитель – тот, кто сбегал от любого постоянного места с последователями. Так происходило примерно до 1990 года, когда его нездоровье усугубилось до такой степени, что больше он уже не мог убегать. Тогда уже ему пришлось сесть неподвижно и позволить себя найти. Роберт Адамс стал известным в начале 1990-х. Его ситуация аналогична истории Пападжи, поскольку он провел тридцать или сорок лет, прячась в Индии и Америке, переезжая всякий раз, как только вокруг него начинали собираться люди, и при этом не говорил им, куда отправляется. Затем он также заболел в 1990-х, осел на одном месте, и люди нашли его. По-моему, по количественным показателям он оказывал меньшее влияние, чем Пападжи.

Из всех людей, с которыми я встречался и кто публично передавал учение Бхагавана, я считаю Роберта наиболее традиционным учителем. Если ты прочтешь его «Безмолвие Сердца», то ты не найдешь ни единого слова, которого бы не сказал сам Бхагаван. Все остальные, будь то Аннамалай Свами, Лакшмана Свами или Пападжи, фокусировались на одном аспекте учения и развивали его. В Роберте Адамсе же было нечто очень традиционное, но при этом он был притягательно общителен. Мне очень нравится, как он излагает послание Бхагавана.

Да, на мой взгляд, он представляет очень хорошее сочетание Самовопрошания и подхода бхакти, пути Сердца.

По-моему, в 1993 или 1994 году Пападжи показали книгу Роберта Адамса. Он принес ее на *сатсанг* и прочел от корки до корки. Он никогда не делал подобного в отношении любого другого живого учителя. Было что-то особенное в качестве передачи Робертом Адамсом учения Бхагавана. Ты просто знал, что этот человек знает, о чем говорит. И выражал свои мысли он очень четко, ясно и убедительно.

У Ошо в одном из сегментов широко известной Динамической медитации использовался вопрос «Кто Я?» (Who am I?), впоследствии превратившийся в «кто, кто, кто» (who, who, who). В молодости, когда Ошо рассказывал об этой медитации, он выразил огромное уважение Шри Рамане. В те дни его техника в основном состояла в том, чтобы опорочить всех, кого только можно. Единственные, кому он не портил репутацию, – Кришнамурти и Шри Рамана Махарши, и по сути худшая вещь, которую он смог сказать про него, это то, что Рамана был великим мистиком, а не великим учителем. .

Бхагаван говорил, что люди, приходившие к нему и ожидавшие услышать учение из его уст, заблуждались в отношении того, что там происходило. Есть знаменитая история про Натанананду. Он приходил на каждое полнолуние, отчаянно желая получить какую-нибудь устную инициацию от Бхагавана. Он хотел чтобы ему сказали, как просветлеть. Будучи *брамином* и хорошо зная правила, он не считал, что обладал прерогативой начать разговор. Поэтому он просто сидел, тихо надеясь, что Бхагаван расскажет ему как обрести просветление. Так происходило каждый месяц в течение года. В конце концов он отказался от ожидания и спросил: «Пожалуйста, скажи мне. Я целый год прихожу сюда каждый месяц, а ты ничего так и не передал мне». Бхагаван ответил: «Если ты не можешь понять, что я передаю, то это не моя проблема. Она – твоя». Весь смысл в том, что он постоянно транслировал себя – не только людям, сидевшим перед ним, но всем своим ученикам, где бы они ни были, и любому, кто желал войти с ним в контакт – на невербальном уровне. Ему не нужно было передавать учение на словах. Ему лишь нужно было быть самим собой, и этого было достаточно.

Похоже, что сейчас его влияние на современный духовный мир огромно. В любом случае, это произошло благодаря ощущению не-учения, или невербального учения. *То есть имеющийся у нас образ его как человека молчаливого не совсем ошибочный, поскольку неотъемлемой основой его учения, даже полностью пересказанного, является «быть тихим».*

По его словам, это подобно постоянному потоку электричества в проводе, и вербальное общение схоже с подключением чего-то к проводам. Когда подключаешь вентилятор, он начинает вращаться. Это не безупречная аналогия, так как Бхагаван говорил, что когда ты что-то включаешь в этот поток, каким-то образом это прекращает течение в его нормальном невербальном канале и должно быть выражено во внешней форме, наподобие вращения вентилятора или разговора. И он говорил, что когда он был предоставлен самому себе, находился в тишине, происходило максимальное излучение, и что разговор каким-то образом препятствовал этому. Так что до некоторой степени каждый раз, когда кто-то вынуждал его говорить, свечение или излучение становилось несколько слабее. Поэтому передача происходила в полную силу, когда он сидел в тишине.

Мне кажется, что это хорошее заключение, потому что оно возвращает нас к образу безмолвного человека на кушетке.

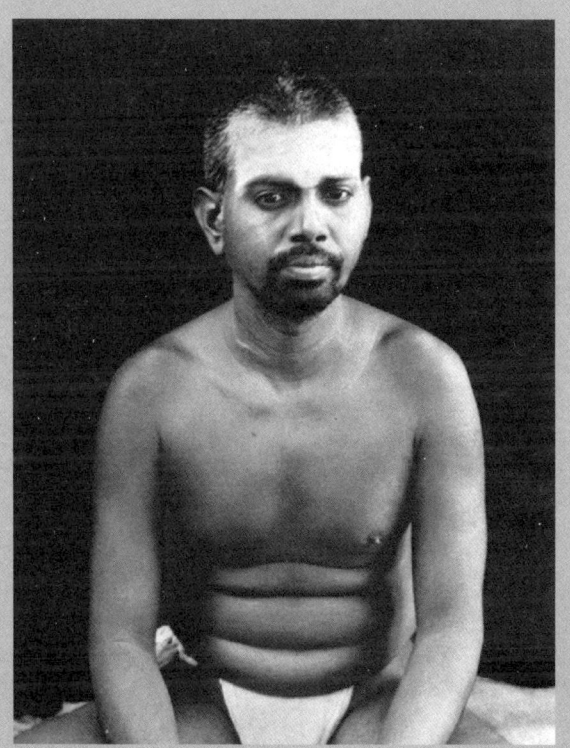

Счастье находится у нас глубоко внутри, в основе нашего существа. Счастье не существует ни в каких внешних объектах, но только в нас, а мы и есть сознание, переживающее счастье.

Шри Рамана Махарши

ВВЕДЕНИЕ

Вверху: Столовая (слева) и Старый Холл (справа) в Рамана Ашраме

Слева: Рамана Ашрам, вид с главной аллеи на Аруначалу

Внизу: Колодец в Рамана Ашраме

Справа вверху: Шри Рамана с группой 1930-х годов, 1935 г.

Справа в центре: Шри Рамана и Муруганар (сидит справа)

Справа внизу: Южный склон Аруначалы

ГЛАВА 3

Преданные Шри Раманы

Беседа Дэвида Годмана с Преманандой

(прямая речь Шри Раманы выделена жирным шрифтом)

Дэвид подробно знакомит нас с основными персонажами, близкими к Шри Рамане. Мы видим, как Бхагаван реагировал на людей в зависимости от состояния их ума, и как способ его учения и взаимодействия с преданными менялся с годами. Первые западные гости, такие как Пол Брантон и Артур Осборн, в своих книгах представили Шри Раману Западу. Пападжи также оказал сильное влияние на известность Шри Раманы за пределами Индии. Муруганар, Садху Ом и Вишванатха Свами написали, перевели, отредактировали и составили многие тома книг, восхваляющих Шри Раману. Мать Бхагавана и его брат, Чиннасвами, также стали его преданными. Дэвид рассказывает чудесные истории о животных, принимавших участие в жизни Шри Раманы, в особенности про корову Лакшми.

Дэвид, я хотел бы попросить тебя представить людей, жизнь которых привела их к Шри Рамане. Многие из них провели бо́льшую часть своей жизни в его близком окружении. Некоторые были ассистентами или помощниками, другие просто жили рядом и приходили ради учения. Когда смотришь на фотографии в столовой Рамана Ашрама, становится очевидным, что там была небольшая группа преданных, которая постепенно расширилась в 1930-х и 1940-х. На фотографиях преимущественно мужчины, и все они выглядят сильными и серьезными.

Некоторые из них никогда не жили в Рамана Ашраме. Например, один человек из Мадурая иногда приезжал, чтобы повидать Бхагавана. Он был старым школьным другом, и всякий раз, когда у него возникала большая семейная проблема, он приезжал к Бхагавану и просил его о покровительстве, содействии, финансовой помощи или чем-либо в подобном роде. То был обычный способ отношений с Бхагаваном.

Как его звали?

Ранган. Он был одноклассником Бхагавана в Мадурае. Поэтому у него были очень близкие отношения с Раманой, начавшиеся со школы. Несмотря на то, что он почитал его как великого *гуру*, у него была своего рода непринужденная фамильярность, появляющаяся когда ты с кем-то делаешь вместе домашнее задание и сидишь в классе на задней парте. У них были очень дружеские, близкие отношения.

Бхагаван откликался на состояние ума человека. Те, кто вели себя естественно и спонтанно, получали от него очень хороший естественный и спонтанный ответ. Чем дольше люди оставались и чем в большее приходили благоговение перед ним, тем более формальными становились отношения. Майор Чедвик, не знавший традиций и правил *ашрама*, обращался с Бхагаваном, конечно, не как с обычным человеком, но и без особого благоговения, наблюдавшегося у большинства других людей. Бхагавану действительно нравилось такое отношение. Я думаю, что он устал от жизни на пьедестале. Так что после обеда Бхагаван, бывало, прогуливался до комнаты Чедвика, заходил, садился и рассматривал его книжки, заглядывал в его сумки и болтал о том, о сем. Людей сильно раздражало отношение Чедвика к Бхагавану как к другу. Но на тот момент для майора Бхагаван был просто человеком, который после обеда заходит к нему поболтать. Затем очень медленно, постепенно Чедвик каким-то образом заново открыл его для себя как бога и *гуру* и начал специально готовиться к послеобеденным встречам. После чего визиты прекратились. Бхагаван мог заглянуть неожиданно, но как только человек начинал готовить что-нибудь к его приходу, хотя бы стакан воды, он больше не приходил.

Похоже, одной из его характерных черт была любовь к значительному участию в приготовлении пищи. А также он хотел всегда быть доступным для людей.

Давай проведем различие между характерными чертами Бхагавана и его откликом на состояние ума человека. Поскольку Ранган вел себя с ним как со школьным приятелем, Бхагаван отвечал ему в той же манере. Иногда он говорил ему очень, очень откровенные вещи, которых никто другой от него не слышал. Но у Бхагавана были и некоторые устойчивые черты характера и личности, которые не менялись в зависимости от находившегося рядом человека. Ему была свойственна ревностная бережливость, граничившая со скупостью; он не выносил, когда что-нибудь пропадало зря. Он поднимал с пола отдельные зерна риса и давал указание, чтобы их отнесли на кухню и сохранили.

Он очень, очень настаивал на том, чтобы к нему не относились лучше, чем к кому-либо другому. Что составляло большую проблему для многих в *ашраме*, потому что они хотели показать свою преданность, давая ему вещи лучшего качества, больше и самой лучшей еды в столовой и т.д. Мне кажется, что несколько десятилетий шла просто-таки непрекращающаяся битва между Бхагаваном, повторявшим: «Обслуживайте моих преданных лучше, чем меня, и я буду счастлив», и преданными, которые никогда не могли этого принять и всегда пытались дать ему лучше и больше по сравнению с тем, что получали другие.

Ты рассказывал прекрасную историю о том, как преданные хотели, чтобы Бхагаван пил апельсиновый сок для укрепления здоровья, на что он ответил, что ашрам *не может позволить себе делать апельсиновый сок каждому.*

Верно, но если бы откуда ни возьмись появились двести стаканов апельсинового сока и каждому досталось бы по стакану, он бы с удовольствием выпил свой. Он отказывался пить сок на глазах у всех, когда ни у кого другого такой возможности не было.

И это казалось совершенно естественным. Он просто был таким.

Естественным в каком-то смысле. Несколько раз Бхагаван шутил: «Хорошо, что я никогда не был женат, ни одна женщина не вынесла бы меня». Он действительно становился фанатичным, когда дело касалось экономии, бережливости, приготовления пищи. Люди, работавшие на кухне, говорили, что его слово было непререкаемым законом. У них не было абсолютно никаких возможностей для какого бы то ни было изменения порядков, установленных им. То, чему он пытался обучить их, была не кулинария или приготовление еды вовремя, а полное послушание *гуру*.

Он мог принести что-то совершенно несъедобное, твердое, колючее растение и сказать: «Сварите его, это будет у нас на завтрак». И ты не мог ответить: «Но оно же несъедобное, даже козы не станут его есть». Ты говорил: «Хорошо, Бхагаван» и должен был стоять в течение четырех часов, помешивая это варево, с абсолютной верой в то, что оно превратится во что-то вкусное, потому что Бхагаван сказал сделать так. И, в большинстве случаев, за пять минут до завтрака, когда ты все еще помешивал колючие ветки, он мог прийти и сунуть туда свой палец или помешать кастрюлю, и варево неожиданно превращалось во что-то вкусное. Смысл заключался не в том, чтобы быть рациональным или эффективным, а в полном послушании и сдаче Бхагавану.

У тебя есть другая история о шпинате, иллюстрирующая его бережливость. Бхагаван настаивал на том, чтобы шпинат готовился определенным образом.

Так вот, корень шпината короткий и невероятно тонкий, примерно миллиметр в диаметре по всей длине. В пищу обычно используются только листья. Но Бхагаван хотел, чтобы корни были истолчены вручную, и полученный сок добавлен в рис. Повара должны были очистить его руками с помощью щетки, один за другим, потолочь их и получить, быть может, одну каплю с каждого корня, на которую уходило минут по десять. Идея о том, что корни можно выбросить неиспользованными, была совершенно чужда образу мыслей Бхагавана. Ведь в каждом корешке содержалась одна капля полезного сока, которая должна была быть извлечена прежде, чем остатки выбросят в компост. Он настаивал на том, чтобы каждый корень был очищен, растолчен, и полученный сок был добавлен в одно из блюд.

Однажды, когда Бхагавана не было на кухне и поваров никто не беспокоил, они нашли место, где, по их мнению, он никогда не ходил, и закопали там корешки. И конечно же, именно в то утро Бхагаван изменил свой обычный маршрут и пошел к тому месту, где были зарыты все корни, ткнул туда своей тростью и выкопал их.

Что мне нравится в этой истории, так это то, что он не произнес ни слова; он никогда не жаловался и не говорил: «Ты не выполняешь мои инструкции». Бхагаван принес все корни обратно на кухню, самолично очистил и измельчил каждый корень. Он потратил целое утро, добывая эти десять капель бесполезного сока, добавил их в рис и вернулся в холл сидеть. Сами его действия были уроком. Он никого не выругал за неповиновение, но урок состоял в том, что сжульничать было невозможно, и когда ты попытался, то Бхагавану пришлось потратить все утро, доделывая твою работу.

Очень сильная история. И она в известной мере расходится с образом святого пожилого человека с седой бородой, который сидел на кушетке, ничего не говорил и, в общем-то, никогда ничего не делал.

Пока была жива его мать, он не особо занимался кухней. В начале 1920-х поварами были разные люди, включая его брата. Затем, примерно в 1927 году, пришла целая группа преданных, которые в итоге оказались на кухне, и он стал работать там вместе с ними каждый день. Несмотря на то, что он действительно любил еду, я думаю, что одна из причин, по которой он занялся этим делом, – он хотел работать именно над этой группой учеников: обучать их преданности и сдаче в контексте работы на кухне, а не ради прибавки лишней пары рук к приготовлению еды.

Это противоречит нашему возможному представлению о Шри Рамане.

Большинство продающихся на Западе книг о нем преимущественно написаны юристами, докторами, людьми с писательским талантом и возможностью найти издателя. Поэтому они были склонны описывать свои визиты в Старый Холл, где сидел Бхагаван и отвечал на философские вопросы, говорил людям практиковать Самовопрошание или рассказывал истории. Те же, кто работал на кухне, были преимущественно неграмотны, поэтому у них дело никогда не доходило до того, чтобы написать книгу или поведать историю со своей стороны. Так что несколько одностороннее представление о Бхагаване сложилось благодаря писателям-интеллектуалам, которые задавали интеллектуальные вопросы и, в основном, писали о нем такие же книги.

Полагаю, большинство из нас читало книги Пола Брантона. Поначалу он оказывал основное влияние на Запад.

Он не был первым иностранцем, посетившим Бхагавана, но думаю, что его книга «Путешествие в тайную Индию», начиная с момента выпуска в 1935 году и до конца 1950-х, когда Артур Осборн написал свои книги, была той, которая вдохновила большинство иностранцев поехать в Индию. Его книга была бестселлером многие десятилетия и давала очень полное представление о Бхагаване. Прочитав ее, в Индию приехали многие известные иностранцы.

Образ Брантона – джентльмен среднего класса в белом костюме и очках в позолоченной оправе. Предположительно, он встречался с Бхагаваном в холле, и его не особо интересовало происходившее за кулисами.

Интересно отметить, что приезд иностранцев в Рамана Ашрам был такой редкостью, что за день до события о нем писали в газетах. Заголовок: «Иностранец приезжает в Рамана Ашрам». То, что зарубежный журналист был заинтересован увидеть Бхагавана настолько, что приехал в Тируваннамалай, было важной новостью. Я нахожу несколько странным то, что перед своим визитом он по крайней мере год путешествовал по Индии в поисках святых и мудрецов, которых собирался включить в книгу. Имя Бхагавана нигде не всплывало. Я нахожу это весьма примечательным, потому что даже в то время, в 1930 году, Шри Рамана был хорошо известен в пределах страны, и удивительно, что Брантону никто не сказал о нем раньше.

У тебя есть предположения, почему так произошло?

Быть может, ему судьбой было предназначено сначала повидать всех остальных людей. Если бы он попал сюда сразу, возможно, книга не была бы так хороша! Канчи Шанкарачарья послал Брантона сюда, когда тот уже собирался отплыть на корабле из Индии в Европу.

Возвращаясь к цепочке его преданных, можешь рассказать о самых близких к нему в течение 1920-х и затем в 1930-х?

Начиная с позднего периода Сканда Ашрама, существовала группа из, скажем, десяти-двенадцати людей, которые, похоже, были постоянными фигурами. Немногие из них оставили письменные свидетельства. Канчи Свами писал о них, и очень занимательно. Например, о таких, как Дхандапати Свами. Если посмотреть на старые фотографии Рамана Ашрама, на них он выглядит в три раза крупнее всех остальных людей, и в руках у него огромная палка! В 1920-х он здесь временно работал менеджером, а также поваром. У него была большая семья, которую он перевез в Рамана Ашрам. В те времена здесь находились всевозможные эксцентричные персонажи. Мужчина, которого называли Солджер (солдат) Свами, почему-то решил, что он – телохранитель Бхагавана. Никто не считал, что Бхагавану нужен телохранитель, но он просто был бывшим военным и поэтому имел обыкновение стоять на воротах и приветствовать всех входивших своей палкой. Однажды он расстроился из-за того, что кто-то на него пожаловался, и взобрался на верхушку кокосовой пальмы. Он отказался спускаться и устроил голодовку на вершине кокосовой пальмы!

Обычное поведение ученика! (Смех)

Представление о том, что все сидели в *падмасане* (поза лотоса) и практиковали Самовопрошание, неверно. Группа представляла собой компанию крайне эксцентричных людей, у каждого из которых было собственное представление о том, кем был Бхагаван, о себе самом и о своем отношении к нему.

Сейчас расскажу о человеке, который мне очень нравится. Он относительно неизвестен, его звали Мастан. Необычность его в том, что, как мне кажется, он просветлел после первого визита к Бхагавану, в начале периода пещеры Вирупакша. Сам Бхагаван говорил, что Мастан пришел до 1903 года, а также в одном упоминании о его жизни я читал, что он был одним из тех, кто ходил с Бхагаваном просить милостыню на улицах Тируваннамалай в 1896 году.

Он на самом деле самый первый из тех, о ком есть свидетельства. Он был мусульманином, что само по себе уже странно. Он происходил из семьи ткачей и еще в детстве погружался в *самадхи* за семейным ткацким станком. Родители думали, что он просто ленится,

МАСТАН СВАМИ

1878-1931

Родился в деревне Десур, штат Тамилнаду, в семье мусульманских ткачей. Был одним из первых учеников Бхагавана, пришел к нему уже хорошо знающим тексты Адвайты и исполненным глубоким бесстрастием.

и давали ему подзатыльники, чтобы разбудить и вернуть к работе. Он определенно был готов ко встрече с кем-то вроде Бхагавана. Женщина из его деревни, Акиландамма, отвела его к Бхагавану приблизительно в 1903 году, я не уверен в точности даты. Согласно собственному свидетельству Мастана, Бхагаван просто взглянул на него, тем самым полностью парализовав. Мастан говорил: «Он погрузил меня в его собственное состояние». То был единственный его комментарий. Его приковало к земле на восемь часов, он даже не садился и тем более не приблизился достаточно для *пранама* (поклона) Бхагавану. Он просто стоял, а Бхагаван смотрел на него. Он не двигался восемь часов.

Во время многих последующих визитов, по словам Бхагавана, Мастан никогда не заходил дальше ворот. Бхагаван сидел в пещере и даже не знал, что тот находился там. Мастан поднимался по ступеням к пещере Вирупакша, брался за решетку ворот, которые были будто под напряжением, потому что он застывал там, полностью парализованный в *самадхи* (погружение в Истинное Я) на шесть-семь часов. Подобное случалось еще до встречи с Бхагаваном.

У меня есть история от Вишванатхи Свами, одного из родственников Бхагавана, который приехал приблизительно в 1922 году. По его словам, однажды прогуливаясь в лесу, Бхагаван говорил ему, что Мастан находился в совершенно иной категории по сравнению со всеми остальными преданными. Это служило невероятным одобрением, потому что Бхагаван крайне редко хвалил кого-либо подобным образом. Несмотря на то, что публично он не объявлял Мастана просветленным, ключевым доказательством, для меня по крайней мере, служит то, что сразу после его смерти Бхагаван отправил Кунджу Свами в родную деревню Мастана и наказал ему построить особую гробницу, которая предназначается только для просветленных. Подобное он делал лишь для своей матери и коровы Лакшми. Таким образом, я считаю, это указывает на то, что Мастан также находился в таком состоянии.

То есть он был первым.

Да, ориентировочно в первые годы двадцатого века.

Следующей была мать Бхагавана в Сканда Ашраме.

Мать в 1922 году и корова Лакшми в 1948 году. Я думаю, что ключевым фактором в их просветлении стало то, что Бхагаван клал свою руку им на сердечный центр. Это нечто совершенно уникальное для Бхагавана. Я не слышал о каких-либо других *гуру*, которые бы указывали на правую сторону груди как на сердечный центр, где «я» должно окончательно затихнуть и умереть. Бхагаван говорил, что таков был его собственный опыт, и что ему удалось найти редкие упоминания об этом центре в различных недуховных книгах, таких как медицинская энциклопедия, но он не смог обнаружить никаких подтверждений в священных писаниях для своей собственной теории: «я»-мысль должна опуститься в правый сердечный центр и умереть, чтобы произошло освобождение.

По его словам, в обоих случаях, с матерью и с коровой Лакшми в 1948 году, крайне важным было то, что когда он прикладывал свою руку именно к этому месту, в его голове с огромной скоростью проносились образы всех их будущих воплощений. И каким-то образом подобными действиями он устранял все их будущие перерождения. В частности, он считал, что в момент смерти «я» уходит в сердце, но *васаны* (тенденции ума), которые являются причиной последующих перерождений, не уничтожаются, поэтому они обретают новую форму, и все желания, оставшиеся с предыдущих воплощений, будут претворены в жизнь в этой новой форме.

МАТЬ

†1922

Азагаммал родилась в Пасалай, штат Тамилнаду. Исключительно любящий и великодушный человек, ее муж умер в сорок семь лет, оставив ее с четырьмя детьми. В 1916 году она приехала к Аруначале с младшим братом Шри Раманы Нагасундарамом и приняла жизнь саньясинки (отрекшейся от мирской жизни). Шри Рамана давал ей значительные, личные наставления, в то время как она приняла на себя руководство кухней ашрама.

Что подразумевается под васанами?

Васаны – привычки и тенденции ума, которые заставляют тебя делать или хотеть делать все, что ты делаешь.

Психологический отпечаток, который, по мнению психологов, накладывается в первые четыре года жизни человека?

Почему Моцарт в четыре года взял скрипку и обнаружил, что может на ней играть? Это могла быть *васана* из прошлой жизни. *Васана* может быть талантом, способностью или предрасположенностью, чем-то, что заставляет тебя проживать твою жизнь так, как ты ее живешь, делать вещи, которые ты делаешь, вдохновляет тебя, превращает тебя в того человека, которым ты являешься. Можно сказать, что все это – часть заранее обусловленного сценария. Сила стремлений к разным объектам неодинакова у разных людей, но все они существуют с момента рождения.

Рассматривалась ли эта тема с точки зрения генетики?

Родители здесь абсолютно не при чем. Это продолжение того, что происходило в твоих предыдущих жизнях. Твое тело появилось на свет, потому что конкретно твой набор желаний может быть реализован наилучшим образом в определенных обстоятельствах. Если у тебя есть артистические наклонности, то ты можешь родиться в семье артистов, но не унаследуешь артистические гены от родителей. Согласно данной теории, тебя помещают в такие обстоятельства, потому что у тебя имеются определенные тенденции, и это место будет наилучшим для их проявления.

 Бхагаван фактически отсек все эти тенденции, которые, по его словам, приводят к будущим рождениям. В каждом случае он видел по нескольку воплощений, которые предположительно случились бы, если бы он не вмешался. То были решающие вмешательства. Если бы его там не было, или он бы не вмешался, то они бы не обрели просветления. Мать и Лакшми не достигли его благодаря собственным усилиям, или практике, или даже своей готовности, потому что Бхагаван, похоже, говорил, что во всех этих случаях для каждой из них существовали будущие воплощения, которые он отсек завершающим действием своей силы.

В традиции дзен ученик сдается мастеру, и в определенный момент, возможно, после того, как ученику дали коан и он годами пытался найти на него ответ, мастер внезапно бьет его по голове. Так как мастер делает это в самый подходящий момент, удар действует в качестве катализатора к пробуждению. Есть здесь сходство, как ты думаешь?

Его мать была больна и находилась в бессознательном состоянии, когда он вмешался, и вопрос не стоял о том, чтобы сделать что-то, что пробудило бы ее к новому состоянию. Она болела несколько дней; он знал, что в тот день она умрет, и каким-то образом этим финальным актом устранения всех ее *васан* перед смертью он лишил ее всех будущих перерождений.

В случае с Аннамалаем Свами, которого после многих лет работы в качестве прораба на строительстве ашрама *однажды в ванной обнял Бхагаван, сказав что-то вроде: «Было бы хорошо, если бы ты мог пойти посидеть и побыть в тишине. С тебя достаточно работы на стройке».*

Не совсем. Так Бхагаван не поступал. В тот день Аннамалай Свами дежурил в ванной и спросил его: «*Ананда* (блаженство), которую *садху* (аскеты) испытывают, когда курят марихуану, — такая же *ананда*, что и у просветленных?». Бхагаван изобразил укуренного *садху*, шатаясь по комнате и приговаривая: «О, ананда, ананда, ананда!». Притворяясь опьяненным *садху*,

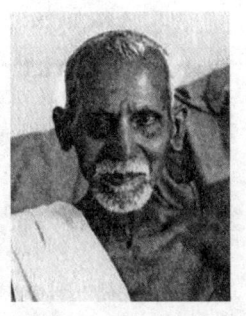

АННАМАЛАЙ СВАМИ

1906 - 1995
Урожденный Селла Перумал, родился в маленькой деревне в Тамилнаду. С ранних лет он демонстрировал настойчивый интерес к духовности. Впервые встретил Бхагавана в 1928 и стал его личным помощником. Он курировал все стадии строительных работ в Рамана Ашраме.

в самый подходящий момент он пошатнулся на Аннамалая Свами и крепко обнял его. В тот момент Аннамалай Свами, по его словам, полностью лишился осознания мира.

Мне не удалось выведать у него более подробно, что именно произошло в тот момент. То не было переживанием просветления, потому как он говорил, что в последующие годы ему пришлось еще много поработать. Он всего лишь сказал, что в тот момент он осознавал Истинное Я, а мир исчез. Бхагаван оставил его и вернулся в холл. Когда он вернулся обратно, Аннамалай по-прежнему стоял один в ванной комнате и, по его словам, знал, что его работа в Рамана Ашраме закончилась. И дело было не в том, что Бхагаван ему что-то сказал.

Он вернулся к себе в комнату, освободил ее от своих вещей, взял свои ключи и отдал их Чиннасвами. Все были совершенно потрясены, потому что он работал по двенадцать – пятнадцать часов в день, двенадцать лет без перерыва, без раздоров и ссор, поэтому у него не было причин уходить. Он просто сдал ключи и сказал: «Я ухожу медитировать в Палакотту». Конечно же, он пошел к Бхагавану и объявил о своем решении. Здесь есть интересный момент, потому что Бхагавана было очень трудно заставить выдать решение по поводу того, что ты хотел бы сделать. Он хотел, чтобы человек сам принял правильное решение и сказал ему, и тогда он подавал какой-нибудь знак одобрения. В действительности ему не нравилось навязывать свои решения другим.

Аннамалай Свами знал эту его особенность. Он поднялся к Бхагавану и сказал, что решил покинуть *ашрам* и уйти медитировать в Палакотту. По его словам, Бхагаван настолько очевидно это одобрил, что он знал, что принял правильное решение, и в течение часа его двенадцатилетняя строительная карьера окончилась. Он ушел в Палакотту абсолютно ни с чем – без денег, без средств к существованию – нашел покинутую кем-то в тот день хижину и остался там.

Прав ли я в том, что Шри Рамана иногда прогуливался и поддерживал с ним некоторые отношения, несмотря на то, что сам Аннамалай никогда больше не приходил в ашрам?

Как правило, Бхагаван прогуливался в Палакотту после обеда и общался со многими *садху*, жившими там. В Рамана Ашраме до сих пор есть традиция: если ты хочешь жить в *ашраме*, тебе необходимо выполнять какую-то работу. Поэтому те, кто решил, что хочет медитировать целый день, в основном жили в хижинах в Палакотту и приходили посидеть в холле. Они могли свободно приходить в любое время. Такое существование было очень ненадежным, поскольку у большинства из них не было денег. Они просили милостыню или рассчитывали на пожертвования, но при этом великая свобода заключалась в том, что они могли прийти и сесть возле Бхагавана, когда хотели. У тех же, кто работал в *ашраме*, были гарантированное жилье и еда, но им не позволялось приходить в холл до шести вечера.

Насколько я знаю, поселение Палакотту образовалось примерно в 1930 году. Бхагаван имел обыкновение прогуляться после обеда, так сказать, для лучшего усвоения пищи. Он обычно один раз обходил вокруг водоема в Палакотту, и все, кому необходимо было решить свои вопросы или поговорить с Бхагаваном, могли сделать это там. Иногда он без предупреждения мог зайти к кому-нибудь в дом и сесть, но это не означает, что каждый день он стучался к людям в двери – если бы во время его прогулки ты бы наткнулся на него, он бы поздоровался и спросил, что произошло. Иногда он просто заходил в чей-то дом, потому что знал, что он там почему-то нужен.

Когда именно начал функционировать ашрам?

Бхагаван с преданными спустился из Сканда Ашрама в 1922 году. Его мать умерла в мае, и он спустился вниз в декабре того же года. По его словам, решение о спуске не принималось. Случилось так, что однажды он спустился и не почувствовал желания возвращаться обратно, в Сканда Ашрам. Бхагаван просто пришел, сел у *самадхи* (усыпальница), и в четыре часа пополудни, когда он обычно вставал и уходил домой, по его словам, побуждения возвращаться не было, поэтому он и не стал. Так закончился Сканда Ашрам. Бхагаван остался.

Аруначала Шива

Значит, потом, в двадцатые годы, постепенно строился ашрам?

Правильно. Никто в действительности не знал, будет ли это постоянным расположением, или он спустился на неделю. На некоторое время община раскололась, но когда стало ясно, что Бхагаван не вернется, все перебрались вниз. Сканда Ашрам был покинут, более или менее.

То есть к 1930-м ашрам уже должен был быть довольно хорошо обустроен; уже построены основательные здания и, наверное, расширилась община последователей.

ПОЛ БРАНТОН
1898 - 1981

Пол Брантон родился в Лондоне. Он был писателем, мистиком и философом, изучал самые разнообразные восточные и западные эзотерические учения, его работы оказали значительное влияние на распространение восточного мистицизма на Западе. Он посетил Шри Раману в 1931 году, его книга «Путешествие в тайную Индию», опубликованная в 1934 году, по праву считается отправной точкой славы Шри Раманы за пределами Индии.

С 1922 года и до конца 1920-х Рамана Ашрам представлял собой скопление хижин из пальмовых листьев и глинобитных построек, которые могли быть разрушены весьма средним циклоном в течение получаса, что не было надежным местом для жительства. Первой значительной постройкой стал, пожалуй, коровник в 1933 году. С того момента Рамана Ашрам начал приобретать сегодняшний вид – множество зданий из гранита. До строительства коровника все было очень простым и примитивным.

То есть, примерно в 1935 году, когда приехал Пол Брантон, ашрам все еще выглядел очень просто.

В 1930-х он описывал его как жилище отшельника в джунглях, чем, вероятно, он и был. В архиве *ашрама* я нашел прекрасную маленькую книжку генерала-майора в отставке, прибывшего сюда в начале Второй мировой войны. Британское правительство отправило его в Шри Рамана Нагар отрабатывать приемы ведения войны в джунглях. Я хочу сказать, что это дает некоторое представление о том, что из себя представлял *ашрам* в те времена – не пригород, а почти сплошной лес с несколькими хижинами.

Поднявшись на гору, мы видим вокруг преимущественно рисовые поля и т.д. В то время здесь были леса?

Я просматривал старые фотографии горы и должен отметить, что ни на одной из них на горе нет такого количества деревьев, как сейчас. Я часто любопытствовал, где находились эти мифические леса. Аннамалай Свами говорил, что когда он появился в 1928 году, вокруг подножья горы простирался лес и доходил до асфальтовой *прадакшины* (кольцевой дороги). Он поднимался на сто-двести футов вверх по склону, и всё.

То есть в те дни уже были рисовые поля, которые мы видим сегодня?

Людей было гораздо меньше, и, подозреваю, они не выращивали рис. Электрические насосы, благодаря которым в настоящее время вода доступна в больших количествах – недавнее изобретение, этот регион всегда был полузасушливым и здесь выращивали арахис, раги (пальчатое сорго) – в основном такого типа зерновые.

МУРУГАНАР

1895 - 1973
Шри С. К. Субрахманьям вырос в атмосфере изучения тамильского языка. Впервые повстречал Бхагавана в 1923 году. Он сочинил тысячи стихов, восхваляющих Бхагавана, описывающих его учения и выражающих благодарность Бхагавану за утверждение в Истинном Я. Он был одним из ближайших преданных Бхагавана.

В 1930-е группа преданных расширилась. Были другие интересные персонажи?

О, конечно. Мы должны поговорить об одном из наиболее примечательных – Муруганаре. До встречи с Бхагаваном он был уважаемым тамильским учёным и преданным Махатмы Ганди. Дхандапани Свами, его отчим, дал Муруганару книгу «Акшараманамалай», 108 стихов Бхагавана, посвящённых Аруначале. Поначалу он читал стихи как поэт, оценивая литературные достоинства. Но определенно существовало сильное притяжение к Бхагавану. Муруганар приехал в 1923 году, когда *ашрам* у подножья горы был очень маленьким и примитивным. Он говорил, что когда прибыл, там стояла всего лишь одна хижина из пальмовых листьев, и кроме Бхагавана в ней никого не было. Такое впечатление *ашрам* производил на всех, кто приезжал в 1922-23 годах: они приезжали и видели Бхагавана, который сидел в маленькой хижине. Вот и всё – никакого помощника, никакой структуры, никакой иерархии – только ты и он.

В главном храме города Муруганар сочинил одиннадцать стихов, в одном из которых он мягко сетовал: почему ты сидишь и ничего не делаешь, в то время как британцы побеждают нашу страну; почему ты не делаешь что-нибудь полезное, как Ганди? Но преобладающая тема всех стихов – я пришел к тебе, потому что считаю, что ты – воплощение Шивы, я желаю твоей благодати, пожалуйста, помоги мне.

Бхагаван вышел из своей хижины, и Муруганар попытался пропеть свои стихи. По его словам, он даже не мог говорить в присутствии Бхагавана. Он был полностью парализован. Бхагаван устал ждать и сказал: «Дай мне лист, я напою их тебе». Он просмотрел все одиннадцать стихов, громко пропел их и вернул лист. После чего Муруганар остался.

Среди *садху* распространена традиция употреблять марихуану, хотя она больше характерна для севера, чем для юга Индии. Бхагаван не одобрял ее. Он говорил им, что не одобряет, но никогда не воспрещал им курить, это было не в его стиле. Он просто давал понять, что это не лучшая идея, и каждый поступал так, как хотел. В общем, в какой-то момент во время первого визита Муруганару дали какой-то напиток с *ганжей*, после которого у него начались мощные, буйные галлюцинации, и он стал носиться по *ашраму*. Его посещали видения всех богов. Бхагаван послал Канчи Свами присмотреть за ним. Первый визит оказался очень травматичным.

Несколько месяцев спустя Муруганар вернулся, у него были похожие видения, но уже без *ганжи*. Он стал очень привязанным преданным. Лучшего слова не подберу; его совершенно непреодолимо влекло неотступно следовать за Бхагаваном. Есть милая история о том, как он физически не мог сесть на поезд, когда нужно было возвращаться на работу по окончании его визитов на выходные. Бхагаван заставлял его покинуть *ашрам*, его отправляли на станцию, где он не мог зайти в вагон. Поезд уходил, а Муруганар возвращался пешком в *ашрам* и говорил: «Я не смог сесть на поезд». В конце концов, Бхагавану приходилось отправлять с ним кого-то, кто физически загружал его в поезд и удостоверялся, что тот не сошел и не вернулся.

Подобная ситуация повторялась несколько лет, пока в 1926 году не умерла его мать. Тогда он полностью прекратил жизнь семьянина. Он оставил жену, приехал к Бхагавану и больше никогда его не покидал. Он вел жизнь странствующего *садху*, прося подаяние, и оставшуюся часть жизни провел с Бхагаваном. Однажды, вероятно в первый год или около того, они вместе с Бхагаваном в Палакотту собирали вечером листья для изготовления тарелок. По его словам, Бхагаван просто взглянул на него, и в тот момент он просветлел.

Что касается Муруганара, его никогда не удавалось заставить рассказать о своей личной истории. Похоже, он считал, что Муруганар как личность прекратил существование. Поэтому вся его жизнь окутана полнейшей тайной. Реально произошло то, что начиная с этого момента Муруганар начал спонтанно сочинять восхваляющие Бхагавана стихи. До встречи с Бхагаваном он уже был хорошим поэтом, но каким-то образом это переживание превратило его в великолепного спонтанного поэта, который мог выдавать стихи потоком, без остановки, с утра до вечера, день за днем. Он поклялся, что до конца своих дней не будет писать ни о чем, кроме величия Бхагавана. Муруганар придерживался данного обета, но многие из его стихов так никогда и не были записаны.

Долгое время он использовал грифельную доску и мел. Как только ему в голову внезапно приходил стих, он наспех записывал четыре строки на тамильском. Пятью минутами позже оттуда, откуда приходят подобные вещи, появлялся следующий, тогда он стирал предыдущий и записывал новый. Поэтому его стихотворения записывались только когда поблизости находились люди. Собрания его работ на тамильском были опубликованы в последние десять – пятнадцать лет. В них собрано двадцать тысяч стихотворений. Это те, которые не были стерты, и они совершенно великолепны. Подавляющее большинство стихов восхваляют Бхагавана, благодарят его, описывают его величие.

Но есть и крайне малая, отборная часть очень важных стихотворений. По дороге домой он вспоминал, о чем Бхагаван говорил в холле, и затем дома преобразовывал его учения в стихи на тамильском. Важность этих произведений обусловлена тем, что Бхагаван очень серьезно воспринимал поэзию Муруганара, и всякий раз, когда тот давал ему написанное стихотворение, он читал его очень внимательно. Бхагаван их редактировал, переписывал и расставлял в надлежащем порядке. То есть стихи Муруганара в каком-то смысле являются наиболее надежным источником учений Бхагавана, потому что Бхагаван сам проделал огромную работу по их редактированию. На протяжении всех 1920-х и 1930-х Муруганар работал над своими стихами. Они были выпущены под названием «Гуру Вачака Ковай», и каждый год после того, как писались новые стихи, собрание становилось все больше и больше. Сегодняшнее издание содержит одну тысячу двести сорок стихов.

Переведены ли они на английский?

В книжном магазине *ашрама* есть английская версия под названием «Антология изречений Гуру» профессора Сваминатхана из Ченная. Она хорошо передает поэтику, но не обязательно философию. Чем-то приходится жертвовать – когда в стихах присутствует и хорошая поэзия, и хорошая философия, то при

САДХУ ОМ

1922 -1985
Садху Ом родился в Пуннай Наллур, штат Тамилнаду. Его стремление к духовным знаниям было настолько сильным, что уже к четырнадцати годам он сочинял множество стихов и песен на тамильском. Впервые встретил Шри Раману в 1946 году. Благодаря поэзии между Садху Омом и Муруганаром установилась тесная связь. После смерти Муруганара Садху Ом стал его литературным исполнителем и провел остаток жизни, переводя и редактируя его работы.

переводе на английский приходится выбирать.

Сваминатхан был поэтом, он обожал тамильскую поэзию. Также он был профессором английского, его английский был превосходным. Он был склонен к тому, чтобы четверостишия Муруганара звучали как хорошие стихотворения, тогда как я склоняюсь к точной передаче слов Бхагавана, потому что они – очень точно облеченные в слова постулаты учения, и не имеет значения, выдержан ли размер и рифмуются они или нет. Необходимо знать точно, что сказал Шри Рамана. Поэтому я бы склонился к противоположной крайности и добился бы наиболее достоверного, точного перевода, потому что эти стихи – ядро философии. На самом деле необходимо сесть с тамильским *пандитом*, хорошим философом, и проработать все нюансы каждого стиха, иначе теряются важные вещи.

И это то, что делали Садху Ом и Майкл Джеймс?

Садху Ом был литературным исполнителем Муруганара. Перед самой своей смертью Муруганар настоял на том, чтобы все его рукописи, все двадцать тысяч стихов, всё, когда-либо им написанное, было передано Садху Ому. Он унаследовал огромное сокровище из стихов и потратил весь остаток жизни на их редактирование и публикацию на тамильском. Майкл появился в конце 1970-х. Его уговорили перевести «Гуру Вачака Ковай» на английский, но именно эта работа никогда не была издана, потому что в то время они в основном работали над выпуском книг на тамильском.

То есть она до сих пор не опубликована?

Не опубликована. В последнем томе он записал учение. Я не знал о его существовании и очень взволновался, узнав об этом. В последнем томе примерно две тысячи пятьсот стихов, в которых Муруганар цитирует Бхагавана. Стих – это две рифмованных строки, куплет, поэтому можно сказать, что внезапно появились пять тысяч новых строк учений Бхагавана, которые еще никто никогда не видел.

Здорово, это случилось недавно, год или два назад?

Верно, это было совершенно неожиданно. Поэтому теперь у меня есть тамильский *пандит*!

Я надеюсь, будет новая книга.

Это новый проект. (С тех пор Дэвид опубликовал «Падамалай» в 2005-м и «Гуру Вачака Ковай» в 2008 году). Мой *пандит* сказал: «О Боже! На это уйдут годы», на что я ответил: «Мне все равно, нельзя обладать пятью тысячами строк прямого учения Бхагавана, появившимися из ниоткуда, и игнорировать это».

Наверное ты знаешь историю суфийского мастера Руми, который, пожалуй, любим суфиями больше других. Благодаря прекрасным переводам его поэзии он неожиданно стал фигурой мирового масштаба. Поэтому такого рода поэзия, несмотря на то, что в ней явно восхваляют и благодарят Шри Раману, может восприниматься как благодарность всем любимым, и воодушевлять всех.

Мне нравится такое. Когда я работал над «Падамалай», люди присылали мне письма по электронной почте с вопросами о том, чем я занимаюсь. В ответ я отсылал стандартное приложение с тридцатью стихами Муруганара. Я отправлял их по всему свету, отвечая, что я занимаюсь ими. Разные люди подходили к его стихам по-разному. Сваминатхан сделал из них поэму об *адвайте* в стиле Вордсворта. Весьма напоминает романтизм девятнадцатого столетия. Садху Ом же превращает их в нечто вроде инструкции к карбюратору. Они выходят очень достоверными, точными, однако невероятно тяжеловесными. Разве это поэзия?

Вся суть тамильской поэзии – в бесконечной веренице деталей, уточняющих друг друга или отдельные части стиха. И заставить их хорошо звучать на английском чрезвычайно трудно. Я зачитаю тебе три или четыре стиха, в которых

Муруганар восхваляет Бхагавана, из сочинения под названием «Шри Рамана Анубхути», что означает «Опыт Шри Раманы».

8. Покончено со смятением моего сбитого с толку, страдающего ума. Будто милая дворняга, я припал к моего Владыки благодатным стопам. В нарастающем сиянии великолепия его Божественной Мудрости полностью исчез смертельных желаний необъятный океан.

9. Рухнула темница, томившая мою измученную душу, и я стал ему служить, наслаждаясь жизнью в открытом небе его сладостной благодати. Узел, связывавший мой дух и физическое тело, навсегда был разрублен сияющим мечом взгляда моего Владыки.

12. Я был ученым глупцом. Ущербный ум мой не знал ничего, пока не пришел я жить к тому, чей взгляд наполнил сердце мое светом осознанности. Пребывая в том состоянии покоя благодатном, чья природа — святая тишина, которую столь трудно обрести и познать, я вступил в союз с бессмертным состоянием знания реальности.

13. Стоило смертельной иллюзии ограниченного телом эго раствориться, как у стоп его святых распустился цветок чистого света. Сияние это любовью моей становилось все ярче, пока не пришло ко мне совершенное знание Истинного Я, являющего себя в сердце моем непрерывной осознанностью Я-Я.

15. Он стал единым с моею подлинной душой, верховный Владыка, совершенный Брахман, жизнь всего сущего, драгоценность Истинного Я, ночь моей души в день превративший лучами изобильными солнца мудрости истинной.

16. Смятение чувств прекратилось, иллюзия мира рассеялась, стоило взойти сияющему солнцу милости, поглощая собой меня и стирая все различия. И как только я вошел в свет жизни в святой тишине восхитительной недвойственности, «я» и все, что возникает из него, утихло и растворилось.

И двадцать тысяч стихов в таком же духе. Что мне нравится, так это то, что он практически не повторяется. Можешь себе представить – у тебя есть только формат в четыре строки и твоя базовая тема – «благодарю тебя, Шри Рамана», и ты пишешь так без конца? Читая каждый стих, думаешь: «Вот это да! Он великолепен. Где следующий?».

У меня впечатление, что это крайне важная работа – выпустить их в мир.

Одна уже опубликована. Мой друг Роберт сделал английский перевод для общества Шри Раманы в Бангалоре, которое её опубликовало. Эта книга – всего лишь выдержки. *Ашрам* издал сборник «Гуру Вачака Ковай» в цветистом поэтичном переводе. Я определенно планирую работать над этими двумя тысячами пятьюстами стихами Муруганара, которые были опубликованы лишь недавно.

Есть ли в тех стихах, что ты видел, много такого, что могло бы хоть как-нибудь изменить представление об учении Шри Раманы?

Я разговаривал с человеком, который собирается их переводить. Он дал мне пробные страницы, я просмотрел примерно сорок – пятьдесят стихов и сказал: «Великолепно! Давай переведем всё». По его словам, есть целые области, которые «Гуру Вачака Ковай» не затрагивает. Вот почему он хочет продолжать – это не просто прояснение или расширение ранее известного учения, а раскрытие целых новых областей, которые раньше не публиковались и появятся только в этой работе.

Расскажи о Вишванатхе Свами.

Его отец приходился Бхагавану двоюродным братом, поэтому он был внучатым племянником, но все равно он был частью семьи. Сбежав из дома в возрасте, наверное, семнадцати лет, он приехал к Бхагавану приблизительно в 1920 году, когда Бхагаван жил еще в Сканда Ашраме. Несмотря на то, что он сам сбежал в таком же возрасте, Бхагаван выругал его и отправил его отцу сообщение, чтобы тот приехал и забрал мальчика. Затем, двумя годами позже, как раз перед уходом Бхагавана из Сканда Ашрама, он вернулся, получив довольно неохотное разрешение от своей семьи, и остался с ним до конца жизни. Он был очень образованным знатоком *санскрита* и хорошо знал тамильский. В течение 1930-х и 1940-х, когда в *ашрам* попадала какая-нибудь книга, которую необходимо было перевести на тамильский, или даже с *санскрита* на английский или с тамильского на английский, всегда звали его. Он проделал большую работу, перевел множество книг на тамильский. Я думаю, что он отредактировал «Беседы...» и «Евангелие Махарши». Также он был большим поклонником Ганапатхи Муни, как и большинство *браминов* той поры, владевших *санскритом*.

О Вишванатхе Свами сложно вычленить и рассказать какую-то особую историю. Одна история, которая действительно раскрывает его в хорошем свете, произошла в 1950-м, после ухода Бхагавана. На собрании комитета *ашрама* по поводу «Что же делать дальше?» было решено, что Муруганар, о котором мы только что говорили, и Вишванатха Свами имеют право жить в *ашраме* бесплатно до конца своих дней, без обязательств работать, потому что они наилучшим образом передавали дух

ВИШВАНАТХА СВАМИ

*1904 - 1979
Вишванатха Свами, родственник Шри Раманы, присоединился к нему в 1923 году. Он бросил политику и стал брахмачарьей (принял обет безбрачия). Он получил образование по тамильскому и санскриту и перевел многие книги, изданные ашрамом. Он написал «108 имен Шри Бхагавана», которые и по сей день распевают в ашраме. Его перу принадлежит трогательное описание последних дней Бхагавана. Некоторое время был редактором журнала ашрама «Горная тропа».*

Бхагавана и, находясь в *ашраме*, лучше других могли поддержать его традицию.

То есть они стали почетными жителями ашрама.

Правильно.

Но фактически Вишванатха Свами много лет был редактором издававшегося ашрамом журнала «Горная тропа»?

Очень неохотно; он не хотел этим заниматься. Он обычно укрывался в Палакотту, чтобы избежать работы, которую *ашрам* отправлял ему в комнату. Я имею в виду, что он в каком-то смысле избегал вовлеченности в редактирование.

Сколько ему было лет, когда ты его встретил?

Предполагаю, семьдесят с небольшим.

Что особенное ты в нем заметил? Какое впечатление он на тебя произвел?

Всё в Вишванатхе Свами было величественно. Походка, речь, почерк, отличное владение английским; похоже, он был прирожденным лингвистом. Перед самой смертью он написал свои воспоминания, обстоятельства вынудили его сделать это, чтобы заполнить свободное место в «Горной тропе». Это серия из четырех удивительных историй о том, как он пришел к Бхагавану, и последующих событиях. Они написаны очень изящно и дают реальную, глубоко личную картину того, каково было жить с Бхагаваном. В его описаниях присутствует тихая, мягкая, величавая красота, которая вызывает желание оказаться рядом.

Есть в его истории нечто такое, что затрагивает каждого, и я думаю, что оно исходит из его собственного внутреннего состояния, внутреннего опыта.

У него была договоренность с *ашрамом* о том, что он

напишет официальную историю смерти Бхагавана. В книжном магазине *ашрама* можно найти малюсенький буклетик в шесть или семь страничек под названием «Последние дни и маханирвана Бхагавана Шри Раманы». И это лучшее описание ухода Бхагавана. Он был в комнате когда Бхагаван умер, и, по его словам, этот момент стал духовной кульминацией его жизни. Он говорил, что у него не было ни печали, ни желания, чтобы Бхагаван жил; была лишь полная, абсолютная тишина. По его рассказу, в тот момент, когда он смотрел как умирает Бхагаван, он ощутил Истинное Я. Наступила кульминация его прожитых с Бхагаваном лет, осознание, что он – не тело, понимание, что он – Истинное Я, что Бхагаван был Истинным Я.

Думаю, он использует слово «экстаз». Он на самом деле в тот момент пережил экстаз Истинного Я. Не знаю, описано ли это в твоей книге.

Да. Вот его слова из книги «Сила Присутствия»:

> «Рядом с Бхагаваном, в последние мгновения его жизни, наступила кульминация моего собственного духовного опыта. Когда я стоял в той маленькой комнате, все стало туманным, окутанным неделимой чистой осознанностью, одной единственной, вечно существующей реальностью. Не было ни малейшего чувства отделенности от Бхагавана, ни даже доли грусти по поводу его физической смерти. Наоборот, присутствовал явный экстаз и подъем духа, что есть ни что иное, как естественное состояние Истинного Я».

Я считаю, что на самом деле это весьма важно, потому что на Западе, естественно, люди очень привыкли чувствовать грусть и быть убитыми горем когда кто-то умирает. Здесь же человек, который посвятил всю свою жизнь тому, кого исключительно любил, находится при нем в такой момент и описывает экстаз. Напротив комнаты, где Бхагаван провел последние дни, расположено большое самадхи. Кто там захоронен?

Аруначала Шива

Чиннасвами (брат Бхагавана и первый менеджер *ашрама*) очень трепетно относился к Усыпальнице Матери – она была его матерью, равно как и Бхагавана – он потратил одиннадцать лет на ее постройку. С 1930 года он постоянно хотел построить большой храм, который мы видим сегодня. Бхагаван не давал добро вплоть до 1939 года. Чиннасвами возводил усыпальницу до 1950-го. Когда он покинул мир, его *самадхи* построили напротив главного входа таким образом, чтобы он мог смотреть внутрь и получать *даршан* (пребывание в присутствии святого) матери.

ЧИННАСВАМИ

1886 - 1953
Младший брат Шри Раманы, Нагасундарам, приехал в пещеру Вирупакша с матерью в 1916 году. Он остался с Шри Бхагаваном, в итоге стал санньясином и принял имя Нираджнанананда. Он был известен как Чиннасвами, что означает «младший свами». Он был первым управляющим Рамана Ашрама.

Давай рассмотрим историю Лакшманы.

Лакшмана Свами осознал Истинное Я в 1949 году. В день смерти Бхагавана он зашел к нему в середине дня и, стоя перед ним, пережил абсолютное блаженство и экстаз. Не было чувства печали. По его словам, просто видеть его было невероятным экстатическим моментом. Хотя он осознал Истинное Я, в том моменте было нечто большее.

Лакшмана вернулся в свою комнату. У него имелась фотография Бхагавана, которая стояла на подставке на табурете. Без каких-либо видимых причин она упала с табурета. Лакшмана поставил ее обратно, удостоверившись, что она стоит прочно и больше не упадет. Стоило ему сесть, как она тут же упала снова. В тот момент он понял, что это было какое-то послание о том, что с Бхагаваном что-то должно случиться. Но, по его словам, в ту минуту он погрузился в нечто вроде *самадхи*, без выбора или решения с его стороны. Он полностью лишился осознания мира и своего тела, и не приходил в себя до восьми часов сорока пяти минут вечера, когда *ашрам* наполнился ужасным шумом. Он понял, что Бхагаван, вероятно, ушел. Звук нескольких тысяч скорбящих людей не вызывал сомнений.

Лакшмана Свами ринулся туда так быстро, как только мог. К моменту, когда он прибежал, тело Бхагавана уже перенесли с места, где он скончался, на переднюю веранду Нового Холла. Он рассказывал, что стоял и смотрел на тело, и одна часть его чувствовала, что следует пустить слезу по поводу его смерти. Я бы не сказал, что имели место угрызения совести, просто он чувствовал, что сейчас плакать будет уместно. Ведь это человек, благодаря которому он обрел реализацию, наиболее значимый человек в его жизни и тот, кого он больше всех любил. Поэтому он подумал: теперь этот человек ушел, и я должен плакать как все. Но, как он говорил, в тот момент присутствовала абсолютная уверенность в том, что ничего не случилось.

По словам Лакшманы Свами, он знал, что Бхагаван был Истинным Я, что час назад он был Истинным Я, что полтора часа спустя, когда его тело ушло, он все равно был Истинным Я, и ничего хоть сколько-нибудь важного не случилось. С этим знанием он вернулся к себе в комнату и снова погрузился в *самадхи*. Для находящегося в таком состоянии физический уход в буквальном смысле – не-событие, ничего не произошло. Люди, считавшие что Бхагаван – тело, рвали на себе волосы и сари и рыдали. Те же, кто достиг состояния Бхагавана, испытывали экстаз и покой, когда он умер.

Для западных людей будет важно услышать эту историю. Она расходится с общепринятым взглядом на смерть, которая для большинства людей, вероятно, является самым сильным

ЛАКШМАНА СВАМИ

*1925
Лакшмана Свами родился в Гудуре, штат Андхра Прадеш. В поисках гуру в 1949 году он побывал в Рамана Ашраме. Практиковал Самовопрошание по совету Шри Раманы и навсегда укоренился в Истинном Я. По просьбам людей давал публичный даршан один раз в год, со временем увеличив количество до двух раз. Сейчас он живет в Тируваннамалае и дает даршан только в дни особых праздников.

страхом. *В их жизни есть всевозможные стратегии, в среднем возрасте – определенно, чтобы как-то обходить момент смерти. Поэтому услышать такие сильные слова, как «ничего, по сути, не произошло», очень важно. Насколько я понимаю, этому учит большинство великих святых.*

На протяжении 1940-х здоровье Бхагавана всё ухудшалось. Он постоянно твердил окружающим: «Не воспринимайте меня как тело, потому что если будете так относиться, то когда это тело умрет, вы все будете плакать». И он сказал: «Поймите, кто вы сейчас, поймите, кто я сейчас. Используйте шанс, который у вас есть сейчас, пока он есть. Иначе вы будете печалиться, когда я умру». Что и произошло с подавляющим большинством людей. Но несколько счастливчиков, достаточно серьезных, удачливых и преданных, обнаружили, что они – то же самое Истинное Я, которым был и Бхагаван. Когда он ушел, они осознали, что печалиться не о чем.

Мы оба просидели у стоп Пападжи несколько лет, и, думаю, разделяем огромное уважение и преданность к нему. В другом интервью (см. Главу 10) ты описываешь некоторые свои ощущения, когда он покинул тело и его пепел погружали в Гангу в Харидваре. В то время ты также пережил сильный духовный опыт, который не имел ничего общего с печалью – ты чувствовал себя экстатично.

Я не присутствовал при уходе Пападжи из тела, но был с ним связан. Я не ощущал никакой печали, хотя, как и у тебя, он был наиболее значимым человеком в моей жизни, которого я любил больше всех. Когда Ошо покинул тело, я жил недалеко от его ашрама в Пуне. И тогда я тоже совсем не испытывал грусти, на самом деле ощущалось грандиозное празднование. Могу сказать, что для меня это стало очень сильным опытом – увидеть, что реальность смерти настолько отличается от того драматизма, который мы видим в Голливуде и в историях на Западе.

Хотел бы ты рассказать о Пападжи? Ты много про него говорил и писал, но мог бы ты поместить его в контекст учеников Шри Раманы? Он приходил и уходил из ашрама, и его пробуждение случилось во время одного из визитов. Лишь позже, в конце 1940-х, он уже остался надолго.

Все очень неопределенно. Существуют две параллельных биографии Пападжи, которые не сходятся во многих моментах, так что можно выбирать по своему вкусу. В соответствии с первой он просветлел в восемь лет, но после этого ничего духовного с ним не происходило. Другая биография раскрывает драматическую историю о путешествии по Индии в поисках различных *гуру*, в конце которого он приезжает в Рамана Ашрам и после кульминационной встречи с Бхагаваном в тот же день становится реализованным. Чем больше я разговаривал с ним об этом, тем больше он настаивал на том, что его окончательный опыт произошел в восемь лет, из-за чего очень сложно создать полноценное объяснение тому, что случилось в Рамана Ашраме. Но это была его история и он придерживался ее.

Он придерживался обеих историй?

Когда его спрашивали: «Хорошо, ты просветлел в восемь лет, но что тогда Бхагаван дал тебе такого, чего у тебя еще не было? Что произошло в Рамана Ашраме?», он отвечал: «Опыт Истинного Я требует подтверждения и подкрепления у мастера, что и произошло со мной, когда я встретил Бхагавана». Тенденции из прошлой жизни *кришна-йогина* заставляли его скитаться в поисках видений физического *Кришны*, которые принесли бы ему экстаз, в то время как ему следовало быть удовлетворенным переживанием Истинного Я.

Х.В.Л. ПУНДЖА (ПАПАДЖИ)
1910 - 1997
В 1944 году он встретил своего мастера, Шри Раману. Он заботился о большой семье, работая инспектором шахт в джунглях Кералы. После выхода на пенсию, когда проблемы со здоровьем не позволили ему путешествовать, он обосновался в Лакнау. Сюда к нему приезжали тысячи западных учеников, чтобы побыть в его присутствии. Многие из его учеников теперь путешествуют на Западе, проводя сатсанги.

По его словам, в определенном смысле это то, что дал ему Бхагаван. На все разговоры о своей проблеме поиска неких видений *Кришны*, который мог бы даровать ему экстаз, Бхагаван отвечал: «То, что появляется и исчезает – нереально. Только Истинное Я реально, оно никогда не появляется и не исчезает. Какая польза от Бога, который появляется и исчезает? Оставайся Истинным Я». Поэтому, в некотором смысле, Пападжи получил от Бхагавана уничтожение стремления к внешним формам Бога, приносящим ему экстаз. Он не приобрел ничего нового, он не стал более просветленным. Каким-то образом ему показали тот бриллиант, который у него уже был, и сказали: «Прекрати искать что-то еще – ты попусту тратишь время, у тебя уже все есть». В определенном смысле так и проходили его встречи с Бхагаваном, который повторял ему: «Посмотри, у тебя уже это есть, зачем ты ищешь внешних богов? Будь счастлив тем, что у тебя есть».

Но ведь фактически это то, что уже есть у каждого?

Все мы склонны думать, что если бы Самореализация случилась, она бы не требовала доказательств, была бы очевидной, такой ошеломительной, реальной, умиротворяющей, экстатичной, блаженной, что мы бы точно знали, что обрели ее. Но, похоже, все иначе. В случае Бхагавана в шестнадцать лет он пережил свой опыт. Его первая теория заключалась в том, что он одержим. Он использовал тамильское слово «авесам», которое означает только одно – некий странный дух овладел тобой. Вторая теория: он думал, что подхватил какую-то новую странную болезнь. Его отношение к ней было следующим: «Пожалуй, эта болезнь лучше всех предыдущих, я надеюсь, что она сохранится». В нем абсолютно не было ощущения, что это – смысл жизни, конечная цель всей человеческой деятельности. Он знал, что в том состоянии хорошо было находиться, однако не имел ни культурного контекста, в который можно было бы вписать свой опыт, ни чувства того, что он служил каким бы то ни было завершением. Это то, что прочно укоренилось в нем, когда он приехал к Аруначале.

Как Шри Рамана мог вообще об этом знать? Считал ли он подтверждением того, что он не сумасшедший и на самом деле находится в духовном состоянии, то, как к нему относились и какое почтение выказывали ему уважаемые духовные личности в те ранние годы, когда он, будучи молодым парнем, находился в храме, а затем в пещере?

Я не думаю, что он обладал такой степенью саморефлексии в отношении произошедшего. Дома шесть недель он пытался жить нормальной жизнью, но безуспешно. Он сбежал, приехал в Тируваннамалай, избавился от всех своих вещей, выбросил деньги, сел и погрузился в *самадхи*. Чувство «я должен сделать это из-за того-то или чтобы достигнуть то-то» отсутствовало.

Это просто случилось.

Мощная волна принесла его сюда, отмыла в храме Аруначалы, посадила его туда, и он незамедлительно погрузился в *самадхи* – вот и все. Думаю, в какой-то момент до него должно было дойти, что это – *пурна*, полнота, завершенность. Он никогда не говорил, когда это произошло, – с самого первого момента опыт никогда не изменялся – но с какого-то момента он отбросил все ошибочные интерпретации того, чем он был. Это не было одержимостью, не было болезнью.

По его словам, примерно в 1898 году, когда один из его первых помощников начал приносить ему книги для чтения и разъяснения, он внезапно осознал, что значительная часть Индии веками пыталась достичь того состояния, которое пришло к нему довольно спонтанно. И только тогда он вообще открыл для себя словарь терминов, связанных с тем событием.

Он говорил: «Я прочитал о *Брахмане* (абсолютная реальность) в книге спустя годы после того, как стал *Брахманом*. Если это так называется, тогда я есть это». У него не было ни философской, ни культурной подготовки, чтобы сказать: «Я есть То, я есть *Брахман*, я реализован». Такие термины не имели для него смысла, он не знал, что они обозначают. Я думаю, что у Пападжи была до определенной степени схожая ситуация. По его словам, единственный культурный контекст, в который он мог поместить свой опыт в восемь лет, – фанатичное стремление его матери увидеть *Кришну*, который сделает ее счастливой. Таким образом, она спроецировала свое желание на сына, и тот, будучи восприимчивым восьмилетним мальчиком, каким-то образом отождествил свой опыт с *Кришной*, не будучи в состоянии оценить грандиозность и окончательность произошедшего с ним события.

Так когда же на самом деле к Пападжи пришло такое понимание?

У Бхагавана. Он говорил: «Вот что дал мне мой мастер – он дал мне не только полную уверенность в том, кто я и что я, но и непоколебимую убежденность, что мне больше никогда ничего не будет нужно. Он отсек мой поиск внешних источников экстаза и сделал меня удовлетворенным тем, что у меня есть».

Когда я приехал к Пападжи, у нас произошли с ним три встречи, на которых я задал три вопроса. На первый из них он ответил что-то вроде: «Если у тебя есть бриллиант, не неси его торговцу рыбой, отнеси его скупщику бриллиантов». В тот момент я не уловил, что он имел в виду, но позже понял. Шри Рамана знал это, и смог быть скупщиком бриллиантов для Пападжи и сказать ему: «На самом деле это у тебя – бриллиант».

Мы практически не говорили о Лакшмане Свами, но его основная преданная, Сарадамма, рассказывала мне то же самое. По ее словам, Лакшмана Свами говорил про медитацию, просветление, Самореализацию, но для нее эти термины совершенно не имели смысла. Она не хотела медитировать, а просто безусловно и полностью любила его имя, его форму. Она практиковала *джапу*, повторение его имени, восемнадцать часов в день, мечтая о нем ночью. Ей было не интересно слушать лекции по философии или его наставления о Самовопрошании. В ее случае поглощенности именем и формой *гуру* оказалось достаточно, чтобы осознать Истинное Я еще в молодости, в восемнадцать лет, не имея ни малейшей идеи о том, что произошло.

Сарадамма годами слушала этого человека, рассказывавшего о Самореализации, просветлении. Когда с ней произошло это событие, она не связала его с данными словами. Она рассказывала: «Я знала, что была покоем; я знала, что я – блаженство, что я завершена, однако отсутствовала потребность, желание, склонность сказать: "Как это назвать? Где я? Что произошло?". Этот опыт невербальный, он завершен, о нем не думаешь, над ним не размышляешь». По ее словам, только примерно год спустя, когда он мимоходом заметил: «О, ты теперь Самореализована», она поняла, про что он говорил все эти годы – вот как оно называлось. То же самое произошло и с Бхагаваном.

Шивапракашам Пиллай написал поэму, описывающую Бхагавана как человека, познавшего *Брахман* прежде, чем вообще узнал такое слово. Именно так произошло с Бхагаваном и с Сарадаммой. Переживание приходит, и даже если человеку знакомо слово *Брахман*, этому переживанию присуще нечто такое, что не хочется относить к какой-то категории или как-либо называть. Спустя месяцы или годы человек думает: «Это же *Брахман*, так вот о чем они говорили». И в некоторых случаях, как с Бхагаваном или Пападжи, похоже, на начальном этапе не хватало решающего авторитета. Они не знали, что с ними произошло, и это приводило в некоторое недоумение. Они строили предположения о своих переживаниях. В случае Бхагавана опыт воспринимался как одержимость или болезнь. В случае Пападжи мать каким-то образом убедила его в том, что этого было недостаточно, и склонила его потратить четверть века на поиски видений *Кришны*. Пападжи говорил: «Если бы в восемь лет у меня был кто-то наподобие Шри Раманы, он бы меня остановил в тот момент. Я бы не потратил двадцать пять лет, бегая по учителям, чтобы те показали мне Бога. В этом бы не было необходимости. Шри Рамана сказал бы: "Ты – Бог прямо сейчас, прими это". И на этом все было бы окончено».

В своей последней серии книг «Сила Присутствия» ты пишешь про близких к Бхагавану людей. Предположительно, ты выбирал людей, которые, по твоим ощущениям, достигли такого окончательного состояния.

Нет, это совершенно не служило критерием. Изначально моей целью было сделать общим достоянием свидетельства преданных Бхагавана, которые ранее не публиковались на английском языке. Я не выношу суждений относительно духовной зрелости или достижений. Прежде всего я принимал во внимание следующее: «Публиковалось ли это ранее на английском? Если нет, то достаточно ли это интересно, чтобы опубликовать сейчас?».

То есть в книге ты не высказываешь мнения о том, что они достигли того или иного состояния?

Я позволяю людям самим говорить за себя. Вторая глава первой части «Сила Присутствия», например, посвящена Шивапракашаму Пиллаю, который провел с Бхагаваном пятьдесят лет. Он был тем, кто зафиксировал ответы Бхагавана, записанные им на песке в 1901 году. Во многих частях данной главы он сокрушался: «Я потратил свою жизнь впустую, я хуже собаки, я просидел здесь много лет без малейшего прогресса».

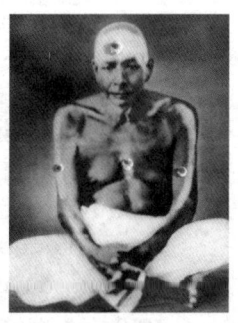

ШИВАПРАКАШАМ ПИЛЛАЙ
*1875 - 1948
Интеллигентный и благочестивый, молодой Шивапракашам Пиллай изучал английский и тамильский языки и философию. В 1902 он посетил святого, аскетичного парня, жившего на горе, и задал ему вопрос, который одолевал его ум многие годы: «Кто Я?». Он стал преданным Шри Раманы и практиковал Самовопрошание всю жизнь.*

Но этот человек мог обрести это в тот период, даже если он думал иначе.

В распорядок дня Бхагавана входило ежедневное пропевание религиозных стихов на тамильском. Пропевали определенную подборку материала, что занимало пятнадцать дней. Стихи Шивапракашама Пиллая составляли часть этого цикла. Каждые пятнадцать дней ученики садились напротив Бхагавана и пели «Я хуже собаки», и так далее.

Кто-то спросил Бхагавана: «Этот человек провел здесь пятьдесят лет, и он до сих пор в таком состоянии. На что же тогда надеяться нам?». Он ответил: «Таков его способ прославлять меня». Бхагаван прокомментировал смерть Шивапракашама Пиллая следующей фразой: «Шивапракашам стал светом *Шивы*». «Пракашам» означает «свет» – каламбур из его имени.

Это дает основание полагать, что он достиг второго, окончательного состояния.

Сам Бхагаван публично выдал «сертификаты просветления» только своей матери и корове Лакшми. Он давал косвенные намеки на то, что другие люди также достигли аналогичного состояния, но никогда не называл имен. Он назвал лишь этих двух после их смерти.

Есть ли в коллективном сознании ашрама и среди людей, с ним связанных, те, кого все считают просветленными, даже несмотря на то, что Бхагаван публично не признавал их состояния?

Вероятно, наиболее уважаемым был Муруганар. Он – явный кандидат, потому что начиная с 1920-х писал стихотворения на тамильском, повествовавшие о его собственной реализации. Он написал более двадцати тысяч стихов и во многих признавал свое просветление. Многие из них были опубликованы при жизни Бхагавана, и он не пытался опровергнуть представление о том, что они правдивы. Бхагаван часто зачитывал отрывки из этих книг, что убедило многих в том, что содержание правдиво.

Есть ли другие кандидаты, которых Бхагаван, по всей видимости, также признавал?

Есть очень интересная «потайная дверь», о которой мы упоминали, говоря про похоронные церемонии. При погребении его матери и коровы Лакшми были осуществлены обряды, которые согласно древним тамильским писаниям предназначены только для просветленных. Единственный преданный, который также был удостоен подобной церемонии при жизни Бхагавана – Мастан. Я бы воспринял этот факт как очень основательное, хотя и непрямое подтверждение его состояния.

Что ты можешь рассказать о Кунджу Свами? Многие ли считали его просветленным?

Он был помощником Бхагавана с 1920 по 1932 год. По окончании этого периода он покинул *ашрам*, потому что хотел посвятить все свое время медитации. С разрешения Бхагавана он ушел жить в Палакотту, прилегающую к *ашраму* территорию. Он приходил в *ашрам* каждый день, в основном на ежедневное пение *мантр*, но больше там не работал.

КУНДЖУ СВАМИ

1897 - 1992
Маленьким мальчиком он был оставлен Бхагавану на попечение одним из преданных. Он пришел в Сканда Ашрам в 1919 году и стал личным помощником Шри Бхагавана. После двенадцати лет такой службы он почувствовал потребность всецело посвятить себя садхане. Кунджу Свами провел всю свою жизнь возле Бхагавана.

В 1930-х и 1940-х он стал неофициальным представителем Рамана Ашрама. Всякий раз, когда требовалось делегировать кого-нибудь на торжественное мероприятие в другом *ашраме* или учреждении, выбирали Кунджу Свами, потому что он знал все дипломатические правила поведения во всех возможных ситуациях, которые могли возникнуть в духовных заведениях.

Это очень скрытые знания. Он знал, какие тексты петь в том или ином месте, какие правила и нормы он должен соблюдать, и т.д. Иногда ему приходилось вести философские дебаты с *садху*, жившими в тех местах. Такую работу может выполнить далеко не каждый. Когда менеджеры *ашрама* отправляли его, они были уверены, что он не допустит оплошности и не испортит репутацию Рамана Ашрама.

То есть ему поручали эту работу не из-за того, что он был особо выдающимся?

Я бы так не сказал. Он был доступен, и ему нравилось это занятие. И, естественно, Бхагаван всегда давал ему на это разрешение. Многие из преданных, бывших в окружении Бхагавана в 1920-е и 1930-е, предпочитали вести жизнь странствующих *садху*. Они часто отправлялись в небольшие путешествия и паломничества. Многие из них были вольными натурами, которым не нравилось быть надолго привязанными к одному месту.

Возвращаясь к одному из моих предыдущих вопросов, скажи, были ли еще преданные, которые, по общему мнению, осознали Истинное Я?

Как я уже упоминал, официальная позиция *ашрама* такова, что Истинное Я осознали только мать Бхагавана и корова Лакшми, потому что Бхагаван официально подтвердил просветление только этих двух существ. Есть и другие претенденты, однако общего согласия на их счет нет.

Ты прожил пять или шесть лет с Пападжи. Отнес бы ты его к данной категории?

Я бы сказал «да», но многие люди здесь не согласились бы со мной.

Ты уже упомянул Лакшману Свами, значит, их уже двое. Ты также написал книгу про Аннамалая Свами. Он входит в твой список?

Он не произвел на меня такого впечатления, как те двое. Аннамалай Свами обладал приятным тихим, скромным присутствием. Я восхищаюсь его цельностью, непоколебимой преданностью и самоотдачей Бхагавану. Мне нравится, как он отвечал на вопросы посетителей. Но в Лакшмане Свами и Пападжи для меня есть что-то совершенно иное. Я ощущал непринужденно лучащуюся силу, исходившую от них. Находясь всего несколько минут в их присутствии, ум становился совершенно спокойным. Сам Бхагаван говорил, что это лучший способ судить о том, в каком состоянии находится человек. Конечно же, это только субъективное мнение, потому что другие люди сидели рядом с Пападжи и Лакшманой Свами и не испытывали тех ощущений, которые были у меня.

Хотел бы ты упомянуть еще кого-нибудь?

Есть животные. Мы уже говорили о них?

Без подробностей. Ты бы хотел? Вышел бы хороший маленький постскриптум о корове Лакшми.

КОРОВА ЛАКШМИ

*1926-1948
Корову Лакшми и ее мать подарил Бхагавану один из преданных в 1926 году. Похоже, корову непреодолимо влекло к Шри Бхагавану, и она приходила к нему в холл вместе с другими преданными. Шри Бхагаван проявлял к ней исключительную благосклонность и доброту. Когда она умерла, Шри Рамана положил свою руку ей на сердце и публично объявил, что она осознала Истинное Я.*

Бхагаван очень отличался почти от всех остальных учителей своим очень странным мнением о том, что все виды просветленных существ – *риши*, мудрецы, боги – заглядывали посмотреть на него, являясь в телах животных. Бхагаван не был тем, кто отпускает подобные шутки. Однако, бывало, в холл залетала птица, садилась на окно, некоторое время пела и улетала. Тогда он с бесстрастным лицом говорил: «Это просветленный *сиддх* (тот, кто обрел сверхъестественные способности) приходил поздороваться». Но это лишь одна из категорий появлявшихся животных. Мне очень хочется поговорить про корову Лакшми. Она была исключительно выдающейся преданной Бхагавана. (Смех) Она родилась в деревне, расположенной примерно в двадцати милях от Тируваннамалая. Ее владельцу приснился сон, в котором его просили подарить корову Бхагавану. Похоже, это была очень серьезная операция, включавшая ее переправу на плоту через реку и перевозку на грузовиках. Даже несмотря на небольшое расстояние, предприятие было масштабным. Таким образом Лакшми, в то время еще теленок, и ее мать были доставлены в *ашрам*.

Бхагаван, поначалу не желавший иметь

головную боль в виде коровы в *ашраме*, попытался заставить владельца коровы забрать обеих коров. Но, в конце концов, один из преданных согласился присматривать за ними, и их оставили. Они устраивали беспорядок в *ашраме*, вытаптывали сад, поэтому их отправили в город. Но Лакшми стала подрастать и ежедневно приходила в *ашрам* и целыми днями сидела у ног Бхагавана, точно так же, как и любой другой преданный. Она приходила утром, могла выйти пожевать травы, но большую часть времени сидела в холле как и все остальные. Бхагаван выказывал огромную любовь к Лакшми. Он никому не позволял плохо обращаться с ней и очень часто говорил, что она была особенной, очень особенной. Он кормил ее той же едой, что подавали в столовой. Однажды заметив, что у нее недостаточно травы, он отказался от своего обеда в столовой, и сказал, чтобы его еду отдали Лакшми.

Она простиралась перед ним и клала голову ему на колени, а однажды он гладил ее по голове и сказал, что она находится в *нирвикальпа самадхи* (наивысшее состояние сознания). Я имею в виду, что это не то, чего можно ожидать от коровы! В первые годы ее жизни в Рамана Ашраме там вообще не было часов. Кто-то должен был знать который час, потому что завтрак, обед и ужин подавали по расписанию. Лакшми приходила за две минуты до положенного времени сообщить Бхагавану, что пора кушать, и отводила его в столовую. Это была корова, которая без часов знала распорядок *ашрама*. За пять минут до начала ужина она знала, что ужин готов, и приходила к Бхагавану сказать, что ему пора идти. Сам Бхагаван говорил, что она понимала каждое произнесенное им слово. Когда подошло время строить коровник, в 1933 году, *ашрам* состоял из одних только хижин из пальмовых листьев и пары глинобитных построек с черепичной крышей. Ни у кого не было денег, а даже если бы и были, Бхагаван был настолько бережливым, что никто бы не посмел подумать про нечто лучшее, нежели хижина с глинобитными стенами и крышей из черепицы. И в 1933 году он внезапно объявляет, что они собираются построить роскошный дворец для Лакшми.

Он планировал гранитные стены с облицовкой, тиковые

брусья для крыши, которые *ашрам* не мог себе позволить из-за отсутствия денег. Он переубедил Чиннасвами (его брат и менеджер *ашрама*) и объявил, что коровник должен быть построен. Он назначил строить его Аннамалая Свами. Будучи построенным, коровник стал самой большой постройкой в *ашраме*, превышавшей по размерам любое другое строение в десять раз. Он был намного, намного больше холла, где Бхагаван принимал посетителей. И он говорил, что если они таким образом послужат Лакшми, то получат столько *пуннийам* (заслуг), чтобы обладать достаточным количеством денег для строительства всех остальных необходимых зданий. Подразумевалось, что Лакшми своего рода богиня: служа ей, *ашрам* будет процветать, и наоборот. Так и вышло. Коровник был построен.

В день церемонии торжественного открытия, точно в момент, определенный астрологами, Лакшми вошла в холл и вывела Бхагавана наружу. Она знала, что коровник строился для нее. Ей никто не говорил, и это не было время трапезы. Планеты выстраивались благоприятным для открытия образом, скажем, в десять тридцать три утра, и в десять тридцать три она пришла за Бхагаваном и отвела его к коровнику. Когда коровник был готов, Лакшми не стала в него заходить, а пошла в холл, привела Бхагавана и заставила его зайти в хлев первым, а сама вошла вслед за ним. Про эту корову существует множество удивительных историй. В 1948 году, в момент ее ухода, он положил руку ей на сердце и публично объявил, что она осознала Истинное Я. Он построил *джняни самадхи*, такое же, как у Мастана и матери, и сочинил стих, восхваляющий ее, празднуя ее освобождение. Даже он удивился этому и сказал: «Даже собственной матери я не пел такой песни». Дело было в ее преданности, которая совершенно пленяла его пятнадцать или двадцать лет. После ее смерти Бхагаван сказал, что *ашрам* расширился благодаря ей. Лакшми была присуща некая сила, которую он чувствовал. По его словам, за счет признания Лакшми, строительства гигантского коровника, заботы и служения ей, *ашрам* вырос до сегодняшних размеров.

Да, думаю, что западному человеку довольно трудно принять такую историю. На Западе к животным существует определенное отношение, в результате которого коров, к примеру, держат в загонах и откармливают на убой. В общем люди с животными почти не общаются, за исключением разве что кошек и собак.

Когда начинаешь путешествовать по Индии, поражает то, что животные включены в повседневную жизнь людей. Животных, в особенности коров, много повсюду, так же как и людей. Даже в Дели на перекрестке оживленных улиц могут лежать четыре коровы. И никто не попытается сдвинуть их с места, поток транспорта огибает их. В Нью-Йорке или Сиднее подобное носило бы весьма возмутительный характер.

Я не думаю, что можно найти второй пример такого отношения к корове как к человеку на *сатсанге* (встреча в Истине) у *гуру*. Она была человеческим существом в теле коровы. Бхагаван не полностью допускал, но и не спорил с тем, что Лакшми была реинкарнацией женщины по имени Гирапати, которая служила ему на горе с 1900 до 1920 года. Она просила для него фрукты на улицах и ухаживала за ним каждый день.

Я считаю, что эта история – прекрасное завершение. После нее я лишился дара речи, разве что могу мычать! Больше всего мне нравится в этой истории то, что западный ум в принципе не сможет ее понять и, пожалуй, нужно приехать в Индию и увидеть своими глазами как там относятся к животным.

Но индийцы к ней относились не очень хорошо. Бхагавану приходилось в течение двадцати лет защищать ее от тех, кто пытался воспрепятствовать ей приходить. Он был крайне настойчив в том, что она обладала приоритетом. Если овощи *ашрама* кто-то съедал, Лакшми была не виновата. Он никому не позволял плохо с ней обращаться. Ах да, на его день рождения у нее рождались телята – это было действительно странно. Три года подряд в качестве подарка на день рождения она рожала ему теленка.

Просто восхитительно. Прекрасно. Благодарю.

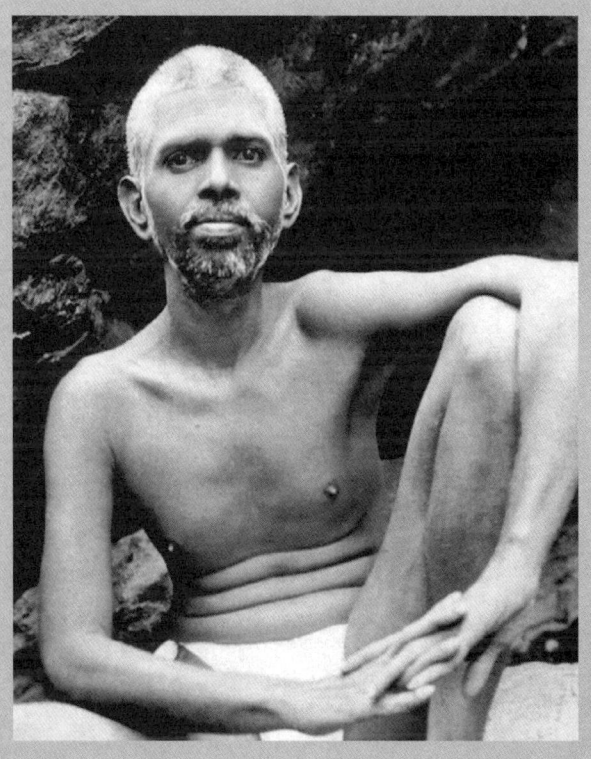

Истинное Я известно каждому, но не явно. Бытие есть Истиное Я. Из всех определений Бога, нет лучшего чем библейское «Я Есмь то, что Я Есмь». Познав Истинное Я, познаешь Бога. На самом деле Бог есть не что иное, как Истинное Я.

Шри Рамана Махарши

ОРИГИНАЛЬНЫЙ ТЕКСТ

Сверху: Шри Рамана и храмовый слон

Слева: Усыпальница Матери

Внизу: Старый Холл в Рамана Ашраме

Справа сверху: диван Шри Раманы в Старом Холле

Справа в центре: Групповое фото у ворот на горную тропу, 1948-1949 гг. Картина с Шри Раманой на диване в Старом Холле

Справа внизу: Северный склон Аруначалы, вид с дороги Гиривалам, между деревней Адианнамалай и Тируваннамалаем

Глава 4

Кто Я? (Nan Yar)

*Оригинальный текст
Шри Раманы Махарши*

(прямая речь Шри Раманы выделена жирным шрифтом)

Этот текст – стандартное введение в учение Бхагавана Шри Раманы Махарши. Изначально основой эссе стали ответы, написанные Шри Раманой на песке Аруначалы в 1901 году, когда ему был двадцать один год. Ответы были даны на вопросы, заданные Шивапракашамом Пиллаем. Первоначальный вариант был переписан Шри Раманой в 1920-е годы и является одним из немногих текстов, отредактированных и одобренных им лично.

Все живые существа хотят всегда быть счастливыми без каких-либо страданий. В каждом есть видимая высшая любовь к себе, и счастье само по себе – причина любви. Поэтому для обретения счастья, истинной природы каждого, которое переживается в состоянии глубокого сна, где нет ума, следует познать себя. Главное средство для достижения этого – Путь Знания, исследование в форме вопроса «Кто Я?».

1. Кто Я?
Плотное тело, состоящее из семи основных тканей (*дхату*) не есть «Я». Пять органов чувственного восприятия, а именно: слух, осязание, зрение, вкус и обоняние, которые познают соответствующие им объекты: звук, прикосновения, цвет, вкус и запах – не есть «Я». Другие пять органов чувственного восприятия, то есть органы речи, передвижения, хватания, выделения и наслаждения – не есть «Я». Пять жизненных сил – *прана* и т.д., которые, соответственно, выполняют пять функций – дыхания и т.д., – не есть «Я». Даже мыслящий ум не есть «Я». Также и неведение, содержащее лишь остаточные впечатления от объектов, и где нет ни объектов, ни деятельности – не есть «Я».

2. Если я не являюсь ничем из этого, тогда кто Я?
После отрицания всех вышеперечисленных «не это», «не это» – единственно оставшаяся Осознанность и есть «Я».

3. Какова природа Осознанности?
Природа Осознанности есть Бытие-Сознание-Блаженство.

4. Когда будет достигнуто осознание Истинного Я?
Когда мир как то-что-видимо будет устранен, произойдет осознание Истинного Я, которое есть Видящий.

5. Не может ли Истинное Я быть осознано, пока мир есть (воспринимается как реальный)?
Нет, не может.

6. Почему?
Видящий и видимый им объект – как веревка и змея. Точно так же как знание о веревке, как о реальной основе, не появится, пока не исчезнет ложное знание об иллюзорной змее, так и осознание Истинного Я, как реальной основы, не наступит, пока не устранена вера в реальность мира.

7. Когда мир как видимый объект будет устранен?
Когда ум, причина всего познания и всех действий, станет неподвижным, мир исчезнет.

8. Какова природа ума?
То, что называют «умом», – удивительная сила, пребывающая в Истинном Я. Она – причина всех возникающих мыслей. Отдельно от мыслей не существует такой вещи как ум. Поэтому мысль является природой ума. Отдельно от мыслей нет независимой сущности, называемой «миром». В глубоком сне нет мыслей и нет мира. В состояниях бодрствования и сновидений есть мысли и также есть мир. Точно так же как паук выпускает из себя нить (паутины) и снова ее втягивает, так и ум проецирует из себя мир и затем снова его в себе растворяет. Когда ум выходит из Истинного Я, появляется мир. Следовательно, когда мир появляется (кажется реальным), Истинное Я не появляется; когда же Истинное Я появляется (сияет), мир не появляется. Если настойчиво исследовать природу ума, то он исчезнет, оставив Истинное Я (как остаток). То, что относят к Истинному Я, есть *Атман*. Существование ума всегда зависит от чего-то плотного, он не может быть сам по себе. Именно ум называют тонким телом или душой (*дживой*).

9. В чем состоит путь исследования для понимания природы ума?
То, что возникает в физическом теле как «я», есть ум. Если исследовать, откуда в теле впервые возникает «я»-мысль, выяснится, что она приходит из Сердца. Это место – Источник ума. Даже если человек постоянно думает «я, я», он все равно будет приведен к этому Источнику. Из всех мыслей,

возникающих в уме, «я»-мысль – первая, только после нее возникают другие мысли. После появления местоимения первого лица появляются местоимения второго и третьего лица; без местоимения первого лица не может быть ни второго, ни третьего.

10. Как ум станет неподвижным?
Вопрошая «Кто Я?». Мысль «Кто Я?» уничтожит все мысли и, подобно палке для перемешивания погребального костра, в конце концов сама будет уничтожена. Тогда и наступит Самореализация.

11. Каковы средства для постоянного удержания мысли «Кто Я?»
Когда возникают другие мысли, нужно не следовать за ними, а спросить: «К кому они приходят?». Не имеет значения сколько появляется мыслей. При возникновении каждой, следует усердно спрашивать: «К кому пришла эта мысль?». Будет приходить ответ: «Ко мне». Далее, вслед за вопросом «Кто Я?», ум вернется к своему источнику, и возникшая мысль успокоится. Повторяя практику таким способом ум разовьет навык пребывания в своем источнике. Только когда тонкий ум движется вовне через мозг и органы чувств, появляются плотные имена и формы. Но когда он пребывает в Сердце – имена и формы исчезают. Не позволять уму выходить вовне и удерживать его в Сердце – это то, что называется «направленностью вовнутрь» (*антармукха*). Позволение уму выходить из Сердца известно как «направленность вовне» (*бахирмукха*). Таким образом, когда ум находится в Сердце, «я» – источник всех мыслей – исчезнет, и тогда вечно существующее Истинное Я засияет. Чем бы ты ни занимался, делай это без эгоистичного «я». Если действовать таким образом, то все проявится как природа *Шивы* (Бога).

12. Нет ли других средств для достижения неподвижности ума?
Кроме вопрошания нет других подходящих средств. Если другими средствами пытаться контролировать ум, покажется, что он под контролем, но он все равно вырвется. Через

контроль дыхания ум также можно успокоить, но он остается спокойным только во время контроля дыхания, тогда как при его отпускании ум снова придет в движение и будет блуждать, подталкиваемый остаточными впечатлениями. Источник един как у ума, так и у дыхания. Мысль поистине есть природа ума, мысль «я» – первая в уме, и она есть эго. Это то, откуда берет начало эго, и где начинается дыхание. Поэтому когда ум успокаивается, тогда и дыхание находится под контролем, а когда дыхание контролируется, тогда и ум становится спокойным. Но в глубоком сне, хотя ум неподвижен, дыхание не останавливается. Это происходит по воле Бога, для того чтобы тело сохранялось и окружающим не показалось, что оно мертвое. В состоянии бодрствования и *самадхи*, когда ум неподвижен, дыхание находится под контролем. Дыхание – плотная форма ума. До момента смерти ум сохраняет дыхание в теле, но когда тело умирает, ум забирает дыхание вместе с собой. Поэтому упражнения на контроль дыхания – лишь помощь в остановке ума (*манониграха*), но они его не уничтожают (*манонаша*). Как и практики контроля дыхания, медитации на формы Бога, повторение *мантр*, ограничения в еде, и т.д. – это всего лишь вспомогательные средства для остановки ума.

Благодаря медитации или повторению мантр ум становится однонаправленным, но он всегда останется блуждающим. Точно так же как цепь, которую дают в хобот слону, не позволяет ему двигаться никуда кроме направления цепи, так и ум, занятый именем и формой, будет держаться только за них. Когда ум рассеивается бесчисленными мыслями, каждая мысль слабеет, но когда мысли растворяются, ум становится однонаправленным и сильным. Для такого ума Самовопрошание будет легким. Из всех ограничивающих правил наилучшее то, которое относится к приему *саттвичной* пищи в умеренных количествах. Соблюдая это правило, *саттвичные* качества ума усилятся, что поможет в Самовопрошании.

13. Остаточные впечатления (мысли) от объектов бесконечно появляются как волны в океане. Когда все они будут уничтожены?
По мере того, как медитация на Истинное Я становится все глубже и глубже, мысли будут разрушаться.

14. Возможно ли растворить остаточные впечатления от объектов, пришедшие из безначального времени, и оставаться чистым Истинным Я?
Не поддаваясь сомнениям «Возможно это или нет?», следует настойчиво медитировать на Истинное Я. Даже великому грешнику не стоит переживать и причитать: «Увы, я – грешник, как же я могу быть спасен?». Следует полностью отказаться от мысли «я – грешник», сконцентрироваться и усердно медитировать лишь на Истинное Я, тогда непременно придет успех. Ум не разделяется на два вида – хороший и плохой; есть лишь один ум. Это остаточные впечатления бывают двух видов – благоприятные и неблагоприятные. Когда ум находится под влиянием благоприятных впечатлений – его называют хорошим, когда же он находится под влиянием неблагоприятных впечатлений – его считают плохим.

Не следует позволять уму уходить в сторону мирских объектов и того, что заботит других людей. Какими бы плохими другие люди ни были, не следует испытывать ненависть к ним. Следует сторониться как желаний, так и ненависти. Все, что человек дает другим, он дает себе. Понимая эту истину, кто откажется отдавать другим? Если появляется собственное «я», появляется все вокруг, если собственное «я» утихает, то и все вокруг также утихает. Чем смиреннее мы себя ведем, тем лучше будут результаты. Если ум приведен в состояние неподвижности, жить можно где угодно.

15. Как долго следует практиковать Вопрошание?
Пока в уме остаются впечатления об объектах, необходимо вопрошать «Кто Я?». Как только мысли появляются, они должны быть уничтожены тотчас же и там же – в самом месте их происхождения – посредством вопрошания. Если непрерывно пребывать в созерцании Истинного Я до тех пор,

пока оно будет достигнуто, то одного этого уже достаточно. Пока в крепости есть враги, они будут продолжать атаковать. Если их уничтожать по мере появления, то крепость падет к нашим ногам.

16. Какова природа Истинного Я?
То, что существует, есть одно лишь Истинное Я. Мир, индивидуальная душа и Бог – ви́дения, возникающие в нем, как отлив серебра в перламутре. Все три одновременно появляются и исчезают в нем. В Истинном Я абсолютно нет «я»-мысли. Это то, что называется «Тишина». Само Истинное Я есть мир, само Истинное Я есть «Я», само Истинное Я есть Бог. Все суть *Шива*, Истинное Я.

17. Не все ли является деянием Бога?
Солнце всходит без желания, принятия решения или усилий. Но от одного его присутствия искрится драгоценный камень, лотос расцветает, вода испаряется, люди выполняют свои различные функции и отдыхают. Также как в присутствии магнита движется иголка, так и благодаря лишь присутствию Бога, души, управляемые тремя (космическими) предназначениями или пятеричной божественной деятельностью, выполняют свои действия и затем приходят к покою, в соответствии с их *кармой*. Бог не имеет намерения, никакая *карма* не затрагивает его. Это подобно тому, как земные действия не затрагивают Солнце или как достоинства и недостатки других четырех первоэлементов не влияют на всепроникающее пространство.

18. Кто величайший из преданных?
Тот, кто полностью отдает себя Истинному Я, то есть Богу, и есть самый замечательный преданный. Отдавать собственное «я» Богу означает постоянно пребывать в Истинном Я, не оставляя места ни для одной мысли, кроме как об Истинном Я.

Какие бы ноши не ложились на Бога, он несет их. Так как все в этом мире приводится в движение высшей волей Бога, зачем нам, не подчиняясь ей, беспокоить себя мыслями о том, что должно быть сделано и как, а что – нет? Если мы знаем, что поезд везет все грузы, тогда зачем нам, сев на поезд, испытывать дискомфорт, держа на голове свой небольшой багаж, если можно его положить и чувствовать себя легко?

19. Что такое непривязанность?
Непривязанность – уничтожение по мере возникновения, полностью и без остатка, всех мыслей в самом месте их происхождения. В точности как ловец жемчуга привязывает к поясу камень, погружается на дно моря и достает там жемчуг, так и каждый из нас должен запастись непривязанностью, нырнуть вглубь себя и добыть жемчужину Истинного Я.

20. Может ли Бог и Гуру освободить душу?
Бог и *Гуру* лишь укажут путь к освобождению, сами они не приведут душу к состоянию освобождения.

Поистине Бог и *Гуру* – не отличаются. Точно так же как жертве, попавшей в пасть тигра, уже не убежать, так и тот, кто попал в пределы милостивого взгляда *Гуру*, будет им спасен и не пропадет. И все же, каждому следует прикладывать собственные усилия, следуя по пути, указанному Богом или *Гуру*, чтобы обрести освобождение. Человек может познать себя только собственным Глазом Знания, не чьим-то чужим. Разве тому, кто является Рамой, нужно смотреть в зеркало, чтобы узнать, что он – Рама?

21. Необходимо ли тому, кто ищет освобождения, исследовать природу первоэлементов (таттв)?
Так же как тому, кто хочет выбросить мусор, нет необходимости его разбирать и анализировать, так и желающему осознать Истинное Я нет необходимости подсчитывать количество первоэлементов нашего мира или исследовать их характеристики. Ему необходимо отбросить все первоэлементы, скрывающие Истинное Я. Мир следует воспринимать как сновидение.

22. Между бодрствованием и сном нет разницы?
Бодрствование длительно, сон короткий – вот единственное

различие между ними. Как события бодрствования кажутся реальными лишь во время бодрствования, так и события в сновидениях кажутся настоящими во время сна. Во сне ум принимает другое тело. Как в бодрствовании, так и в сновидении мысли, имена и формы возникают одновременно.

23. Есть ли какая-либо польза в чтении книг для тех, кто стремится к освобождению?
Все писания говорят, что для достижения освобождения необходимо привести ум в состояние неподвижности. Поэтому суть этих учений состоит в необходимости успокоить ум. Как только это становится понятным, нет необходимости в бесконечном чтении. Для успокоения ума человеку необходимо лишь исследовать внутри себя то, что есть его Истинное Я. Как этот поиск может быть проведен в книгах? Следует познать свое Истинное Я собственным Глазом Мудрости. Истинное Я находится внутри пяти оболочек, а книги находятся снаружи их. Поскольку Истинное Я должно быть исследовано путем отбрасывания пяти оболочек, тщетно пытаться отыскать его в книгах. Книги находятся вне оболочек, поэтому бесполезно его искать там. Приходит время, когда необходимо забыть все, что человек узнал.

24. Что есть счастье?
Счастье – это сама природа Истинного Я. Счастье и Истинное Я не различаются. Ни в одном объекте внешнего мира нет счастья. Из-за нашего неведения мы представляем, что получаем счастье от внешних объектов. Когда ум идет вовне, он испытывает страдание. В действительности, когда желания ума исполняются, он возвращается на свое место и наслаждается счастьем, которое и есть Истинное Я. Подобно этому, в состояниях сна, *самадхи*, обморока, и когда желаемое достигнуто, а нежелаемое – устранено, ум становится направленным вовнутрь и наслаждается чистым Истинным Я – Счастьем. Таким образом, ум попеременно то выходит из Истинного Я, то возвращается в него, не зная покоя. В тени дерева приятно, вне ее – обжигающая жара. Человек, попавший

в тень после пребывания на солнце, чувствует прохладу. Глупец тот, кто продолжает выходить из тени на солнце и снова возвращается в тень. Мудрый человек постоянно остается в тени. Подобным образом, ум того, кто познал Истину, уже не покинет *Брахман*. Ум невежественного человека, наоборот, вращается в миру, испытывает страдания, и лишь ненадолго возвращается в *Брахман*, чтобы испытать счастье. На самом деле то, что называют «миром» – всего лишь мысль. Когда мир исчезает, то есть мысли отсутствуют, ум переживает счастье. Когда мир появляется – ум переживает страдание.

25. Что такое проницательная мудрость (джняна-дришти)?
Оставаться спокойным – вот что называется проницательной мудростью. Сохранять спокойствие означает растворять ум в Истинном Я. Ни телепатия, ни знание прошлых, настоящих или будущих событий, ни ясновидение не составляют проницательную мудрость.

26. Какая связь между отсутствием желаний и мудростью?
Отсутствие желаний есть мудрость. Они неразличимы, они суть одно и то же. Отсутствие желаний сдерживает ум от направленности на любые объекты. Мудрость означает отсутствие возникновения каких-либо объектов. Другими словами, отсутствие поиска чего-либо, кроме Истинного Я, есть непривязанность или отсутствие желаний. Не выходить из Истинного Я – это мудрость.

27. В чем разница между Вопрошанием и медитацией?
Суть Вопрошания – в удержании ума в Истинном Я. Медитация заключается в мысленном сосредоточении на том, что «я» есть *Брахман*, Бытие-Сознание-Блаженство.

28. Что такое освобождение?
Исследование природы собственного «я», находящегося в оковах, и осознание своей истинной природы – это и есть освобождение.

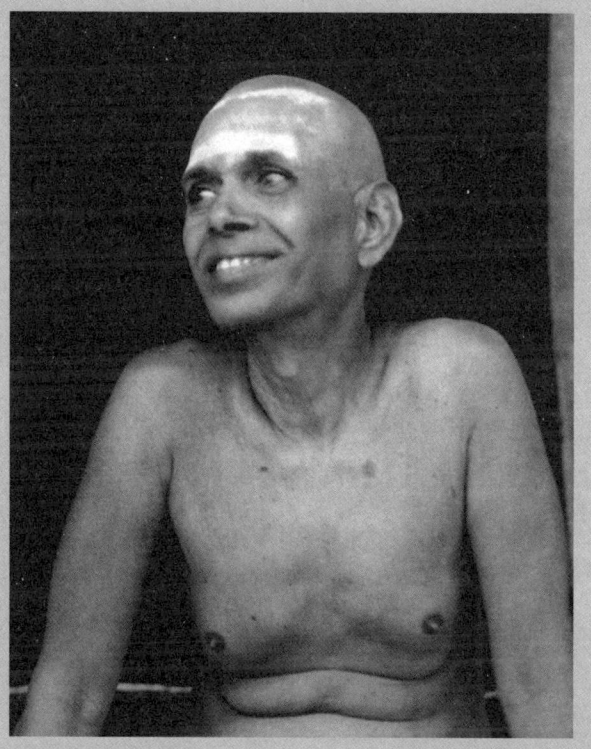

Вопрос о Сердце возникает потому, что ты заинтересован в поиске источника Сознания. Для всех глубоко мыслящих умов исследование «Я» и его природы обладает неодолимой привлекательностью.

Шри Рамана Махарши

КОММЕНТАРИИ

Вверху: Вход в ашрам, 2002 г.

Слева: Горная тропа в Сканда Ашрам

Внизу: Классический вид на южный склон Аруначалы

Справа: Шри Рамана перед почтовым отделением Ашрама, 1930-е

ГЛАВА 5

Анализ опыта просветления Шри Раманы с точки зрения веданты

Беседа Рама с Преманандой

[прямая речь Шри Раманы выделена жирным шрифтом]

Короткая, но драгоценная глава. Рам детально анализирует полный текст о просветлении Шри Раманы, представленный на стенде в Новом Холле Рамана Ашрама. Он раскрывает слова Шри Раманы, знакомя нас с точкой зрения веданты, темой просветления и тем, чем в действительности является познание Истинного Я. Данная глава окажет огромную поддержку тем, кто приближается к окончанию своего духовного пути.

Рам, я хотел бы задать тебе вопрос про «опыт просветления» Шри Раманы. Полагаю, он может внести существенное понимание в тему просветления и того, чем на самом деле является познание Истинного Я.

Текст Шри Раманы, который описывает происходившее с ним в тот момент, я скопировал со стенда в Новом Холле рядом с Усыпальницей Матери.

Я почувствовал, что умираю, и что должен решить эту проблему сам, здесь и сейчас. Шок от страха смерти обратил мой ум вовнутрь, и я мысленно сказал себе: «Вот пришла смерть, что это значит? Что есть то, что умирает? Это тело умирает». Я сразу же инсценировал наступление смерти. Я лежал с вытянутыми словно в трупном окоченении конечностями и изобразил труп для того, чтобы придать исследованию бо́льшую реалистичность. Я задержал дыхание и плотно сжал губы так, что ни один звук не мог вырваться наружу, чтобы ни слово «я», ни любое другое слово не смогло быть произнесено. «Что ж, – сказал я себе, – тело умерло. Окоченевшим его отвезут на место кремации и превратят в пепел. Но умру ли я со смертью тела? Разве тело – это «Я»? Оно безмолвно и инертно, но я могу ощущать полную силу своей личности и даже слышу голос «Я» внутри себя, отдельно от него. Таким образом, «Я» – дух, превосходящий тело. Тело умирает, но дух, превосходящий его, не может быть затронут смертью. Это означает, что я – бессмертный дух». Все это не было смутной мыслью. Она промелькнула во мне ярко, как живая истина, которую я воспринял непосредственно, почти без мыслительного процесса. «Я» было чем-то очень реальным, единственной реальной вещью в моем текущем состоянии, и вся сознательная активность, связанная с моим телом, была сконцентрирована на этом «Я». Начиная с этого момента, «Я», или Истинное Я, мощным влечением сосредоточило

> внимание на себе. Страх смерти исчез раз и навсегда. С того времени непрерывно продолжается погруженность в Истинное Я. Другие мысли могли приходить и уходить, как различные музыкальные ноты, но «Я» оставалось непрерывным, как основная нота *шрути*, на которую опираются и с которой смешиваются все другие состояния. Разговаривало ли тело, читало, или делало что-то еще, я все так же был сосредоточен на «Я». До этого кризиса я не воспринимал его и не чувствовал заметной или непосредственной заинтересованности в нем, и тем более – какой-либо склонности к постоянному пребыванию в нем.

Во-первых, это типичное переживание Истинного Я. Давай не будем делать вид, что оно очень редкое. Каждый день оно с кем-то где-то случается. Сейчас существует много литературы, описывающей подобного рода переживания.

Первое, что замечаешь, – утверждение **«Шок от страха смерти обратил мой ум вовнутрь»**. До этого ум был обращенным на мир. Сейчас он направлен вовнутрь. Духовная литература постоянно напоминает нам, что Истина пребывает внутри.

Затем у нас есть реакция Шри Раманы на свое переживание. Для меня это – важный аспект, так как он очень ясно раскрывает природу ума Шри Раманы. Обычно при интенсивных переживаниях, включающих огромное наслаждение или сильную боль, эмоции берут верх и затмевают оценку опыта. Люди либо настолько напуганы, либо находятся в таком экстатичном состоянии, что не могут точно описать происходящее. Но Шри Рамана оставался свежим как огурчик. Он сказал себе: **«Сейчас пришла смерть, что это значит? Что есть то, что умирает? Это тело умирает».**

Веданта (ведическая философия) имеет дело со смыслом, который в данном случае присутствует. Здесь имеется вопрошающий ум, отсутствие увлеченности переживанием и поиск понимания своего переживания. Несмотря на то, что, наверное, большинство людей, приезжающих в Тируваннамалай, гонится за переживаниями, среди них достаточно тех, кто в определенной степени обладает подобным умом. Они хотят знать. Но лишь у единиц ум сравним с умом Шри Раманы. Это показывает, что он был *джняни* (тот, кто осознал Истинное Я), приверженцем знаний. Используя логику, он пришел к правильному выводу: «**Это тело умирает**». Судя по данному утверждению видно, что он знал о том, что является чем-то отличным от тела. Он полностью его объективировал. Затем он сделал нечто весьма интересное – он драматизировал умирание **«чтобы придать исследованию большую реалистичность»**. Дальнейшие размышления вплоть до **«оно безмолвно и инертно»** – лишь дополнительное подтверждение его пониманию того, что он не тело.

Затем мы подходим к осознанию Истинного Я. Это положительный момент, который наступает после отрицания мира. Он описывает: «**…но я могу ощущать полную силу своей личности и даже слышу голос «Я» внутри себя, отдельно от него**». Слово «личность» весьма интересно. Я не знаю, был ли это точный перевод слов Шри Раманы, но предполагаю, что он имел в виду *дживатман*, Истинное Я, воплощенное в индивидууме. Прошу прощения за использование причудливых санскритских терминов, но в английском языке просто нет эквивалента. Истинное Я невоплощенное, но у него есть способность воплощаться. Это называется *дживатман*. Мы можем назвать это душой или личностью, что будет не совсем верно, потому что данные слова вызывают много неточных ассоциаций.

Итак, он осознаёт мертвое тело и тонкое тело, которое называется личностью, и «**…даже слышу голос "Я" внутри себя, отдельно от него**». Мы видим полную структуру внутреннего мира. Затем он верно заключает: «**Таким образом, "Я" – дух, превосходящий тело**». Он ответил на вопрос «Кто Я?», о котором до этого момента даже никогда не задумывался.

И, наконец, вишенка на торте. Он описывает *джнянам*, Самопознание: «**Все это не было смутной мыслью. Она промелькнула во мне ярко, как живая истина, которую я** воспринял непосредственно, почти без мыслительного процесса».

При переживании любого опыта в уме возникает знание о нем. Это знание необходимо осмыслить, присвоить, если угодно. В данном случае он (как Истинное Я) свидетельствовал знание: «Она промелькнула во мне ярко, как живая истина...»

Как это связано с освобождением?

Многие люди переживают подобный опыт, но не осознают, что они – это «**дух, превосходящий тело**». Именно такое знание называется освобождением. Почему оно – освобождение? Потому что думать, что ты есть тело – огромная проблема, она заставляет мир и всё, находящееся в нем, казаться реальным. Но для Истинного Я мир являет себя как некий сон, поэтому все переживания, которые ты в нем получаешь, не могут тебя связать.

В следующем утверждении он рассматривает вопрос о том, что реально: «**"Я" было чем-то очень реальным, единственной реальной вещью в моем текущем состоянии, и вся сознательная активность, связанная с моим телом, была сконцентрирована на этом "Я"**». Это – знание. «Я» – реально. Организм «тело-ум» – нет.

Конечно, если это – Истинное Я, то оно должно быть реальным, не так ли?

Хороший вопрос. В *веданте* есть утверждение *Брахма сатьям, джаганмитья*, подразумевающее, что безграничное Истинное Я реально, а мир (читай: тело-ум) лишь кажется реальным. В духовной науке реальное определяется как то, что никогда не изменяется, что длится вечно. Поэтому опыт и тело не попадают под данное определение. Но в то же время опыт фактически не является нереальным. Он обладает специфическим статусом: он ни полностью реальный, ни полностью нереальный. Существует известный текст *веданты*, «Вакарамбана Шрути», который объясняет это. Я не буду останавливаться на нем, потому что мы как раз приближаемся к сути опыта Шри Раманы.

Необходимо также понять, что здесь Шри Рамана еще не полностью прошел процесс своих переживаний. Он на промежуточной стадии. До получения этого опыта, до осознания Истинного Я он думал, что тело реально. Но пережитый опыт показал ему, что в сравнении с Истинным Я тело нереально. Важно то, что он полностью отверг свою веру в реальность тела. Поэтому ему приходится говорить, что оно нереально. Затем, когда знание о себе как об Истинном Я полностью закрепилось, он мог снова воспринимать тело как реальное, потому что оно – не отдельное от него. Единственная существенная проблема с телом – убеждение, что оно является независимой сущностью, и что «Я» зависит от него. Но Шри Рамана осознал, что «Я» свободно от тела. Он произнес очень важные слова: «...**вся сознательная активность, связанная с моим телом, была сконцентрирована на этом "Я"**».

Люди, не ведающие, что они – бессмертное Истинное Я, которых можно назвать материалистами, верят, что «Я» сосредоточено в теле, что именно тело дает жизнь «Я». Но священные тексты и непосредственный опыт показывают, что тело сосредоточено в «Я». Другими словами, «Я» – жизненный принцип, а тело – лишь материя. Шри Рамана осознал этот факт.

Следующее утверждение очень трудно понять. В каком-то смысле, мы были бы гораздо счастливее, если бы Шри Рамана просто свернул свой коврик для медитации и тихо скрылся в ночи. Он – Истинное Я, и он знает об этом. Разве это не конец? Но, как обычно, у жизни в запасе всегда есть сюрприз. Он говорит: «**Начиная с этого момента, "Я", или Истинное Я, мощным влечением сосредоточило внимание на себе**». Какое «я» что делало? Если «я» – это «Я», Одно без другого, то как мы можем получить здесь два «Я»? Разве Шри Рамана утратил свое осознание? Как Истинное Я может быть увлечено чем-либо? Такое возможно лишь в том случае, если Оно почувствует, что есть что-то, что можно пережить или узнать. Но мы знаем, что оно цельное и завершенное, не испытывающее ни в чем недостатка. Почему же Оно действует, как будто бы Оно не такое? Более того, если оно Самоосознающее, то оно уже «сосредоточено» на себе.

Этот опыт – не конец. На самом деле он был только началом духовного пути Шри Раманы. Он лишь стал Самореализованным, но не стал просветленным, если воспринимать эти слова буквально.

Что ты имеешь в виду?

Последний абзац ясно дает понять, что он думает об Истинном Я как об объекте, и видит себя отдельным от него. Несомненно, он испытал Его – Оно оставалось как «постоянное переживание» – но ему еще было необходимо увидеть себя исключительно как недвойственное Истинное Я. Он сделает это. Он увидит. Мы не знаем когда, может быть во время периода медитаций, когда он жил в пещерах, но он обретет последнюю каплю знаний.

Откуда ты знаешь, что тогда он еще не видел себя как недвойственное Истинное Я?

Язык. Давай воспринимать язык буквально. Шри Рамана был очень прямолинейным. Он говорит: «**С того времени непрерывно продолжается погруженность в Истинное Я**». Возникает естественный вопрос: «Кто погружается, и во что?». Истинное Я погружалось в Истинное Я, или Шри Рамана погружался в Истинное Я? Мы понимаем, что он подразумевает, несколькими предложениями позже: «**... я все так же был сосредоточен на "Я"**». Создается впечатление, что первое «я» отличается от второго. На духовном пути это утверждение относится к этапу Самореализации. Если там не осталось двойственности, почему он не сказал: «Я, Истинное Я, сосредоточен на себе». Вот как происходит в недвойственности, а не так, что Истинное Я сосредоточено на чем-то. «Я» само-познающее по своей природе и не требует никакого сосредоточения.

Что ты подразумеваешь, когда говоришь, что Истинное Я не сосредоточено ни на чем?

Очень проницательно цепляться за то, что кажется противоречивым. Это ключевой момент для понимания просветления. Подумай об этом следующим образом. Истинное Я подобно несотворенной электрической лампочке, которая настолько огромна, что может содержать в себе триллионы вселенных в миллионы раз больше той, в которой живем мы. Все эти вселенные не составляют даже ничтожно маленькой точки по сравнению с Истинным Я. И эта лампочка не подключена ни к какому источнику электричества. Когда мы видим свет, то знаем, что она потребляет электроэнергию из электрической сети. Но Истинное Я не нуждается во внешнем источнике энергии. Оно исключительно из самого себя без усилий генерирует вечно сияющий свет. Оно само знает себя. И это Истинное Я является Истинным Я каждого живого существа. Поэтому когда ты осознаёшь, что ты есть Истинное Я, то это не Шри Рамана осознаёт Истинное Я, а Истинное Я осознаёт Истинное Я.

Неведение, которое прежде скрывало правильное восприятие Истинным Я самого себя, исчезло, когда Истинное Я в форме Шри Раманы совершило исследование, и никого, сосредоточенного на чем-либо, не оказалось. Вот почему просветление не переживаемое, не особый опыт для эго, для «маленького» я. Переживающий аннулируется когда Истинное Я познаёт свою природу. В таком случае двойственность отсутствует. Истинное Я само-переживающее, само-познающее. В этом утверждении он говорит: «**С того времени непрерывно продолжается погруженность в Истинное Я**». Вполне возможно, что Шри Рамана не смог сформулировать свой опыт словами должным образом. И еще более вероятно, что тот, кто записывал и/или переводил его слова, не понимал этого факта об Истинном Я, о его само-переживании и само-познании, поэтому изложил его просветление языком опыта с обычной человеческой точки зрения.

Мы не знаем. Но поскольку Рамана был настолько юн и это был его первый опыт Истинного Я, и его знание о себе как об Истинном Я было твердым, данное утверждение, похоже, относится к этапу Самореализации на духовном пути. Он подходит к концу, когда исчезает остаточная двойственность субъект-объект. После чего можно говорить об этом только приводя примеры. Это нельзя сформулировать непосредственно, разве что сказать, что Истинное Я само-познающее, само-раскрывающееся, само-светящееся, само-осознанное. Не существует другого Истинного Я, которое бы осознавало Истинное Я, потому что реальность недвойственна, и существует только одно Истинное Я.

Какова следующая стадия? Как она происходит?

Ты продолжаешь наблюдать Истинное Я. Ты остаешься бдительным, что не трудно, потому что Истинное Я прекрасно. И чем больше ты его наблюдаешь, тем более оно настраивает тебя на размышление. Это соответствует Самовопрошанию, которому учил Шри Рамана, которое было основано на его личном опыте и подкреплено священными писаниями. Приведу для примера одно из определений Самовопрошания, данного Шри Раманой в одном из текстов: «**Удерживание ума на Истинном Я есть вопрошание**». Вот он, молодой парень шестнадцати лет, не имевший понятия об Истинном Я, с умом, постоянно зафиксированным на Истинном Я. Ты становишься увлеченным. Шри Рамана использует слова «**мощным влечением**». На данном этапе необходима пещера или что-то подобное. Тебе не хочется находиться в миру. Оставаясь в миру, есть опасность утратить связь.

Ты влюбляешься. Когда ты любишь, ты же не перестаешь думать. Здесь есть очень важный момент, который необходимо сейчас отметить. Ты знаешь, что я говорил о том, что идея полной остановки ума неправильная, что это случается, но не обязательно, и что мертвый ум может стать большой проблемой?

Да.

Что ж, согласно собственному признанию Шри Раманы очевидно, что его ум не остановился полностью. Он говорит: «**Другие мысли могут приходить и уходить, как различные музыкальные ноты...**» «Состояние», в котором он «находится» – *савикальпа самадхи*, если использовать термины *йоги*. В этом состоянии отчетливо видно, как *викальпы*, мысли, возникают и исчезают. Но мысли не заслоняют твоего видения Истинного Я. Это очень важно, так говорил Шри Рамана.

Как бы там ни было... на чем я остановился? Ах, да... любовь. Ты влюбляешься. Когда ты влюбляешься, ты не перестаешь думать. Напротив, ты думаешь больше, тебе хочется узнать, что собой представляет объект любви, что он или она делает. Это размышление является исследованием. Опыт Шри Раманы уже дал ему знание, которое направляло его в своем исследовании. Он познал себя и «Я», выходящее за пределы тела.

Тебе все становится понятно, кто ты и каково твое отношение к этому прекрасному существу. И затем, однажды, что-то происходит. Нельзя сказать когда. Это просто случается, если оставаться сфокусированным на возлюбленном. Происходит «Ага!» и в этот момент тот ты, который наблюдал за Истинным Я, «становится» Истинным Я. На самом деле становления нет. Ты всегда был Им. «Становление» – это распознавание, познание. Но данное «становление» меняет твою перспективу. Ты больше не индивидуальность, смотрящая вовнутрь на Истинное Я, на осознанность; ты и есть осознанность, которая смотрит вовне на индивидуальность. И что тебе известно? Что осознанность и индивидуальность едины. Или словами священных текстов: *Тат твам аси* – То (Истинное Я) – ты еси (есть). С перспективы Истинного Я то же сформулировано как *Ахам Брахмасми*, «Я Есмь Безграничность». Шри Рамана как форма – ограничен, Шри Рамана как Истинное Я – безграничен.

Вот то, что *веданта* называет просветлением. С такой точки зрения ты не пребываешь «в» Истинном Я, ты пребываешь «как» Истинное Я. У тебя есть только одна недвойственная идентичность.

Благодарю. Очень важный анализ, который поможет многим, кто приближается к завершению своего духовного пути.

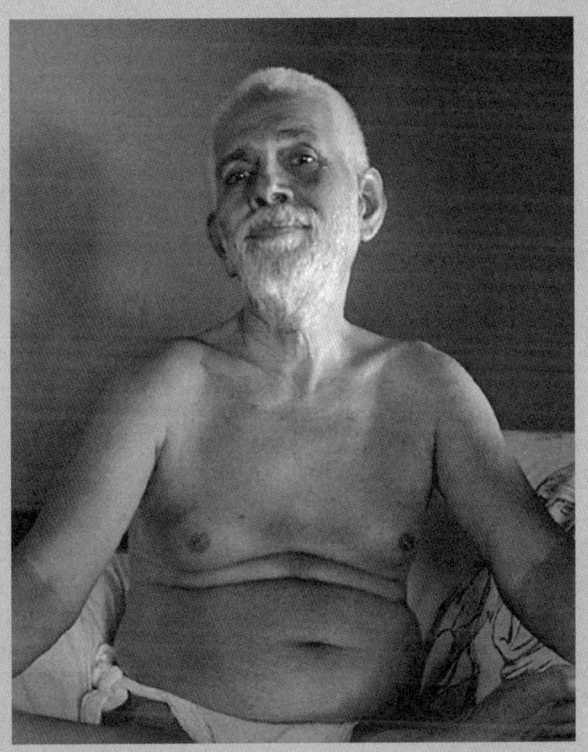

Вопрошание в форме «Кто Я?» само по себе является основным средством. Для успокоения ума кроме Самовопрошания не существует удовлетворительного метода. Если контролировать ум другими средствами, он будет казаться тихим, но восстанет вновь.

Шри Рамана Махарши

КОММЕНТАРИИ

Вверху: Южный склон Аруначалы, классическая панорама

Слева: Шри Рамана с детьми

Внизу: Храмовая колесница Павлин в Рамана Ашраме

Справа в центре: Празднование в Новом Холле

Справа внизу: Шри Рамана с кроликом и посетителями в Старом Холле, примерно 1930 год

ГЛАВА 6

Комментарии к учению Шри Раманы «Кто Я?» (Nan Yar) с точки зрения веданты

Беседа Рама с Преманандой

[прямая речь Шри Раманы выделена жирным шрифтом]

Рам начинает с введения в веданту. Он обращает внимание, что Шри Рамана уважал традиции йоги и веданты, не смотря на то, что не был традиционным учителем. Рам отмечает, что, так как мы не способны устранить мир, то под устранением подразумевается устранение нашего неведения. Наши убеждения должны уйти, но не наш ум. Он отмечает, что с момента реализации Шри Рамана знал, что он — Истинное Я, и в его понимании себя не было двойственности.

Рам, я хотел бы попросить тебя прокомментировать учение Шри Раманы, которое он изложил в буклете «Кто Я?», с точки зрения веданты. Мог бы ты для начала немного объяснить веданту?

Часть *Вед*, которая раскрывает знание о сознании, твоем сокровенном Истинном Я, называется *веданта*. «Веда» означает знание, «анта» – конец. В общедоступном смысле она относится к текстам в конце каждых Вед, описывающих тему Самопознания. Эзотерически она относится к Самопознанию. Это «знание, которое завершает поиск знания». Или это «то, зная что, известно все». То есть, если ты думаешь, что ты мал, ограничен и несовершенен, и гонишься за безопасностью, удовольствием, славой или властью, или чем-нибудь еще в том же роде, потому что ты думаешь, что они сделают тебя счастливым, тебе необходимо понять, что ты уже целостен и совершенен. Зная этот факт, ты уже не будешь искать счастья в объектах. Ты заживешь счастливо с любыми объектами, которые у тебя есть.

Итак, как *веданта* работает? Она не обещает, что ты получишь опыт Истинного Я, поскольку что бы ты ни переживал в любой момент времени, это и есть Истинное Я. Оно – просто твое бытие, твое существование. *Веданта* не должна также доказывать, что ты существуешь. Осознанность проецирует все объекты, плотные и тонкие. Кроме нее нет ничего другого, что объективизирует их. Все отсвечивает ее собственным светом, но ничто не освещает ее саму. Не нужны никакие аргументы, чтобы доказать ее существование. Если тебе нужен кто-то или что-то для подтверждения факта твоего существования, то тебе необходим психиатр, но никак не *веданта*, Наука Самоисследования.

Если ты изучишь свое существо в соответствии с Наукой Самоисследования, то очень ясно увидишь, что ты безграничен, не отделен ни от чего и вечен. Но из-за того, что мы настолько заняты попытками заставить жизнь работать, мы забываем спросить, кто «мы». В процессе мы подхватываем всевозможные странные идеи, покрывающие нашу глубинную сущность. Список этих идей мог бы занять тома.

Знание есть не что иное, как устранение неведения. Несмотря на то, что основная методология *веданты* всегда оставалась неизменной, в течение веков она развилась в утонченное учение, лишающее человека неведения в отношении Истинного Я. Каждый раз, когда одна из ее истин раскрывается, ты говоришь: «Я это уже знал», потому что *веданта* освещает что-то, что было в тебе, но по каким-то причинам ты его не замечал.

Наука Самоисследования расширяет твой ум, поднимает его и дает полную картину. Когда ты обнаруживаешь, насколько сознательно устроено мироздание, как работает механизм *кармы* (результат всех действий), как действует неведение, как функционируют ум и тело, как это все соотносится с Истинным Я и как ты можешь изменить свою жизнь в соответствии с этим знанием, ты уже не можешь держаться за свои мелкие идеи о том, кто ты и какова природа реальности.

Для того чтобы это работало, тебе необходимо принять следующую логику. Я хочу постоянного счастья. Постоянное счастье – свобода от зависимости от объектов. Я не могу его получить погоней за объектами. Я не могу его получить через духовные практики, потому что они дают ограниченный результат. Знание – единственный выбор. Для знания мне необходимы средства. *Веданта* – верное средство. Следовательно, если я желаю помощи, мне следует раскрыть мой ум учению.

На самом деле *веданта* работает очень динамичным и практичным образом, устраняя неведение ученика о том, кем он или она является. И очень часто просветление случается непосредственно в классе, когда учитель раскрывает учение. Это возможно, так как *веданта* говорит, что как Истинное Я ты уже просветлен, и все, что препятствуют познанию, – твои ложные идеи о себе и мире.

Так что если ты хочешь быть свободным от своих ограничивающих взглядов, ты раскрываешь себя учению и позволяешь ему устранить твое неведение.

Как насчет идеи о том, что Шри Рамана учил в тишине, и все, что от тебя требовалось, – быть в его присутствии, и тишина просветлит тебя?

Я полагаю, что если бы ты был полностью подготовлен, абсолютно готов «выстрелить», ты бы мог просто сесть в присутствии кого-нибудь вроде Шри Раманы и, может быть, постигнуть, что ты – полноценная, совершенная безграничная осознанность. Но это вряд ли возможно. Обычно хорошо подготовленные люди имеют лишь одно или два очень тонких сомнения, отделяющих их от *джнянам,* Самопознания. И в большинстве случаев они уже знают ответ, просто не имеют в нем стопроцентной уверенности. Эмпирически у них есть все, что им необходимо. Единственное, чего не хватает, – знания о том, кто они есть на самом деле. И когда они предлагают свое неведение такому мудрецу как Шри Рамана, для которых он авторитет и к которому они испытывают преданность и уважение, он может с помощью нескольких хорошо подобранных слов устранить их неведение. Иногда человек задает вопрос и на него же отвечает, а учитель лишь кивает головой и этого достаточно. Или мастер просто задает вопрос, реагируя на утверждение ученика, и тот не отвечая, все понимает.

То есть ты утверждаешь, что слова лучше, чем молчание?

Не лучше, но, по крайней мере, так же хороши. Противоположные друг другу вещи могут быть одинаково истинны и полезны. Существует определенный романтический миф про молчание, которое на самом деле не помогает людям в духовном плане. Люди устали от слов и хотят разнообразия, и это можно понять. Но если ты уже просветлен, но не знаешь этого, тогда тишина не поможет, молчание не устранит твое неведение.

Что ты имеешь в виду?

Молчание не противоположно неведению, они могут существовать бок о бок вполне прекрасно. Но знание противоположно неведению и оно его уничтожит. Ты думаешь, что ограничен, но на самом деле ты не ограничен. Возможно, в тишине ты это осознаешь, но не она приведет тебя к данному пониманию. В действительности ты проводил своего рода исследование, изучал природу тишины и увидел, что это ты. Это ви́дение является *джнянам*, знанием. Некоторые просиживают годами в молчании, в одиночестве или в присутствии *махатм*, но ничего не происходит. Конечно, можно утверждать, что они не готовы, но если бы они смогли сформулировать свои сомнения и высказать их *джняни* (тот, кто осознал Истинное Я), они могли бы избавиться от них за секунду. Таким образом, правильные слова от правильного человека в правильное время могут быть такими же эффективными, как и тишина.

Шри Рамана не был традиционным учителем, но он глубоко уважал традиционные учения. Позволь мне рассказать немного о предпосылках его утверждений. В рамках *Санатаны Дхармы*, *ведической* культуры, существуют две великих традиции: *йога* и *веданта*, Наука Самоисследования. *Йога* имеет дело с опытной стороной (*кармой*) духовной жизни и предназначена для очищения ума. Это неэффективный метод Самопознания, потому что он устанавливает цель — особенный опыт, называемый *самадхи* (погружение в Истинное Я). Иногда *йоги* достигают просветления, но не за счет непосредственной практики *йоги*, а за счет развитого стремления познать сознание, Истинное Я. Для них просветление является результатом тонкого опыта, вызванного их практиками. Они интуитивно могут сделать правильный вывод про Истинное Я и свою индивидуальность как сознание во время одного из своих *самадхи* — как Шри Рамана сделал во время его переживания «смерти» (см. Главу 5), или осмысливая свой опыт спустя время.

У многих были прозрения как у Шри Раманы, я слышал сотни таких историй. Но практически никто не просветлел во время какого-то конкретного опыта (хотя может возникнуть такое ощущение), потому что смысл опыта или значение того, с кем этот опыт случается, не усваивается. Твердое и устойчивое понимание «я есть Истинное Я» требует выхода из Самопереживания для вашего освобождения. Необходимо выйти из опыта с ясным пониманием, что ты — полноценная, совершенная и безграничная осознанность.

Веданта признает важность опыта, но объясняет его «смысл». Любой духовный опыт полезен, если он показывает, что ты – полноценная, совершенная безграничная осознанность. Если опыт оставляет тебя несовершенным и отделенным, жаждущим другого Самопереживания, какой в нем толк?

Знание, что «я» – бездеятельная осознанность, как говорил Шри Рамана, называется *веданта* – знание, разрушающее неведение. Что такое неведение? Убеждение, что «я» ограничено, недостаточно и несовершенно, вера в то, что человек – деятель.

То есть погоня за опытом не выход? Ты говоришь, следует искать знания?

Да, абсолютно. Шанс единожды пережить опыт как Шри Рамана и выйти из него с твердым знанием, что «я есть Истинное Я», ничтожный. Он был либо исключительным, либо везучим, несмотря на отсутствие каких-либо особенных преимуществ для пробуждения в юном возрасте. Это могло произойти по божьей милости, что все равно не доказывает исключительность его просветления. Он определенно не вел себя так, как будто это было что-то особенное. Просветление – просто просветление, уже несчетное количество людей достигли его при разных необычных обстоятельствах. Осознание, что ты есть Истинное Я, разрушает чувство особенности и уникальности.

Шутка в том, что просветление не опыт и не постоянное переживание. Более того, чтобы сделать опыт постоянным, необходимо быть деятелем, лицом, влияющим на опыт, сохраняя, контролируя, или оставаясь в нем, что является состоянием двойственности, а не просветления.

Идея о том, что просветление – не особый опыт, достаточно революционна, не так ли?

И да, и нет. Люди ориентированы на переживания, потому что чувствуют, что им что-то необходимо. После многих лет приобретения различного опыта они становятся полностью обусловленными и рассматривают все с точки зрения опыта, того, что они чувствуют по поводу разных вещей. Но опыт ограничен и нем, он их ничему не учит. Он не может чему-то научить, пока люди не хотят научиться. Таким образом, когда иллюзии по поводу опыта начинают разрушаться, люди обращаются вовнутрь в поисках Истинного Я, и, естественно, продолжают искать с точки зрения опыта.

Но лишь немногие люди понимают, что поиск опыта, особенно опыта просветления, не выход. Раньше намного больше людей искали понимания, может быть из-за особенностей общества в то время, кто знает? Причина, по которой Шри Рамана придавал особое значение Самовопрошанию – неведение. Опыт не устраняет неведение, он мотивирован им. Только знание устраняет неведение. И оно приобретается вопрошанием или обучением. Все начинают с погони за опытом, но умные рано или поздно теряют интерес и отправляются к знаниям.

Итак, как бы ты выразил это знание?

Отрицательный способ выразить Самореализацию – утверждать «я не деятель, я не наслаждающийся». Шри Рамана в своем случае осознал «я не тело», так как он обнаружил, что был достаточно осознанным, даже когда его тело «мертвым» лежало на полу. «Я не тело» эквивалентно «я не деятель», потому что тело является деятелем. Шри Раману называют *джняни*, потому что он достиг знания о том, кто он есть, во время своего опыта. Спустя некоторое время ощущения закончились, но знание о себе осталось неизменным. Оно продолжало присутствовать в нем на заднем плане, вне зависимости от его текущих переживаний. В конце жизни он должен был испытывать сильную боль, но его Самопознание не было затронуто. И он оставался неизменным, потому что был Истинным Я, но комплекс тело-ум испытывал страдания.

Если вы знакомы с настоящей духовной Индией, то поймете, что хотя просветление и редкое явление относительно общего количества людей на планете, но тем не менее во всем мире насчитываются десятки тысяч «полностью» просветленных, особенно в Индии. Я живу здесь много лет, и в достаточно молодом возрасте познакомился с представителями высочайшего уровня индийской духовности. Я жил с просветленными людьми такого же калибра, как Шри Рамана.

Звучит как ересь и противоречит общепринятому знанию.

Да. Я полагаю, что противоречит. Но общепринятое знание часто ошибочно. Просветление случается редко, но не настолько, как принято считать. Один из источников неведения, ответственный за такое мнение – недостаток у эго духовной уверенности в себе. Оно всегда сопротивляется истине и зачастую делает все возможное, чтобы саботировать усилия человека, направленные на просветление, представляя, что только супермен может достигнуть его.

Кажется, Шри Рамана был больше джняни, *чем йогин.*

Тех, кто не знает разницы между *йогой* и *ведантой,* учение Шри Раманы может сбить с толку, потому что он использует оба языка. Язык *йоги* хорошо известен, и он его применял, так как большинство людей, приходивших к нему, были не подготовлены к просветлению. Бесполезно пытаться просветить неподготовленного человека с помощью слов либо молчания, потому что он просто не способен это принять. Поэтому Шри Рамана поощрял людей очищать себя, следуя по пути, который обычно является частью некоторых дисциплин *йоги,* и сдаваться Богу.

Что ты имеешь в виду под «подготовленный к просветлению»?

Многие люди Запада не представляют, что такое *садхана* (духовная практика). Они на самом деле думают, что могут просто взять билет в Индию, приблизиться к духовному окружению, посетить один или два *сатсанга* (встреча в Истине) и «пробудиться». Они могут получить некий опыт, но если они «пробудятся», то непременно снова «заснут» из-за отсутствия *садханы.* Есть *гуру,* которые сами выполняют *садхану,* но не склонны настаивать, чтобы ее выполняли их ученики.

Из-за страха потерять их, я полагаю. Например, у многих, кто попал к Рамешу Балсекару через Тируваннамалай, возникла идея, что они не «деятели», то есть их *садхана* – «отсутствие садханы». Почему? Потому что им сказали, что они ничего не могут сделать, так как их просветление – не их рук дело. Все на усмотрение «милости». Я не знаю, почему решимость выполнять интенсивную *садхану* не считается милостью Бога, но у них это так.

Правда, что ты – не деятель, но тот ты, который не деятель, есть Истинное Я. Эго не станет не-деятелем, пытаясь ничего «не делать». Такой тип учения вводит в сильное заблуждение, потому что он скроен под эго.

Относительно *садханы* Шри Рамана полностью созвучен традиционной *веданте*. Очищение настолько же важно, как и знание, а может быть и важнее, так как без ясного ума не обрести знания, *джнянам*. В наши дни эта идея не подходит людям, они хотят, что бы им все подносили на тарелочке. Это объясняет популярность *шактипат* (духовная энергия, передаваемая мастером ученику) *гуру* вроде Амачи или чудотворца Саи Бабы. Вокруг них образовался целый класс людей, которые действительно верят, что *гуру* сделает за них работу!

Но Шри Рамана не выполнял садхану, чтобы достичь просветления.

Да, это правда, но он определенно выполнял *садхану* после него. Зная, кем он являлся, ему не было необходимости сидеть в пещерах много лет и медитировать, он мог отправиться домой, кушать мамины *иддли* (рисовые лепешки) и играть в крикет. Ему было все равно. Но он не стал этого делать и решил очистить свой ум. Великолепие Шри Раманы не в его просветлении, оно было таким же, как множество других просветлений. Его красота заключалась в чистом уме. Он отполировал свой ум до такой степени, что тот практически сиял и был великим благословением для него и для тех, кто с ним контактировал. Такого ума можно достичь только посредством серьезной *садханы* или йоги, если угодно. Современные *гуру*, в особенности так называемые «безумно» мудрые *гуру*, которые, кажется, наслаждаются грубым умом, отказываются вдохновлять людей развиваться, потому что не понимают, какое колоссальное удовольствие приходит из чистого ума.

«Кто Я?» (Nan Yar) – *небольшой буклет, содержащий основу учения Шри Раманы. Полный оригинальный текст смотрите в Главе 4. Номер вопроса указан в скобках. Рам, я хотел бы попросить тебя прокомментировать это учение.*

Кто Я? [B1]

Шри Рамана отвечает в соответствии с традиционным учением *веданты* из *Упанишад*, называемом «панча кошас» или пять оболочек. Он устраняет пять оболочек (ошибочные мнения про Истинное Я).

Если я не являюсь ничем из этого, тогда кто Я? [B2]
Он отвечает: **После отрицания всех выше перечисленных «не это», «не это» – единственно оставшаяся Осознанность и есть Я.**

Какова природа Осознанности? [B3]
Природа Осознанности есть Бытие-Сознание-Блаженство.

Когда будет достигнута реализация Истинного Я? [B4]
Когда мир как то-что-видимо будет устранен, произойдет осознание Истинного Я, которое есть Видящий.

Вопрос «Когда будет достигнута реализация Истинного Я?» – йогический тип мышления. *Йога* – для деятелей, нацеленных на достижение. Он или она убеждены, что Истинное Я – это то, что недоступно постоянно и его необходимо получить. Естественно хотеть того, чего у нас нет, если мы думаем, что оно принесет нам какую-то пользу. Одно из значений слова *йога* – «получать».

Очевидно, что можно получить только то, чем еще не обладаешь.

Веданта, Наука Самоисследования, утверждает, что Истинное Я не может быть достигнуто в будущем в результате действий. Она называется путем понимания и использует язык тождественности. Например, утверждая «Ты – сознание», она указывает, что Истинное Я не может быть достигнуто, потому что ты уже являешься Им. Если и есть что обретать, так это Самопознание, и Самопознание является исключительно потерей неведения, потому что ты в действительности знаешь, кто ты есть.

Это учение называется различением субъекта (видящего) и объектов (видимого). Оно дает понимание, что то, что ты «видишь», то есть опыт, включая все мистические переживания, – «не Истинное Я», а тем, кто их видит, являешься ты, Истинное Я. Шри Рамана говорит, что ты осознаешь, кто ты (поймешь, что ты Истинное Я), когда отделишь себя от своего опыта.

Ответ Шри Раманы находится в полной гармонии с традиционной *ведантой* – Упанишадами, *Бхагават Гитой* и с «Дрик-Дрикша Вивека» *Шанкары*, например. Он глубоко уважал знания, хранимые *ведантой*. Вопреки популярному мнению, он был хорошо сведущ в священных писаниях. Он даже написал рукопись, которая была наделена статусом *упанишад* сторонниками традиционной *веданты* – это большой почет.

Я восхищаюсь тем, что Шри Рамана, в отличие от многих современных учителей, отказался выдумывать модное собственное учение на тему Самореализации. Его изложение гармонирует со священными текстами как *йоги*, так и *веданты*. Несмотря на то, что Шри Рамана умер полвека назад, он был очень «современным» мудрецом, по сравнению с *ведической* духовной традицией, которой уже тысячи лет.

Почему он отказался? Потому что в модном современном учении нет нужды. Весь процесс «что такое просветление и как его достичь» разработан уже давно. Просветление – очень простое понимание Истинного Я и его отношения к опыту, эго-получателю опыта и к формам эго-опыта. Вкратце, это понимание, что в то время, как формы зависят от Истинного Я, Оно не зависит от форм. Свободу от опыта называют *мокша*, освобождение. Эта мудрость была четко сформулирована намного раньше появления Шри Раманы и не нуждается в интерпретации или новой терминологии.

Вероятно, Шри Рамана понимал, что вопрос «Когда будет достигнута реализация Истинного Я?» на самом деле неточен, и спрашивающий не поймет, если он раскритикует вопрос, поэтому он взял его буквальное значение и ответил традиционным путем. У тебя есть буклет, можешь освежить мою память – что он ответил?

Он сказал: «Когда мир как то-что-видимо будет устранен, произойдет осознание Истинного Я, которое есть Видящий».

Это утверждение – чистая *веданта*. Существенные слова – «**будет устранен**». Что человек должен понимать под словами «**будет устранен**»? Какое устранение подразумевается? С точки зрения *йоги*: полное уничтожение неосознанных тенденций, *васан*, позволит «достичь» Истинное Я? Или с позиции *веданты*: устранение понятия, что мир отделен от Истинного Я?

В учении Шри Раманы ты найдешь обе идеи. Первая, от *йоги*, называется *манонаша*; в *веданте* – теория просветления *васана кшая*. Слово «мир» в действительности – психологический термин *йоги*, он не означает физический мир. Физический мир – насколько он физический – является Истинным Я. Не индивидуум его создал и ни одному индивидууму его не устранить. Но «мир», который по словам Шри Раманы должен быть устранен, состоит из психологических проекций, которые создают наши личные «миры», то есть неведение. Эти проекции основаны на неправильном понимании Истинного Я, на убеждении, что Истинное Я обособлено, неполноценно и несовершенно.

Учение Шри Раманы, которое является учением *Упанишад*, называется *вичара*, исследование. Оно нацелено на знание, а не на «физическое» устранение ума. Если бы он обучал *йоге* как средству освобождения, он бы не поощрял людей выполнять вопрошание, потому что *йога* нацелена на опыт *самадхи*, а не на понимание, что человек является Истинным Я.

Интересно. Я никогда не слышал об этом в таком ключе.

Ну, на самом деле это не революционно. Люди читают Шри Раману так, как это согласуется с их убеждениями. Поэтому с их точки зрения это кажется спорным. Но зная, из какой традиции пришел Шри Рамана, можно утверждать, что данное заявление – чистая *веданта*. *Йога* всегда была популярна и остается таковой сейчас. Я начинал как тупой бизнесмен, практикуя *хатха-йогу* для накачки мышц, и через медитацию добирался до очень высоких состояний *самадхи*. Затем я осознал, что Истинное Я не было состоянием; с определенной долей везения в моей жизни появился *гуру* и привел меня в порядок. Однако я не критикую *йогу*. Она, как очищение через *садхану*, важная основа для просветления, но это не прямой метод.

Но я предполагал, что цель практик – сахаджа самадхи.

Так говорят *йогины*, но это только метод освобождения. Освобождение – свобода от опыта, а *самадхи* является опытом. Вопреки общепринятой мудрости, *самадхи* – не конечная цель. «Сама» означает «равный» и «дхи» – краткая форма «буддхи», интеллект. Таким образом, *самадхи* это ум, который оценивает все равнозначно. *Сахаджа* означает «непрерывный» и «естественный», то есть ум с непрерывным недвойственным ви́дением. Вероятно, можно достичь такого рода ума длинными и сложными практиками *аштанга-йоги*. Но зачем создавать себе все эти проблемы, если ты фактически пребываешь в естественном *самадхи* все время, не прилагая ни малейших усилий?

Ого, это как?

Как Истинное Я. Это видение не постоянно, потому что Истинное Я вне времени, но это естественно для Него. Это твоя природа.

В любом случае, *самадхи* не эквивалентно просветлению, потому что первое – лишь состояние ума или не-ум, при этом не-ум – тоже состояние ума. *Нирвикальпа самадхи* (высочайшее трансцендентное состояние сознания) недвойственно, но, к сожалению, его легко разрушить. И нет личностей в таком состоянии. А когда оно заканчивается, неведение относительно природы Истинного Я все еще не устранено и чувство ограниченности переживается снова.

Самадхи помогает очистить ум, сжигая подсознательные тенденции, и является огромной помощью вопрошанию, но если устранить ум, то как выполнять вопрошание? Кто будет вопрошать? Ты исследуешь ум с помощью ума, он избавит тебя от неведения и больше не побеспокоит. Ум очень полезный, Богом данный инструмент. Давал бы Бог ум, предназначая человеку уничтожить его? И, в сущности, *йога* также не нацелена на уничтожение ума, потому что как можно переживать *самадхи*, если нет ума? Ум является инструментом опыта.

Можно поспорить о *нирвикальпа самадхи*, где нет ума. Проблема данной практики в том, что севшая на нос муха может вывести тебя из состояния, а не в том, что есть кто-то, который «выходит». И когда «ты», которого там не было, «возвращаешься», как я упомянул, ты – просто то же Самоведение, которым был раньше, потому что тебя в *самадхи* не было, чтобы понять, что ты в *самадхи*. Если ты – *самадхи*, то оно будет у тебя всегда, потому что у тебя всегда есть ты. Поэтому не будет беспокойства по поводу его продления или постоянства.

Хорошо. Ты говоришь, что самадхи *не цель, а просто средство?*

Да, одно из средств, есть и другие пути очистить ум. Неправильное понимание этого учения, возможно, ответственно за отчаяние, замешательство и полное разочарование в большей степени, чем другие методы. Общепринято верить, что «устранение» подразумевает физическое уничтожение всех *васан* (тенденций ума), чтобы произошло просветление. И многие верят, что Шри Рамана «достиг» этого состояния.

При изучении жизни Шри Раманы видно, что в целом, он был очень обычным человеком. В большой степени он был привлекателен тем, что голова его была в облаках, а ноги при этом крепко стояли на земле. Он ходил, разговаривал, готовил еду, читал и слушал радио. Мне нравится история о том, где он, вернувшись в *ашрам* в обеденное время, увидел табличку, что тот закрыт с часу до двух. Он сел и стал ждать, пока *ашрам* откроется. Если бы у него не было ума, кто или что делало бы все эти вещи? Отсутствие *васан* означает отсутствие ума, потому что *васаны* – причина ума. Как он справлялся с повседневными делами? Так что я думаю, нам стоит посмотреть на «устранение» с другой стороны.

Шри Раману называли *джняни*, познавшим Истинное Я, потому что он устранил идею о себе как о деятеле. Это называется «сарва карма санньяса», которая происходит при осознании Истинного Я или при понимании, что ты являешься Истинным Я, после осознания, что ты – не деятель. «Не деятель» означает Истинное Я. И не имеется в виду, что эго становится не-деятелем, эго – всегда деятель. Как Истинное Я Шри Рамана понял, что в то время как несколько неограничивающих *васан*, которые он оставил (что не проблема даже для мирского человека), зависят от него, он не зависит от них. То есть для него, как для Истинного Я, они были неограничивающими. Как могут мысли или чувства повлиять на Истинное Я? У человека, считающего, что он – деятель, нет выбора в том, позволять *васанам* выражаться или нет. Действия происходят бесконтрольно, потому что *васаны* вынуждают эго действовать определенным способом. Для *джняни васаны* – выбираемые, для обычного человека – принудительные.

Так что Шри Рамана говорит про «устранение» только в смысле знания. Он часто использует метафору, позаимствованную из *веданты* – змея и веревка. В сумерках усталый, истощенный путешественник принял колодезную веревку, прикрепленную к ведру, за змею и в страхе отскочил. Когда он справился с собой и страх утих, то понял, что змея в действительности была всего лишь веревкой. Не было необходимости брать палку и избивать змею до смерти (что равносильно попыткам уничтожить ум), потому что змея – лишь неправильное восприятие. Когда человек успокоился, и к нему вернулся разум (осуществил вопрошание), он исследовал змею и понял, что это была только веревка. И при этом осознании змея «устранилась».

*В моем понимании, когда он говорит «**Когда мир как то-что-видимо будет устранен...**», он имеет в виду устранение всех привязок обусловленного ума.*

Как это происходит?

Его ученики в ашраме могли сидеть, ничего не делая, годами. Его личный ассистент Аннамалай Свами (см. Главу 3) провел от десяти до пятнадцати лет в ежедневном контакте с Шри Раманой и каждую минуту, когда у них не было работы, они сидели в тишине. И однажды Шри Рамана сказал Аннамалаю Свами: «Все, прекращай работать и иди сидеть в тишине», после чего тот пятьдесят лет просидел в своей комнате, и никогда его нога больше не ступала в Рамана Ашрам. Шри Рамана сам просидел практически пятнадцать лет в пещере Вирупакша, и рядом было всего несколько человек. Значит, он много времени сидел, предположительно свидетельствуя любые приходящие мысли.

Да, сидеть ничего не делая – все равно деятельность. И можно очень привязаться к медитационному образу жизни. Можно привязаться к чему угодно, даже *саньясины* (аскеты, отрекшиеся от мира) привязываются к своему посоху и миске для подаяний. Но да, эта идея полностью соответствует традиционной *садхане веданты*, что подтверждается писаниями. Сначала ты достигаешь спокойствия ума, а уже потом способен осознать, что являешься Истинным Я. Нет лучшего пути для успокоения ума, чем находиться в непосредственной близости к такому человеку как Шри Рамана, чей ум был исключительно тихим. Это задает тон, и ум ученика становится похожим. Чем дольше ничего не делать, тем яснее становится, что ничего не нужно делать, чтобы быть тем, кто ты есть. Так что эта практика постепенно уничтожает деятеля.

Одним из неправильных представлений о *веданте* является то, что разговоры заслоняют тишину, поэтому слова исключительно «интеллектуальны» и, следовательно, духовно бесполезны. Но это неправда. Мой *гуру*, Свами Чинмайя, известный мастер *веданты*, с множеством просветленных учеников, говорил постоянно. Но все слова возникали из тишины, из Истинного Я, и направляли ум человека к Истинному Я.

Слова и молчание не обязательно противоположны. У Шри Раманы был ум, он говорил. Он эффективно пользовался им всю свою жизнь.

Да.

Таким образом, он не устранял *васаны*.

Быть может, он устранял привязки к ним? У него должна была быть тяга вернуться обратно в семью. Но он этого не сделал. И когда мать приехала к нему первый раз, он отправил ее назад. Он больше не был захвачен этим.

Потому что он понял, что был Истинным Я. Чтобы избавиться от привязанностей за один раз, необходимо осознать, что ты – Истинное Я.

Это часто называют «постоянным опытом».

Да, но Истинное Я в любом случае «постоянный опыт». Другими словами, если это – недвойственная реальность, и эта реальность – Истинное Я, тогда каждое переживание является Истинным Я. Никто не лишен Самопереживания – как неведающий человек, так и просветленный. Проблема в том, что лишь некоторые понимают, что все есть Истинное Я, поэтому большинство ищет невероятных переживаний «Истинного Я».

Истинное Я – это «постоянный опыт»?

Нет, Истинное Я – постоянный опыт, если таковой существует. На самом деле термин «постоянный опыт» содержит противоречие. Истинное Я становится опытом, но не приносит в жертву этому свою природу в качестве неделающего, непереживающего свидетеля. Это означает, что в действительности ты свободен от своего опыта. Можно сказать лучше: опыт является Истинным Я, но Истинное Я – не опыт.

Когда говорят «постоянный опыт», могут иметь в виду постоянное воспоминание об Истинном Я?

Да, воспоминание полезно до определенного момента, но его нельзя сделать постоянным. Знание является постоянным. Если оно устанавливается, то оно есть. Воспоминание – своего рода ментальная активность, подразумевающая забывание. Познав, что ты Истинное Я, уже нечего вспоминать. Как можно вспомнить о том, кто ты? Ты тот, кто осуществляет воспоминание. Ты существуешь до момента воспоминания. Ты не можешь забыть, потому что ты всегда в настоящем. Если бы ты был где-то еще, ты мог бы забыть.

Не может ли Истинное Я быть осознано, пока мир есть (воспринимается как реальный)? [B5]
Нет, не может.

Что означает «... мир "есть"?». Где «есть»? И что такое «мир»? Не означает ли это, что если ты веришь, что «есть» реально, ты не можешь осознать Истинное Я?

Я думаю, что именно это и означает. Из-за словесной формы кажется, что мир должен быть устранен, но это маловероятно. Так что же означает «мир»? Это означает убеждение, что нечто в мире сделает меня счастливым или лишит счастья. Именно это убеждение необходимо устранить. Такое убеждение считается Самоневедением, поскольку ничто в твоем уме не затрагивает Истинное Я.

Можно сказать, что это понимание истинной природы мира.

Правильно. *Веданта* говорит, что необходимо знать только то, что такое мир и Истинное Я. Если вы знаете, чем они являются, тогда ничто не будет источником страданий. Когда я знаю, что контакт с миром не принесет продолжительного счастья, тогда я с миром покончил. Мир никак не сможет меня обжечь. Проблема возникает, когда я, кажется, не знаю, что он бесконечно меняется. Другими словами, я хочу продлить приятные события и не хочу продлевать неприятные. Что не так в этой картине?

Просветление не предполагает двух видов счастья – мирского и духовного. Единственное небольшое счастье, которое я могу получить в этом мире – мое Истинное Я. Если я понимаю, что счастье, приобретенное в мире, непродолжительно, я наслаждаюсь им, пока оно длится. Когда оно заканчивается, оно заканчивается. Я просто говорю: «Хорошо, вечеринке конец – здорово!».

Шри Рамана был *джняни*, потому что он устранил свое неведение. Я не думаю, что он просиживал дни напролет, пытаясь разрушить привязанности. Он мог заниматься этим в пещере в первые годы после просветления, хотя он не упоминал об этом. Я бы предположил, что из-за того, что он пробудился в таком молодом возрасте, *васаны* не успели укорениться в нем. В те дни индийская культура была достаточно чиста, и Шри Рамана был выходцем из благопристойной семьи, поэтому вряд ли у него было много глубоких негативных привязок наподобие секса, денег и т.д.

Когда Шри Рамана был девятнадцатилетним или двадцатилетним парнем, долгими часами просиживавшим в самадхи *в храме, о нем заботились, то есть люди признали его в некоторой степени.*

Для Индии появление воплощенного – достаточно обычное явление. У индийцев присутствует врожденное уважение к духовным людям.

Да, то есть они могли чувствовать что-то и поэтому поддерживали его. А как насчет него? Мог ли он на самом деле знать, что с ним происходило? Он не читал никаких духовных книг, и у него никогда не было учителя.

Хороший вопрос. Наверное он знал, потому что вокруг было полно *махатм (великих душ)*, ролевых моделей, если угодно. Поэтому он знал, как они живут, и, наверное, слышал много учений от *садху* (аскетов), контактировавших с ним. Вам стоит знать, что духовный мир Индии представляет собой обширную сеть, поэтому весть о чьем-то просветлении распространяется очень быстро. Должно быть, много великих мужей приходило посмотреть на него и поговорить, рассказать о некоторых вещах, которые могли бы ему помочь. В конце концов, он сидел в центре одного из святейших мест Индии, у Аруначалы, которая привлекала *махатм* тысячи лет.

Я был рядом с великим *махатмой* в Керале, Свами Абхеданандой, который был *гуру* для других *гуру*. Много просветленных людей приходило к нему пообщаться, и он приглашал их к себе. Я уверен, что они получали что-то очень ценное. У многих приехавших в Индию западных людей, даже тех, кто живет здесь много лет и общается с «экспортными» *гуру*, часто присутствует странное мнение о Шри Рамане. Они верят, что он был какой-то одинокой фигурой, единственным в своем роде, на голову выше остальных, жил в пещере как отшельник, сидя в молчании большую часть времени, и не участвовал в социальной жизни. Вероятно, он был достаточно отстранен и эмоционально сдержан, как большинство тамильских мужчин. Но он был наполнен огромной любовью, а если у вас есть любовь, то люди придут и дадут все, что вам необходимо.

Также необходимо понять, что ощущение себя как Истинного Я никогда его не покидало, поэтому он не особо беспокоился о своих эмоциональных потребностях.

Что меня интересует, так это то, как он действительно понял, что он переживал Истинное Я, а не что-либо иное? Как он это определил?

Откуда ты знаешь, что ты Премананда, а не кто-либо еще?

Я не знаю. Я больше не знаю, это как раз моя ситуация.

Ты знаешь, что ты этого не знаешь?

Да, я точно знаю, что чем бы ни был Премананда, для меня это уже не работает. Так что я знаю это хорошо.

Да, это то, в чем состоит знание: «Премананда для меня уже не работает». Видя Истинное Я, ты знаешь, чем Оно является. Самореализация представляет собой признание факта без каких-либо сомнений. Представим, что ты выброшен на необитаемый остров и лишен контактов с человечеством на пятьдесят лет, после чего тебя спасают и спрашивают твое имя. Ты, не задумываясь, ответишь «Премананда», даже если тебя об этом не спрашивали пятьдесят лет. Это знание.

Шри Рамана познал Истинное Я?

Да, похоже, познал. Сначала он мог думать о нем как об объекте, что вполне естественно. Трудно сказать. Возможно, причиной его пребывания в пещере в одиночестве было то, что он стирал все остатки чувства двойственности в его понимании, что свидетельствовало бы о его исключительной зрелости. Такого рода просветление приходит только к очень зрелому человеку вне зависимости от его возраста. Обычно Истинное Я приходит вначале как объект. Затем, продолжая удерживать на Нем ум и постоянно исследуя его, со временем приходит фундаментальное понимание, что тот, кто вопрошает, и есть Истинное Я. Несомненно, это то, чему он учил, опираясь на авторитет собственного опыта.

На данном уровне возникают проблемы языка. Шри Рамана использовал язык опыта чаще, чем язык тождественности. Если прочитать в *ашраме* описание его опыта просветления (см. Главу 5), создается впечатление, что он знал, кем он был. Возможно, немного смутно вначале, но более ясно со временем.

Повторюсь, это очень трудно определить по словам.

Возможно, некорректно говорить, что он познал Истинное Я. Выражаясь точнее, он познал, что был Истинным Я. Это значение слова «Рамана».

Выглядит как очень тонкое различие.

Да, но это огромное различие. Сказать, что ты «познал Истинное Я», означает, что ты видишь его как объект, что-то отделенное. Сказать «я есть Истинное Я» показывает, что в твоем опыте или понимании себя нет двойственности.

Когда мир как воспринимаемый объект исчезнет? [В7]
Когда ум, причина всего познания и всех действий, станет неподвижным – мир исчезнет.

Здесь чистая *йога*. *Веданта*, с другой стороны, говорит, что когда мир исчезает, ты не исчезаешь. Чтобы знать, что он исчез, ты должен существовать. Ви́дение, что ты существуешь независимо от мира, – цель подобного рода опыта. Если мир исчезает, а ты не понимаешь, что являешься Истинным Я, тогда в чем смысл данного опыта?

Когда мир «исчезает», Истинное Я раскрывается таким, каким есть, вместе с чем должно прийти знание, что «я – Истинное Я». С данного момента и далее тебе нет нужды переживать Истинное Я. Ты не должен что-либо делать, чтобы быть Истинным Я. Оно дано, Оно уже здесь, уже реализовано.

Какова природа ума? [В8]
При выходе ума из Истинного Я появляется мир. Следовательно, когда мир появляется (как реальный), Истинное Я не появляется; и когда Истинное Я появляется (сияет), мир не появляется.

Это очень каверзное утверждение, нужно смотреть глубже поверхности. Необходимо знать значение слов «появляется» и «не появляется». Создается впечатление, что мир или ум способны удалить Истинное Я.

Мир есть Истинное Я, и я есть Истинное Я. Проблема в том, что мое понимание запутано, мне необходимо познать, что есть мир, «я» и мои проекции. Это все. Мне нужно устранить путаницу в отношении этих трех аспектов моего существования.

То есть он должен был иметь в виду привязанности ума к миру.

Он ставит ум и Истинное Я на одинаковый уровень реальности, что не совсем корректно. Это проблема в понимании Шри Раманы или в переводе?

Шри Рамана сам редактировал текст.

Кто-то знал, что это обманчивое утверждение и поставил в скобках «как реальный» (возможно это сделал сам Шри Рамана), потому что без данного уточнения получается чушь. Такое же дополнение должно быть в конце первого утверждения «...**Истинное Я не появляется (как реальное)**» и в конце второго «... **мир не появляется (как реальный)**».

Без фразы «как реальный» получается, что мир исчезает, когда Истинное Я познано, а Оно исчезает, когда мир познан, что, как мы знаем, не может быть правдой. Но если мы вставим фразу «как реальный», утверждение будет соответствовать священным писаниям и иметь смысл, хотя правдивый только отчасти. Ключевое слово в данном ответе – «**появляется**», что подразумевает неправильное понимание умом чего-то.

Прошу заметить, это не утверждение просветления, а частица знания, которую необходимо применить на промежуточном этапе стадии вопрошания. Она поможет найти различия между умом и Истинным Я. Человек убежден, что его ум, его «мир», реален. И когда он вовлечен в него и сфокусирован на опыте, то не может увидеть истину – свою сущность. В Гите есть стих о том же: «Что день для мудреца, то ночь для мирского человека». То есть ты не можешь одновременно воспринимать ум и Истинное Я как реальные. Необходимо перейти на сторону Истинного Я как единственной реальности. Однажды сделав это, ты увидишь, что ум также реален, но он наслаждается низшим порядком видимой и ограниченной временем реальности. Так что это не проблема, нет конфликта между различными уровнями реальности. На пути к просветлению необходимо полностью отвергнуть мир, ум и т.д. И данное утверждение предназначено помочь вам сделать это.

Можешь объяснить, что означает «при выходе ума из Истинного Я появляется мир»?

Это учение происходит из *санкхьи* (направление в индийской философии) и было включено в *веданту* и *йогу*. Оно называется «карана-карья вада», учение причинно-следственных связей. **«При выходе ума из Истинного Я...»** означает, что ум – просто результат Истинного Я, которое преобразуется в форму, в ум. Например, бутылка кока-колы – результат стекла. Стекло – причина, бутылка – следствие. Если бутылку разбить, ее больше не будет, но стекло останется. Таким образом, ум – лишь форма Истинного Я. Он зависит от Истинного Я, но Оно от ума – нет. Как я неоднократно говорил, устранение или уничтожение ума, в отличие от бутылки, происходит в плане понимания и не является реальным разрушением. Новое видение устраняет привязанность к убеждению, что ум – независимая сущность.

Это понимание ты называешь свободой.

Да, есть два вида наложений. При устранении любого из них человек становится свободным. Оба находятся в уме и не имеют ничего общего с физической реальностью. Первый: ты видишь змею, но после осознания, что это веревка, змея больше не возвращается. Это необусловленное наложение: после того, как появилось знание, уже ничего не остается, что могло бы обусловить восприятие веревки. Второй вид – мираж, когда ты также отрицаешь его знанием, но восприятие воды остается. Есть что-то, что создает видимость воды, но ты знаешь, что вода не реальна. Это обусловленное наложение.

Неведение создает проблему как из ума, так и из *васан*. Если ты можешь видеть, что они наложены на Истинное Я из неведения, то они не ограничивают. Позволь *васане* секса или денег, или какой-либо другой, считающейся недуховной, прийти – это всего лишь «я». Как паутина из паука они выходят из меня и возвращаются в меня, и их источник – мое собственное сознание. *Васаны* как мираж, они наслаждаются только видимой реальностью. Конечно, если я действую в соответствии с ними, думая, что я получу что-то – это означает, что я не знаю, кто я.

Шри Рамана продолжает отвечать на вопрос 8: Какова природа ума?

> **Если настойчиво исследовать природу ума, то он исчезнет, оставляя Истинное Я (как остаток).**

Это то, что называется просветлением по умолчанию и компрометируется языком опыта, убеждением, что духовный путь занимает время. Так кажется из-за неведения, но это не так. Свету не нужно время, чтобы разрушить темноту, – это происходит мгновенно.

Это и правда, и неправда, потому что Истинное Я есть всегда, даже когда есть ум. Ум считается проблемой, потому что Истинное Я освещает его. Поэтому Истинное Я никогда не возникнет просто в конце долгой *садханы*. Истинное Я, осознанность, существует всегда, наблюдая поиск, мотивацию поиска, выполнение практики. Оно доступно для понимания на любом этапе поиска. Иногда люди, не выполнявшие никогда *садханы*, как Шри Рамана, пробуждаются к Истинному Я. Хотя он все-таки выполнил небольшую практику – сымитировал свою смерть (см. Главу 5).

Это бывает из-за их прирожденной чистоты?

Никто не знает.

Но к этому более склонны те, кто не сильно вовлечен в мир, не так ли?

Конечно, или те, кто просто много страдал, как например, Саул по дороге в Дамаск. Как в моем случае: я был ужасным человеком, настоящим дьяволом, жизнь была сущим адом. Но одним прекрасным утром по дороге на почту я был вырван из нее и моментально осознал божественную силу. Потребовались годы, пока мне стало ясно, что это было – и то был Я – но я проделал для этого работу.

*Давай вернемся к утверждению, что ум заслоняет Истинное Я и его необходимо уничтожить, чтобы Истинное Я засияло, и к последующему выражению «**он исчезнет, оставляя Истинное Я (как остаток)**». Может быть, есть два вида ума?*

Хорошо! Необходимо понять, про какой вид ума он говорит. Потому что если это правда, то Рамана не был просветленным, потому что его ум продолжал работать. Так он говорил. Ум, который необходимо разрушить, – обусловленный ум, направленный вовне. Созданный *садханой* тонкий, *саттвичный* (спокойный и умиротворенный) ум остается. Такой ум выполняет вопрошание. Помни, ум в действительности – Истинное Я, он не враг.

Взгляд *веданты* заключается в том, что ум «исчезает» после осознания, что ты – не он. В реальности ум продолжает функционировать, но ты отделен от него. Со своей точки зрения ум, возможно, не исчезает, но исчезает с твоей. Ты просто больше не воспринимаешь его серьезно.

Похоже, отсутствие мыслей не является просветлением.

Если отсутствие мыслей – просветление, то тогда мы все просветленные, потому что кто не спал ночью?

Ты можешь использовать язык *йоги*, если хочешь: Шри Рамана на самом деле не был в традиции священных писаний, он просто схватывал кое-что со временем. Может быть, в конце концов, он понял ограниченность языка *йоги*, но не стоит забывать о том, с кем он разговаривал. Возможно, большинству из тех, кто приходил к нему, был больше знаком язык *йоги*, чем *веданты*. Так происходит всегда, поэтому есть тенденция использовать более привлекательный для вашей аудитории язык.

Сейчас ситуация такая же, возможно даже хуже, потому что многие из *бхакти* (преданность) и *йоги*, и даже из буддизма переходят в *адвайта-веданту*. Для многих из них это просто модное поверье, потому что все сатсанг-гуру используют слово «адвайта», зачастую без большого понимания. Такие действия понятны. В особенности в случае, когда человек провел множество лет на одном из данных путей. Почему? Потому что весь их опыт не разрешил проблему ограниченности, и им нравится идея *веданты* про то, что ты безграничен, и что ее необходимо понять, а не достичь как опыт.

Большинство таких людей находятся в некотором замешательстве. Они входят на новую территорию, язык тождественности, но еще не распрощались со старой страной, языком опыта, поэтому у них происходит конфликт концепций относительно просветления. Нет представления о том, как познать Истинное Я, что принесет освобождение. Все «знают» про Истинное Я, но не знают, что означает «быть» Истинным Я. Нет понимания, что они уже свободны, и единственное, что мешает – убеждение, что они несвободны. Также нет ясности в том, что данное предположение может быть разрушено знанием. Подобно религиозным людям, они очень привязаны к своим убеждениям, считая их знаниями. Идея про мертвый ум – одно из сильнейших убеждений в духовном мире.

Ты говорил, что вопрошание – для обретения способности различать. Необходимо выполнять Самовопрошание, если присутствуют мысли в уме, потому что цель вопрошания – приобрести способность различать, познать Истинное Я и Его отношение к уму. Это не согласуется с моими знаниями о вопрошании и Самопознании. Можешь объяснить, что ты подразумеваешь? Я думал, что Самопознание – неразличающая мудрость.

С точки зрения Истинного Я мудрость неразличающая, потому что существует только Истинное Я. Но когда в картине присутствует ум, способность к различению работает. Ум – это Истинное Я, являющее себя как реальность, которая кажется меняющейся. В *санскрите* есть специальный термин *митхья*, означающий «не полностью реальный, но и не полностью нереальный». На самом деле это не иллюзия, разве что в том смысле, что у иллюзии есть некое фактическое основание. Без поддерживающего факта иллюзия не может существовать.

Можешь привести пример?

Конечно. Наиболее знаменитый – змея в веревке. Ты не увидишь змею, пока нет веревки. Ты не увидишь ум, пока для него нет основы. Эта основа и есть ты, Истинное Я.

Мир – это ум, потому что мир возникает из ума?

Да. И ум – это Истинное Я, потому что он возникает из Истинного Я. Вот почему мир – Истинное Я, и он зависим от Него. Ум не является независимым от Истинного Я. Но ты, Истинное Я, независим от ума – это и есть свобода. По этой причине тебе не нужно убивать ум, чтобы освободиться от него. Ты уже свободен от ума.

Если это недвойственная реальность, как утверждают священные писания, и существует такая вещь как ум, тогда он должен быть Истинным Я. Остается один вопрос: какой вид «я»? Это кажущееся изменяющимся Истинное Я. Зная это, ты больше не боишься ума, поскольку понимаешь, что все, что ты получишь от ума, не будет продолжительным. Таким образом, ты просто наслаждаешься или страдаешь от ума как такового. Большая проблема в представлении, что вещи из ума и мира должны быть неизменными. В таком случае ты периодически страдаешь от разочарования. Влюбляясь, необходимо знать, что это пройдет. Если ты можешь наслаждаться этим, зная, что чувства пройдут, хорошо.

И как же приобрести такую способность к различению?

Что ж, ты обращаешь внимание на свой опыт и уважаешь его. Забавно, как люди, зная, что ничто не вечно, упрямо продолжают ожидать этого, по крайней мере, когда все хорошо. Когда все не так хорошо – совсем другой случай. Твой опыт показывает, что ничто в мире-уме не продолжительно. Священные тексты на эту тему неутомимо твердят одно и то же: ... *анитья, анитья, анитья. Анитья* означает непостоянство. Раз *махатмы* подтверждают, можно положиться на это.

Шри Рамана сделал серьезное утверждение после вопроса:

Не может ли Истинное Я быть осознано, пока мир есть (воспринимается как реальный)? [B5]
Он ответил: «**Нет, не может**».

Мы уже говорили об этом. Утверждение означает, что мир будет казаться реальным, если он воспринимается как независимая действительность. Фразу «воспринимается как реальный» вставили, потому что слово «есть» создает впечатление, что для того, чтобы произошла реализация, мир должен быть физически невидим. Можно уверовать, что на уровне восприятия, на уровне ощущений мир исчезнет. Это распространенное убеждение в духовных кругах.

Так и есть. И это усугубляет картину, делает ее пугающей.

Они думают, что если мир не исчез, то они непросветленные.

Также они думают, что просветленные ходят в своего рода глубокой серой пустоте.

Очень важен язык, потому что эти люди берут свои идеи из каких-то источников. Неспособность понять объясняет, почему так много ищущих не становятся нашедшими. В духовном мире множество людей, имеющих значительный опыт отражения Истинного Я в уме, когда ум пребывал в *саттвичном* состоянии, и их можно было бы отнести к Самореализованным. Это то, что

Шри Рамана называл *антар мукха*, направление ума вовнутрь – наблюдение, реализация, или переживание Истинного Я.

Но верно и то, что эти люди не удовлетворены и продолжают питать сомнения относительно их «состояния». В основном сомнения связаны с тем, как сделать его постоянным, но это невозможно, поскольку человек и его чистый ум находятся в пределах времени. Другими словами, всегда присутствует реалистичный страх, что опыт не продлится. И даже несмотря на то, что они так близко подходят к просветлению на уровне опыта, оно все-таки ускользает. В чем причина?

В том, что они пленники языка опыта. Используемый язык указывает на ход мыслей. На стадии, когда опыт доступен более-менее постоянно, единственный барьер к преобразованию опыта в «непрерывное» состояние (просветление – не состояние) – это способ мышления индивидуума. Поэтому в данном случае ему необходимо изменить язык опыта на язык тождественности. В соответствии с последним переживающий и переживаемое – не две отдельные вещи, в действительности они одно и то же. Когда любой объект ощущается, в тот же момент в разуме возникают знания о нем. И если ум, в котором отражается Истинное Я, чист, то вместе с Ним в разуме возникнет знание о Нем. Знание появляется в форме мысли, *анкандакра вритти*, непрерывной мысли, что я – полноценная, совершенная, бездеятельная осознанность, которую я переживаю (Ух ты! Это я! Ого-го! Я – это!!!). Если человек привык думать об Истинном Я как об объекте, он неохотно будет отказываться от переживающего, и Истинное Я по-прежнему останется как переживаемый объект. «Отказ» подразумевает устранение идеи о себе как о переживающем и принятие своей безграничной сущности. Это уничтожение ума, про которое говорят *йогины*.

Если бы человека обучили языку тождественности, подобная проблема бы не возникала, он бы сразу распознал содержание опыта как «Я», что завершило бы работу. Цепляние за опыт является удержанием сосуда, при котором жертвуется его содержимое. Как например: человек выливает кока-колу и начинает есть бутылку. Мы можем выбросить сосуд, он не существенный. Нам необходимо содержимое, Истинное Я.

Вся *веданта* может быть сведена к одному простому уравнению, приведенному в *Упанишадах*: «Ты есть То», где «То» – Истинное Я, а «ты» – Истинное Я в форме переживающего, и глагол «есть» указывает на вашу тождественность.

Как я говорил, ты – повелитель вселенной, то есть без тебя, без «я», опыт невозможен. К черту опыт, ты сделаешь из него все, что угодно, потому что ты босс. Без меня, без «я», опыт невозможен. Ощущения не управляют мной, я управляю ими. Без меня они не стоят ни гроша. Это свобода, я не должен стирать опыт, я воспринимаю его как хочу. Вот почему для просветленных плохие дни – тоже хорошие: они могут видеть себя во всем. Опираться на опыт для подтверждения – то же самое, что хвост, виляющий собакой. На самом деле собака виляет хвостом, а не наоборот, как говорит *йога*, утверждающая, что при достижении опыта *нирвикальпа самадхи* наступает просветление. В соответствии с *ведантой* ты просветлен вне зависимости от получаемого опыта.

Есть польза в чтении книг для тех, кто стремится к освобождению? [B23]

Все писания говорят, что для достижения освобождения необходимо привести ум в состояние неподвижности; поэтому суть этих учений состоит в необходимости успокоить ум. Как только это становится понятно, нет необходимости в бесконечном чтении. Для успокоения ума человек должен лишь исследовать внутри себя, чем является его Истинное Я...

Данное утверждение может привести человека к выводу, что священные тексты бесполезны для Самовопрошания. Но невозможно выполнить исследование без знаний. В действительности Шри Рамана поддерживает писания выражением «Все писания говорят...». Ты не можешь вопрошать, не зная, что ты не тело, не ум и т.д. Нельзя сидеть без необходимой информации, как дурак, и говорить: «М-м, кто я? Э-э... Эй, Бог... Кто я?». Это не сработает, даже если небеса разверзнутся, и громогласный голос Бога скажет: «ТЫ – ЧИСТОЕ СОЗНАНИЕ!»

Даже если Он тебе скажет это в лицо, ты не сможешь правильно оценить полученную информацию. «Да? Я? А что это означает?» Тебе необходимы знания: как тот, кем ты являешься, соотносится с телом, умом и окружающим миром. Это необходимо согласовать, иначе все бесполезно. Священные писания прекрасно увязывают «я» с контекстом, объясняя, что означает быть Истинным Я.

Что такое проницательная мудрость (джняна-дришти)? [B25]
Оставаться тихим – вот что называется проницательной мудростью.

Думаю, что поспорю с этим утверждением. Здесь язык опыта пытается вобрать в себя язык тождественности. Давай используем одно из наиболее часто встречающихся учений Шри Раманы, чтобы развенчать это утверждение. На вопрос «Кто остается тихим?» есть только два варианта ответа: Истинное Я и эго. Истинное Я не может, потому что Оно – тишина, и не деятель, который не может «оставаться». «Остается» подразумевает «не оставаться» или «шуметь». Получается, что эго, сохраняющее спокойствие, – проницательная мудрость? Я так не думаю. Если я пойду к себе в комнату, лягу на постель, закрою глаза и засну, стану тихим как мышь, разве я стану мудрым?

Основа учения Пападжи – «будь тихим», что не означает молчать, но быть спокойным. И тогда в этом спокойствии вопрошание произойдет само по себе.

Да. Для спокойного ума естественно любопытствовать и задавать вопросы. Но я думаю, что это достаточно упрощенный взгляд на учение Шри Раманы. Он, по-моему, сторонник более решительного различения.

Термин *джняна-дришти* намного легче рассматривать в качестве утверждения на языке тождественности. Рассмотрим один из вариантов определения *джняна-дришти*. Когда в спокойном уме появляется мысль, я получаю знание о ней. И если эта мысль, основанная на восприятии Истинного Я, освещающего мой спокойный ум, была «я – безграничная осознанность» и я принял ее для себя и позволил ей стать моей сущностью, тогда *джняна-дришти* означает просветление, освобождение.

Или (что равносильно вышесказанному) данный термин может быть переведен как «знание (*джняна*), которое проистекает из видения (*дришти*)». Видения чего? Того, что есть. А что есть? Истинное Я. А что такое Истинное Я? Я. То есть *джняна-дришти* означает Самопознание. Это немного отличается от «оставаться тихим». Конечно, если ты – Истинное Я, то ты – тишина, но нет никого, кто остается «тихим».

Также это может означать, что *джнянам* (знание) является *дришти* (видение). Видящие (*риши*), давшие нам *Веды*, видели (*дришти*) истину (*джнянам*) и воплотили ее в форму *Вед*. Еще одно значение: «видеть – это знать». На самом деле необходимо все эти учения согласовать, все они составляют прекрасный букет идей, называемый *веданта*.

Под «тихим» не имел ли он в виду «не быть захваченным всевозможными мыслями»? Иметь саттвичный ум?

Быть бесстрастным.

И быть направленным вовнутрь.

Да.

Он не подразумевал «не говорить».

Нет.

Какая связь между отсутствием желаний и мудростью?
[B26]
Отсутствие желаний есть мудрость. Они не различимы, они – одно и то же.

Почему отсутствие желаний – мудрость? Потому что Истинное Я полноценно и совершенно, Оно ничего не хочет.

*Он продолжает: «**Отсутствие желаний сдерживает ум от направленности на любые объекты**».*

Хорошее утверждение, оно определяет отсутствие желаний как качество эго. Он говорит, что эго, не позволяющее уму идти к объектам, мудрое. Нет, это не совсем корректно. Ум естественным образом движется к объектам. Наверное, он имеет в виду, что человек, не реагирующий на контакт ума с объектами, а просто свидетельствующий и позволяющий ему быть, мудрый. Например, когда ты видишь симпатичную девушку и хочешь к ней в постель, ты не начинаешь предпринимать действия и заигрывать с ней. Просто позволяешь этой мысли умереть. Почему это мудро? Потому что ты – любовь, наслаждение, у тебя уже все это есть. Несколько приятных ощущений не сделают тебя счастливее.

Что такое освобождение?[B28]
Исследование природы собственного «я», находящегося в оковах, и осознание своей истинной сущности является освобождением.

Ты – уже Истинное Я, даже если думаешь, что нет. Просветление – не обретение того, чего еще у тебя нет. То есть, когда ты утверждаешь, что нашел его, на самом деле ты говоришь, что ты долгое время был глупцом.

То есть человек всегда является Истинным Я. Нельзя быть не Истинным Я, поэтому вопрос об оковах и свободе не возникает.

Правильно, это миф. «Осознание» своей истинной природы не означает, что человек получает опыт истинной природы, потому что он переживает ее всегда. Это познание того, что я есть Истинное Я, что я есть безграничная осознанность.

То, что называют умом — удивительная сила, пребывающая в Истинном Я. Оно проецирует все мысли. Если убрать все мысли и посмотреть, то не останется ума, находящегося отдельно. Следовательно, мысль сама по себе — форма ума. Вне мыслей нет такой вещи, как мир.

Шри Рамана Махарши

КОММЕНТАРИИ

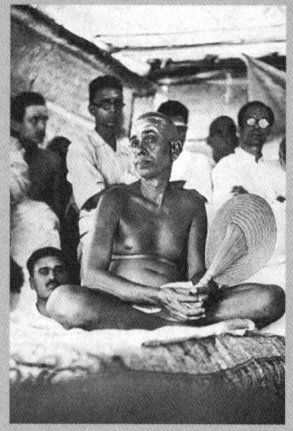

Вверху: Шри Рамана с посетителями

Слева: часть Самадхи Холла

Внизу: Новый Холл и Самадхи Холл

Справа: Шри Рамана, 1940-е

Справа внизу: Юго-западный склон Аруначалы

ГЛАВА 7

Комментарии к учению Шри Раманы «Самовопрошание» с точки зрения веданты

Беседа Рама с Преманандой

(прямая речь Шри Раманы выделена жирным шрифтом)

Рам комментирует книгу Шри Раманы «Самовопрошание». Он объясняет, что для Самовопрошания необходим неподвижный ум. Отсюда и ценность таких традиционных практик, как медитация. Для достижения Самореализации не должно остаться надежды на то, что что-либо мирское сделает нас счастливыми. Необходимо иметь огромное стремление быть свободным от своего ума. Рам обсуждает очень интересную цитату Лакшманы Свами, которая подчеркивает важность гуру. Также Рам предлагает альтернативное объяснение «мертвого ума», отличное от того, которое дает Дэвид Годман в Главе 2.

Рам, ты прокомментировал буклет Шри Раманы «Кто Я?». Можем ли мы обсудить еще некоторые моменты, касающиеся его учения, изложенного в другой книге, «Самовопрошание»?

То, что называется учением Шри Раманы – лишь верхушка *ведического* айсберга. По причине того, что он был тем, кем был, он не колесил по всей Индии и миру, продавая свои книги и видео, проводя *сатсанги* (встречи в Истине) и семинары для того, чтобы «его» учение достигло духовно голодающего мира. Поэтому у нас есть лишь несколько бесед, вопросов и ответов, и ключевые утверждения, высказанные им в течение жизни, большинство из которых не были записаны. С одной стороны, это позор, потому что Шри Рамана обладал исключительно ясным умом и вел прямо к сути. Но с другой стороны, это не имеет значения, так как он был четко в пределах *ведической* традиции и никогда, насколько мне известно, не говорил ничего, что противоречило бы как священным текстам *йоги*, так и *веданты*. Поэтому если кто-то хочет исчерпывающих знаний, он может изучить писания.

Да, были другие времена: ни веб-сайтов, ни DVD. Так или иначе, я несколько раз упоминал, что нам следует обсудить Самовопрошание как практику. Мне случайно встретился интересный вопрос и ответ на данную тему.

> Шри Раману спросили: «Каков метод практики?». Он ответил: «Так как Истинное Я человека, пытающегося достичь Самореализации, не отлично от него, и поскольку нет ничего высшего или отличающегося от него, чего бы он мог достичь, и Самореализация является исключительно осознанием своей собственной природы, ищущий освобождения осознает, без сомнений и заблуждений, свою подлинную природу путем различения вечного и преходящего и никогда не отклоняется от этого естественного состояния. Это называется практикой знания. Это вопрошание, ведущее к Самореализации».

Создается впечатление, что под Самовопрашанием он подразумевает нечто большее, чем спрашивать «Кто Я?».

Правильно. После бесед со множеством людей, ищущих Самореализации, я узнал, что многие считают, что необходимо лишь вопрошать «Кто Я?», и каким-то образом ответ обнаружится. Но метод так не работает. Дело в том, что природа «Я» хорошо известна. Если есть сомнения, читай *Упанишады* или *Шанкару*, или любой текст *веданты*. Они дают ясные знания. Существуют буквально сотни слов, обозначающих Истинное Я, также есть великолепная проверенная методология, способная разрушить твоё Самоневедение.

Существует странное убеждение, что Истинное Я – некое таинственное неведомое присутствие, постигнуть которое можно лишь мистическими способами и о котором нельзя ничего сказать. Невыразимое. Неопределимое. За пределами слов и т.д. Но на самом деле Истинное Я – единственная вещь, о которой можно говорить с точностью и уверенностью, потому что только Оно реально. Всё остальное, что люди считают реальным, нельзя описать, так как оно ни полностью реально, ни полностью нереально. В данном утверждении Шри Рамана использует, пожалуй, наиболее распространенное слово для описания Истинного Я: он говорит, что Оно вечное. Такое слово отделяет его от комплекса тело-ум-эго и от постоянно меняющегося окружающего мира. Мы рассматриваем тело как реальное, и для него у нас есть слова, но если изучить его, мы не найдем ничего материального. Оно распадается на всё меньшие и меньшие частицы, пока полностью не исчезнет. Но независимо от того, сколько ты потратишь времени на анализ, ты не сможешь уменьшить Истинное Я до чего-либо, Оно не может быть растворено.

То есть суть вопрошания не в получении знаний, а в его применении?

Да, Шри Рамана говорит, что вопрошание – отделение реального от нереального, вечного от преходящего. Именно это и есть практика. Перед началом практики необходимо знать, что реально, а что нет. За двенадцать столетий до Шри Раманы, *Шанкара* использовал для описания этого процесса точно те же слова: «практика знаний» (*джнянабьяса*), что уже было частью традиции, еще до появления *Шанкары*. Практика называется *вивека* и она является проверенным методом освобождения.

Она, похоже, достаточно интеллектуальна. Как она работает?

Она не «интеллектуальна» в том уничижительном смысле этого слова, используемом сейчас. Но она определенно зависит от умелого использования интеллекта. Существует мнение, что Шри Рамана учил молчанием, и что человек может осознать Истинное Я только сидя в тишине, вообще не используя ум. Это явная неправда. Здесь Шри Рамана не рекомендует молчание. Конечно, медитация, сидение в тишине – очень полезные практики. Но Шри Рамана сам четко дал понять, что при Самовопрошании интеллект является инструментом реализации.

Из его описания собственного просветления очевидно, что он был сознательным и думающим. И нет причины, по которой невозможно думать при безмолвном уме. На самом деле в таком состоянии сознательные размышления прекрасны, настоящее удовольствие. В *йоге* даже есть термин *савикальпа самадхи*, означающий *самадхи* (погружение в Истинное Я) с мыслями. *Викальпа* – мысль.

Удивительно. Согласно распространенному представлению, для реализации Истинного Я интеллект должен быть выключен.

Это взгляд *йоги*. Контроль ума полезен в качестве его подготовки к Самореализации, но он не равносилен Самореализации. Необходимо помнить, что ум изменчив и поэтому нереален. Таким образом, как ты собираешься контролировать то, что не вечно? Тот, кто пытается изменить, эго, не вечен; то, что подразумевает отсутствие изменений – вечно. Поэтому как может быть неизменным что-либо изменяющееся? Даже если перемены – результат твоих усилий, ты будешь вынужден продолжать прикладывать усилия для их сохранения. Поэтому тебе придется делать все эти вещи для того, чтобы быть тем, кем ты хочешь быть. Попытка изменить ум или остановить его – всегда проблема. Суть исследования ума – не в контроле, а в наблюдении за ним.

Итак, как это различение работает?

Во-первых, необходимо понять, что какой-нибудь Том, Дик, или Гарри не смогут просто взять и практиковать вопрошание. В первой строке каждого следующего абзаца Шри Рамана повторяет: «**Это подходит только для зрелых душ**». Необходимо быть подготовленным. Готовность подразумевает зрелость и безразличие к предлагаемым миром обольщениям. Во-вторых, должно присутствовать жгучее желание быть свободным от своего ума. Это не значит, что человек должен убить или изменить ум. Ум будет у тебя в той или иной форме – нравится тебе это или нет. Поэтому единственный здравый вопрос: как жить с ним в гармонии? Когда ты осозна́ешь, что такое Истинное Я, и что ты являешься им, то поймешь, что ты всегда был свободен от ума.

И это не значит, что любой опытный человек готов практиковать Самовопрошание и достичь просветления. Многих, возможно, даже бо́льшую часть опытных людей собственный опыт не научил ничему существенному.

Достаточно радикальное обобщение.

Возможно, я неуклюже сказал то, что хотел. Я имел в виду, что они так и не узнали, что опыт не решит проблему счастья, и что освобождение возможно. Поэтому они лишь продолжают гоняться за одним и тем же. Недавно я прочитал, что миллиардер Тед Тернер и его жена Джейн Фонда, красивая и богатая актриса, разводятся. В интервью для статьи Джейн спросили о причине разрыва. Она ответила, что Тед просто не мог перестать зарабатывать деньги, имея в виду, что он не уделял ей достаточно времени. Сейчас он очень успешный, «реализованный» человек, у которого есть всё, кроме любви. И ему не удается получить любовь, потому что он не может избавиться от пристрастия к заключению сделок. Он не только неудовлетворен количеством денег, которые у него есть, но его одержимость удерживает его от наслаждения женской любовью, и в еще большей степени – от понимания, что проблема состоит в его представлении о себе. То есть не имеет значения, насколько ты реализован в области своего опыта, без правильных выводов о себе ты не будешь подготовлен к просветлению.

И различение подготавливает?

Безусловно. И, переходя к сути, различение или исследование – это практика понимания от момента к моменту, что переживающий и переживаемое – нереальны, и что свидетель, та осознанность, благодаря которой переживающий способен переживать, – реален.

Как это работает? Всякий раз, когда импульс что-либо сделать, иметь, почувствовать или изменить возникнет в уме (как это происходит постоянно), человек не бездумно начинает достигать желаемого результата, но размышляет: «Какую долговременную выгоду я получу, делая, достигая или переживая это? Стану ли я другим, лучшим? Получу ли я продолжительное счастье или по-прежнему останусь тем, кто я есть?». Полагая, что тот, кто выполняет практику – это (что происходит неизбежно), станет ли такой человек мудрее по отношению к своему собственному Истинному Я, делая/думая/чувствуя/переживая что-либо? Ответ всегда будет «нет». Правда, ты можешь стать мудрее по отношению к какой-то конкретной идее, но станешь ли ты полноценным, завершенным и свободным от своего ума, делая то, что задумал сделать? Например, ты можешь инвестировать на фондовой бирже и потерять кучу денег из-за махинаций финансовых воротил с отчетностью корпораций. После этого ты получаешь урок: не верить словам людей касательно денег. Но произошла ли в тебе фундаментальная перемена из-за того, что ты потерял деньги, которые имел раньше? Или ты в корне изменился, так как стал более осторожным? Нет. Ты по-прежнему тот, кто ты есть.

Таким образом, самотрансформация не Самореализация?

Некоторая очистка эго может быть полезна до того, как ты начнешь освобождать его, но сам факт того, что ты пытаешься измениться, означает, что ты не свободен.

Мы с другом недавно сняли дом через интернет у женщины, которая собиралась в отпуск. Когда мы заехали, на стене я заметил коллаж в честь ее недавнего духовного пробуждения. Он состоял из наклеенных слов разных размеров из различных журналов, составлявших фразу: «Однажды я устала быть одним и тем же, поэтому я сделала БОЛЬШОЙ ПРЫЖОК».

У этой женщины случилось духовное пробуждение, но не Самореализация. Она была человеком, который зацепился за скверные ценности и в результате попал под власть нездоровых привычек, но, в конце концов, набрался мужества противостоять себе и изменить свой образ жизни. И это очень хорошо, важный первый шаг. Но это не Самореализация, несмотря на то, что в пробуждении человек может пережить определенный опыт и понять, что Истинное Я существует.

Я думаю, что это важное разграничение.

Да. Это не Самореализация, потому что тот, кто приземлился, остался тем же, кто прыгнул. Когда устанавливаются надлежащие ценности и хорошие привычки, – всплывает новая проблема: «Неужели это всё?». Потому что ты не разобрался с фундаментальной проблемой, а просто откорректировал некоторые кармические ошибки, совершенные твоим эго. Я не говорю, что духовное пробуждение неправильно, но единожды пробудившись к осознанию своей глупости и возможности из нее выбраться, ты, возможно, начнешь поиск мудрости, которая в какой-то момент повлечет за собой вопрос: «Кто совершил прыжок?».

Если Шри Рамана говорит, что ты – Истинное Я, которое никогда не изменяется, и что Оно – бесконечное блаженство, тогда ты никогда не захочешь выпрыгивать из самого себя. Поэтому в случае этой женщины эго изменяет само себя. И не имеет значения, насколько лучше оно станет, оно никогда не превратится в Истинное Я. После осознания, что ты – Истинное Я, для тебя не имеет значения чем является эго. Ты принимаешь его таким, какое оно есть. Ты понимаешь, что оно не было бы таким, какое оно есть, если бы могло с этим что-то поделать, и позволяешь этому быть. Или ты беспристрастно над ним работаешь, если такова твоя *карма* (результат всех действий). Если ты больше не видишь себя как эго, оно постепенно станет походить на Истинное Я, но никогда им не станет. Поэтому думать, что ты изменишься, – не лучший вариант.

То есть, по твоим словам, работа над кармой и попытки измениться не приведут к мудрости?

Да, определенно.

Наверняка подобные действия должны иметь некую ценность.

Ты прав. Они дали мне понимание, что я преследовал неправильную цель – опыт. Они заставили меня размышлять в терминах осознания. И вскоре после того, как я пришел к этому выводу, я встретил своего мастера.

Мне необходимо было увидеть, что независимо от переживаемого опыта я оставался тем же. Это различение. Его очень трудно практиковать, так как эго не может выдержать свое несовершенство и страстно привержено получению того, чего оно хочет, и избеганию того, чего не хочет, для того чтобы хорошо себя чувствовать.

Таким образом, ты говоришь, что вопрошание – постоянный выбор в пользу неследования за своими васанами (тенденциями ума)?

Не совсем. Известно, что если ты последуешь за ними, ты не получишь от них длительного удовлетворения. В некоторой степени ты не можешь избегать совершения определенных действий из-за сильного внутреннего давления. Борьба с ними вызовет слишком большой стресс и искажение личности. Но ты можешь пройти через переживания, которые тебе предлагает жизнь, отбросив веру в то, что она способна сделать тебя счастливым. Ты можешь стремиться к ясному сбалансированному уму. Это является предназначением различения и плодом вопрошания. Такой ум устраняет твои «нравится» и «не нравится», в нем различие между мирским человеком и вопрошающим.

Шри Рамана определяет просветление в первой части цитаты, и если ты ищешь его, то важно знать, что это такое.

> *Он говорит:* «Так как Истинное Я человека, пытающегося достичь Самореализации, не отлично от него, и поскольку нет ничего высшего или отличающегося от него, чего ему надо достичь, и Самореализация является исключительно осознанием своей собственной природы...»

Думаю, что каждому, желающему понять, что такое просветление, следует прочитать данную цитату. Шри Рамана четко дает понять, что речь не идет про то, что человек становится другим или получает что-то, что лучше уже имеющегося, например, высокое состояние сознания. Он использует очень интересное слово — исключительно — акцентируя на том, что невероятный духовный опыт, или измененное состояние сознания, или трансформация личности — не просветление. Он говорит, что это «исключительно» осознание того, кем ты являешься.

Но разве данное осознание не является чем-то уникальным?

Нет. Такое осознание может восприниматься как уникальное из-за длительного пребывания в неведении. Но это осознание не отличается от осознания, понимания или узнавания чего-либо. Когда это случается, всегда присутствует чувство иронии, потому что это всегда было известно. Что может быть ближе к тебе, чем ты сам? Это может показаться большим делом, так как нечто настолько очевидное может быть с легкостью воспринято как само собой разумеющееся и забыто. Так и Самореализация – всегда повторное открытие, а не первооткрытие.

То есть это шутка космического масштаба.

Да. Для решения загадки необходим трюк, техника, которую Шри Рамана называет вопрошанием или *вивекой*. Человеку необходимо напомнить, что он вечен, что он всегда был; что ничего нельзя добавить или убавить от него; что опыт непостоянен, и что, наоборот, необходимо начать обращать внимание на свой ум и его идеи и начинать отпускать их. До тех пор, пока человек будет придерживаться ложных идей о себе, у него не будет правильного взгляда на себя.

Что он целостен и совершенен.

Да, что опыт зависит от него, но он не зависит от опыта.

И ничто не может его затронуть.

Что вообще ничего не нужно, чтобы быть счастливым.

> *В конце книги Шри Рамана говорит:* «Опыт Истинного Я возможен только для тонкого и неподвижного ума, который можно обрести в результате длительной медитации. Поэтому того, кто обладает тонким умом и имеет опыт Истинного Я, называют *дживанмукта*».

Здесь Шри Рамана подтверждает то, что я говорил про ум ранее: ум не должен быть уничтожен. Когда достаточное количество грубых *васан* исчерпано, ум становится тонким. Он по-прежнему имеет мысли, но они не выводят его из равновесия. Ум приходит в такое состояние благодаря простой умеренной жизни и ясному мышлению. И он способен к Самореализации.

Но я вынужден не согласиться со следующей частью утверждения: «**...того, кто... имеет опыт Истинного Я, называют *дживанмукта***». Опыт Истинного Я – не просветление. В каком случае Истинное Я не переживается? Возможно, это Самореализация, но не просветление по одной простой причине: присутствует переживающий, отделенный от Истинного Я. При просветлении переживающий осознаёт, что он или она есть то, что переживается, то есть Истинное Я. Просветление – знание, *джнянам*, а не опыт чего-либо. Люди ошибочно считают, что просветление является достижением некоего постоянного, невероятного опыта Истинного Я. Но *дживанмукта* свободен от всего, в особенности от опыта. *Дживанмукта* просто подразумевает кого-то, кто осознал, что он или она – Истинное Я, и у кого отсутствует чувство двойственности.

> «Именно состояние *дживанмукта* называется бескачественным *Брахманом* и *турией*. Когда даже тонкий ум растворяется, ощущение индивидуального "я" прекращается...»

Что ж, в данном случае понятие *дживанмукта* понимается неправильно. Во-первых, это не «состояние». Состояние основано на опыте, оно приходит и уходит. Бескачественный *Брахман* не имел бы никакого состояния, и сам не был бы им. Состояние – это качество. Бескачественный *Брахман* – два слова, описывающие Истинное Я. У него нет качеств, и оно безгранично – это значение слова *Брахман*. Растворение ума – просто растворение в понимании. Ум понимает, что он является Истинным Я, данное осознание его успокаивает и прекращает его существование как независимой сущности. Это не означает, что ум умрет и никогда не будет снова мыслить.

> «...и когда тот, кто погрузился в океан блаженства, стал единым с ним, без какого-либо обособления, тогда его называют *видехамукта*. Именно состояние *видехамукта* называется трансцендентным беска-

чественным *Брахманом* и трансцендентной *турией*. Это конечная цель».

Таким образом, по его словам, это просветление?

Похоже на то. Он описывает просветление на обоих языках – *веданты* (тождественности) и *йоги* (опыта). При анализе языка обнаруживается проблема. Он переживает бесконечное блаженство и в то же время говорит об этом как о цели. Что-то необходимо достигнуть. Но на языке тождественности данное «что-то» – и есть ты.

Мы должны прибегнуть к лингвистическому анализу, потому что Шри Раманы нет в живых, и мы не представляем, понимал ли его переводчик, что Рамана имел в виду, и правильные ли он подобрал слова. Даже если бы он говорил это непосредственно нам, есть вероятность неправильного понимания. Единственный способ уловить истинный смысл – сравнить его слова со священными писаниями и посмотреть, насколько они подходят к ним. Данное интервью будет полезно многим искателям, но не подружит меня со множеством последователей Шри Раманы, достигшего в последнее время статуса божества. Ведь у вашего бога стопы не могут быть из глины.

Он был реализованной душой и человеческим существом наивысшего достоинства. Но для дальнейшего разговора у нас есть лишь его слова, и я не хочу, чтобы мои слова рассматривались как мое мнение о его учении, хотя, конечно же, так оно и будет. Моя идея заключается в обсуждении Шри Раманы в свете духовного контекста, в котором имело место его просветление.

Давай покритикуем данное утверждение еще немного. В начале, что означают слова «**погрузился в**»? Это слова опыта. Они указывают на личность, имеющую особый вид переживаний, в данном случае блаженство. Следующая интересная фраза – «**стал единым с ним**». Что она означает? Какого рода упомянутое «становление»? Если оно переживаемое, то переживание блаженства заканчивается из-за того, что переживающего больше нет. В единстве, в недвойственности, субъект и объект, необходимые для опыта, отсутствуют. Если кто-то собирается утратить опыт **«океана блаженства»**, как он сольётся с Истинным Я? В этом мало смысла.

Вот почему традиция *бхакти* (преданности) насмехается над традицией освобождения. *Бхакта* (практикующий *бхакти*) утверждает: «Зачем мне хотеть быть Богом, если я могу переживать Бога постоянно?». Это убедительный довод, однако в нем не учитывается то, что человек может быть Богом и переживать Бога. Противоречие присутствует только тогда, когда есть неверное понимание природы Бога и эго.

Но что, если указанное «становление» – наступление понимания? Под ним я подразумеваю распознание, что субъект (ум-эго, тот, кто испытывает блаженство) и объект (блаженство) – одно. Блаженство – распространенное, но неточное слово для описания Истинного Я из-за его эмпирического характера. Один из способов, которым данное понимание можно описать на языке опыта, – это сдвиг, при котором передний план, эго, которое переживало Истинное Я в форме блаженства, становится задним планом, а Истинное Я, будучи объектом опыта, становится передним планом, «я». То есть теперь «я» является Истинным Я и смотрит «на» эго, которое смотрит «в» Него. Когда происходит такой сдвиг, «я» мгновенно распознается как Истинное Я. Отождествление «я» с эго-умом заканчивается раз и навсегда. С этого момента нет ни заднего, ни переднего плана, ни «на», ни «в». Ум очищен от этих «духовных» концепций.

В общедоступном смысле под *видехамукти* обычно подразумевают «освобождение при смерти тела». Зачем ждать, пока тело умрет, чтобы осознать Истинное Я, в то время как Оно всегда присутствует при жизни? Это освобождение при смерти – всего лишь убеждение. Смерть – лишь убеждение. Фактическое значение данного термина – «свобода от тела». «Ви» означает «без», «дехи» – «тело», «мукти» – «освобождение». То есть этот термин не эмпирический, это утверждение знания: когда ты осознаешь, что ты – не тело, ты свободен. Если знание, пришедшее к человеку о том, что он – не тело, твердое и устойчивое – это просветление. Мы можем включить в понятие «тело» и ум-эго, потому что оно также является телом, хотя и тонким. Плоть (тело) означает «воплощенный». Данный опыт и знание, которое приходит с ним, означает, что с этого момента ты больше не воплощенный. Тела – в Истинном Я, но само Истинное Я – не в телах. Вот почему процесс называют освобождением.

Ты всегда был Истинным Я. Это как распознание.

Правильно.

Оно всеохватывающее.

Да, Оно есть у каждого.

Момент, когда волна погружается в океан и перестает быть волной.

Да, но – вот и знаменитое «но» – волна может существовать. Если в океане есть волна, ты знаешь, что она не только независимая волна, но также и океан. Она не будет волной, если не будет океаном. Волна зависит от океана, но океан не зависит от волны. Таким образом, даже если волна есть, это не влияет на океан. Просветление не уничтожает опыт двойственности. Человек просто осознает, что опыт зависит от него, Истинного Я, но он всегда свободен от опыта. Деятельность в мире с этим знанием отличается от деятельности в мире без него.

Правильно. То, что ты говоришь, – очень важно. Твои слова полностью противоречат убеждениям многих людей. Это существенный момент. Недавно ко мне пришла женщина, весьма обеспокоенная тем, что она ничего не могла сделать со своим умом. Она была убеждена, что должна полностью уничтожить свой ум.

Все эти «учения» опустошают людей и не дают никакого вдохновения, они откровенно ошибочны. Однако тебе необходимо «убрать с дороги» некоторые моменты ума – твои неврозы, связывающие тебя «нравится» и «не нравится» – для этого необходимо проделать определенную работу. Вот почему Шри Рамана поощрял *садхану* (духовную практику). Вот почему *веданта* говорит то же самое. Уму необходимо быть спокойным, но это не означает, что мир должен уйти, а ум – полностью исчезнуть. Он может, но всегда себя восстанавливает.

Если Самореализация возможна когда ум не существует, то Истинное Я и ум пребывают в реальности одного порядка, как, например, болезнь и здоровье. Если ты здоров, ты не болен. Но священные тексты говорят, что это не так. И опыт показывает, что это не так.

Истинное Я может быть непосредственно познано при функционирующем уме. Истинному Я не нужны никакие знания. Уму они нужны чтобы четко функционировать. Если он охвачен сильным *раджасом* (активностью) и *тамасом* (тупостью), то познать Истинное Я невозможно.

То есть ум переживает Истинное Я? Похоже, что это противоречит сказанным тобою ранее словам?

Хорошо подмечать видимые противоречия. Ответ: и да, и нет. То, что переживается, – отражение Истинного Я в *саттвичном* (спокойном и умиротворенном) уме. *Саттвичный* ум подобен хорошо отполированному зеркалу, Истинное Я освещает его и поэтому Его можно там ощутить. «Прямого опыта» может и не быть, так как ум и Истинное Я пребывают в различных порядках реальности – Истинное Я более тонко, чем ум. Шри Рамана дал определение исследованию как «**удержание ума на Истинном Я**», что означает сохранять внимание на Его отражении в *саттвичном* уме.

Причина, по которой ты удерживаешь свое внимание на Истинном Я, – желание получить знание, после его обретения можно расслабиться. Ты пытаешься выяснить, что это и какое отношение оно имеет к тебе. И если ты предан, то есть не вовлекаешься в *васаны*, время от времени возникающие в уме, то рано или поздно (и это неизбежно) наступит момент «Ага!». И это «Ага!» – просто распознание, что то, что я переживаю, и есть «я», а не некое отличное от моего сознание.

После того, как знание «я есть Истинное Я» обретено, ты больше не исключаешься из переживания Истинного Я. До тех пор, пока ты переживаешь опыт Истинного Я, пока думаешь: «Я здесь, Истинное Я – там, и я его ощущаю», ты исключаешь себя из Него. В *Гите Арджуна* испытывает страх при виде космической формы *Кришны*, потому что он не включен в него. Он отделил себя от видения. Если бы он видел себя в этом видéнии, это не было бы для него проблемой.

Лакшмана Свами был прямым учеником Шри Раманы (см. Главу 3). Он по-прежнему живет здесь, в Тируваннамалае. Вот что он говорит на тему Самореализации и просветления:

> «Преданные могут собственными усилиями достичь безусильного и свободного от мыслей состояния. Вот чего они могут достичь самостоятельно. В таком состоянии мысли, желания или воспоминания не возникают. После его достижения пойди и сядь в присутствии реализованного существа, сила Истинного Я вернет остаточное "я" к своему источнику, где оно умрет и больше никогда не возникнет. Это полная и завершенная реализация. В этом – роль *гуру*, внутренне единого с Истинным Я – привлечь свободный от желаний ум к сердцу, где полностью его уничтожить».

Снова язык *йоги*, который необходимо рассмотреть. Заметь, я не за и не против любого языка. Следует лишь знать, что в действительности означают слова, и увидеть, являются ли они лучшими для раскрытия сути. *Йогины*, скорей всего, говорят про те же самые вещи, что и *ведантисты*. Но то, как *сиддха* (тот, кто достиг сверхъестественных способностей), вроде Лакшманы Свами, использует слова, отличается от слов обычного человека, потому что он знает, к чему на самом деле относятся эти слова. И для тех, кто еще не просветлен и использует слова для направления своей *садханы*, они должны быть очень тщательно рассмотрены. Потому что на таких тонких уровнях опыта способ, которым ты размышляешь о вещах, может усилить или разрушить твое стремление.

Я собираюсь рассмотреть эти слова буквально и быть немного строгим к утверждению Лакшманы Свами, без какого-либо неуважения. Рассказывая про чистое *саттвичное* состояние, он говорит: «В таком состоянии мысли, желания или воспоминания не возникают». Согласен. Затем он продолжает: «После его достижения пойди и сядь в присутствии реализованного существа...»

Что не так в данном предложении? Если желания не возникают, как можно пойти и «сесть в присутствии реализованного существа»? Чтобы сделать это, должно присутствовать желание. При отсутствии желаний ничего бы не происходило, так как желание мотивирует действие. Без него ты даже не почешешь укус комара на носу. Шри Рамана говорил, что вполне возможно выполнять Самовопрошание при наличии в уме мыслей. На самом деле ты выполняешь Самовопрошание, только когда в уме есть мысли, потому как исследование касается обретения способности различать, познания Истинного Я и его отношения к уму. Если нет мыслей, нет и ума; если нет ума, то нет и инструмента, с помощью которого совершается вопрошание.

С точки зрения духовности желания являются проблемой, только если они связывают. С несвязывающими желаниями все хорошо. Даже «Йога-сутры», авторитет в этой области, проводят различие между ограничивающими и неограничивающими *васанами*. Здесь все верно. Они, в сущности, говорят то же самое, что и писания – что необходимо иметь в определенном роде подготовленный ум. Не будем играть словами – то ли ум должен быть без мыслей, то ли иметь лишь немного светлых, не отвлекающих мыслей. Говорится, что чистого ума недостаточно, необходим *гуру*. *Веданта*, Наука Самоисследования, согласится с этим.

Он утверждает, что когда ты находишься в присутствии реализованного человека: «...сила Истинного Я вернет остаточное "я" к своему источнику, где оно умрет и больше никогда не возникнет». Когда ум полон страсти и отуплен, он находится в присутствии Истинного Я, но не знает об этом. Когда ум очищен до уровня, про который говорит Лакшмана Свами, он уже находится в присутствии Истинного Я. Это будет единственной вещью помимо ума, а он, будучи настолько тонким, блестяще преломит свет сознания, тем самым сделав Самореализацию неизбежной. Даже если у человека есть сильное стремление просветлеть, почему бы ему, имея это желание, не призвать силу Истинного Я, чтобы Оно заставило ум вернуться «...к своему источнику, где он умрёт и больше никогда не возникнет»? Предположительно, человек пройдёт через такую трудную *садхану* лишь при желании освобождения, поэтому Истинное Я будет хорошо осведомлено о стремлении ищущего.

Таким образом, зачем искать реализованную душу? У Шри Раманы не было *гуру* и его ум был активным, однако он осознал Истинное Я. Если бы его ум не был активным, он бы не смог симулировать смерть и отследить мысли и чувства относительно неё (см. Главу 5).

Другая проблема идеи о свободном от мыслей уме – то, что ум уже является Истинным Я. Если реальность недвойственна, и есть такая вещь как чистый ум, то он должен бы быть Истинным Я. Здесь не имеется в виду, что ум будет уничтожен и не возникнет вновь, а что неведение ума – это убеждение в том, что существует что-либо, отличное от Истинного Я, и оно разрушится в присутствии *гуру* и никогда не возникнет. Данное неведение, а не сам ум делает из ума проблему. Если ум Свами имеет в виду неведение, то у меня нет претензий к его утверждению.

То, что я собираюсь сказать сейчас, очень важно. Видно, что проблемой является неведение, а не недостаток опыта Истинного Я. Вот почему Шри Раману называют *гуру*. Потому что *гуру* устраняет неведение. Стоит рассмотреть само слово: «Гу» означает тьма, «ру» – устранение. Темнота – символ неведения. Что уничтожает тьму? Свет. Свет – символ знания. Получается, что ты идёшь к *гуру* получить знания, а не своего рода постоянное переживание Истинного Я. Похоже, что данное утверждение говорит о том, что у реализованной души есть особая сила, которая магическим способом просветляет. Мы не можем быть уверены, потому что рядом нет Лакшманы Свами, который бы разъяснил нам свое утверждение.

Я попросил у Лакшманы Свами подтверждения, но он не ответил и не встретился со мной.

Если рассматривать его утверждение буквально, то мы можем его воспринять как неверное, потому что он использует ум, чтобы рассказать нам о просветлении. Если бы его ум был мертв и «никогда не возникал», как бы он сделал это утверждение? Предположительно, он рассказал это, потому что желал просветить нас о просветлении. Если бы его свободный от желаний ум был уничтожен силой Истинного Я, он бы не смог сделать это утверждение по двум причинам. Во-первых, у свободного от устремлений ума не возникло бы желание просветить кого-либо, и, во-вторых, если бы такой ум был уничтожен, как бы он сказал что-либо? Люди разговаривают, потому что они хотят разговаривать. Возможно, он был разрушен и воссоздал себя, но с другим пониманием? Как мы можем знать?

Я не спорю с утверждением Лакшманы Свами, я согласен с тем, что человеку необходим *гуру* для того, чтобы он осознал, кто он. Возникает вопрос: что *гуру* должен сделать и какова природа опыта, который он называет просветлением?

Когда я рассматриваю любое утверждение, даже то, которое на первый взгляд кажется странным, прежде чем отвергать, я смотрю, с какой точки зрения оно может быть верным. Лишь немногие учат язык, и это, вероятно, относится ко многим просветленным. Поэтому такой человек как Лакшмана Свами, которого почитают как реализованную душу, скорей всего знал, о чем говорил. По крайней мере, это то, что случилось с ним по его прибытии к Шри Рамане. Или, возможно, это был лучший способ выразить свой опыт просветления.

Давай рассмотрим следующее предложение: «...сила Истинного Я вернет остаточное "я" к своему источнику, где оно умрет и больше никогда не возникнет. Это полная и завершенная реализация».

Про какую силу идет речь? Какую-то особую мистическую силу, которая есть только у просветленных?

В *ведической* духовной науке есть три вида *шакти*, или силы: *джняна шакти, иччха шакти* и *крия шакти*. *Иччха шакти* означает желание. *Крия шакти* означает действие и *джняна шакти* – сила знания. Это не может быть сила желаний, потому что, как уже было сказано, ищущий долго и усердно трудился для того, чтобы освободиться от желаний. Это не может быть сила действий, так как ум уже мертв. Поэтому примем, что он имеет в виду силу знания. Это то, чего может недоставать человеку, приходящему к *гуру*. Если освобождение – освобождение от неведения, что Истинное Я ограничено, тогда знание необходимо. Блаженный, мертвый, не желающий ум – все еще не просветленный ум.

Следует ответить еще на несколько вопросов, чтобы данное утверждение имело смысл. Что означает «остаточное "я"»? Что означает «вернет»? Как сила знания заставит остаточное «я» вернуться к его источнику? И какого рода эта смерть?

Я думаю, что единственно разумное объяснение «остаточного "я"» – эго, которое не знает, что оно – безграничная осознанность. Поэтому «возвращение» – не физическое или чувственное путешествие, а разрушение неведения. Оно не является мистическим переживанием, но имеет колоссальные последствия в плане опыта. Стирание неведения имеет важные последствия, потому что переживаемый тобой опыт не имеет значения в отрыве от того, как ты его интерпретируешь. Объяснение зависит от твоих ценностей, а они зависят от того, что ты знаешь и чего ты не знаешь, то есть от твоего неведения. Таким образом, когда неведение относительно твоей тождественности устранено, ты интерпретируешь опыт таким, какой он есть, а не согласно своему неведению, то есть убеждениям или мнениям. Когда ты видишь вещи таковыми, какими они есть, твои страдания прекращаются.

В любом случае, «источник» означает Истинное Я. То есть

возвращение – осознание, что остаточное «я» и Истинное Я тождественны. Данное понимание «уничтожает» остаточное «я». Какого рода это разрушение? Это устранение веры в эго, в остаточное «я» как свою единственную тождественность. Можно по-прежнему функционировать как индивидуальность в мире при отсутствии чувства двойственности. По существу, без него функционируешь идеально. Даже если оно остается, то остается как мираж после понимания, что воды нет. Эго полностью стирается. Священные тексты сравнивают такое состояние со сгоревшей веревкой: она выглядит как веревка, но связать никого не может.

Я бы хотел сделать еще одно замечание относительно последнего предложения. Он говорит, что роль *гуру*: «...привлечь свободный от желаний ум к сердцу, где полностью его уничтожить». Снова следует посмотреть на значение слов. Но вначале необходимо разобраться с одним очевидным противоречием: почему свободный от желаний ум должен быть уничтожен? Понятно, почему человек хочет избавиться от наполненного желаниями ума, – но от ума, свободного от них? Освобожденный от желаний ум – цель для многих. Например, в буддизме просветление определяется как свободное от желаний состояние ума. Слово *нирвана* означает свободный от желаний ум. Более того, зачем хотеть освободится от свободного от желаний ума, чтобы достичь свободного от желаний Истинного Я. Оно – *нирвана*, свобода от страсти, желаний. «Нир» имеет значение «нет», «вана» – огонь, пламя.

Данное предложение может иметь смысл, если только подразумевает, что чистый ум – помеха на пути к просветлению. *Веданта* говорит, что привязанность к чистому уму препятствует просветлению, но как сила некого внешнего *гуру* может устранить твою привязанность к чему-либо? Это можешь сделать только ты, потому что она принадлежит лишь тебе.

Это утверждение является превосходным примером проблем, возникающих при использовании языка опыта. Предоставим Лакшмане Свами презумпцию невиновности и решим, что его неправильно процитировали или перевели, и он подразумевал, что *гуру* устранит неведение относительно того, кто ты есть. Если это так, тогда остается лишь один возможный источник потенциального недопонимания: что это собирается сделать *гуру*. Действительно кажется, что это делает *гуру*. Однако, необходимо усвоить один урок из просветления Шри Раманы, который применим в равной мере ко всем просветленным существам: *гуру* может показать тебе Истинное Я, но ты самостоятельно должен осознать Его. Если бы *гуру* мог просветлять, то каждый подготовленный человек, у которого был реализованный *гуру*, незамедлительно бы просветлел. Но традиция просветления практически умерла бы. И у тебя не было бы уверенности, необходимой для просветления других, потому что ты сам бы себя не реализовал, как Шри Рамана или любой другой просветленный.

Таким образом, разрушение ума, о котором он говорит, – на самом деле разрушение неведения?

Веданта говорит, что разрушается неведение, не желания. Действительно, незнание того, что человек полноценен и совершенен, порождает безрассудные и ненужные желания. И от них необходимо освободиться, если ты хочешь иметь ясный ум. Он необходим, если ты хочешь осознать, кто ты. Но определенные желания приемлемы. В *Бхагават Гите*, священном тексте освобождения со статусом *Упанишад*, просветленный *Кришна* говорит: «Я – желание, которое не противоречит *дхарме* (путь Истины)». То есть у него просветленный ум с присутствующими в нем желаниями.

По словам Лакшманы Свами, если есть желание, то осознать Истинное Я невозможно.

Да, но затем он противоречит себе. При мертвом уме, про который он говорит, желаний не возникает вообще – так зачем же идти к просветленному человеку получать что-то? Желание делает ум живым.

Шанкара и вся традиция *веданты* говорит, что необходим способный различать, бесстрастный, тихий ум с пылким желанием к освобождению. Если ты обладаешь таковым, то сможешь понять, что ты – сознание, и знание установится. При тихом уме возможно уловить знание. Тебе необходима способность к различению, чтобы разобраться в тонких моментах внутреннего Истинного Я. Требуется бесстрастие, чтобы эмоции и предубеждения не пустили под откос твое вопрошание. Создается впечатление, что необходимо иметь довольно много ума – только не возбужденного ума. Шри Рамана осознал Истинное Я очень активным умом. Он совершил небольшой ритуал, в процессе которого пользовался логикой.

Ты утверждаешь, что человек, следующий идее не-ума, не может достичь просветления?

Нет, я говорю, что это не единственный способ. Этот довод похож на религиозное утверждение христиан: к Богу можно прийти только через Христа, и другие методы не работают. Я утверждаю, что в определенный момент следует перешагнуть за пределы идеи о пути, следовании конкретным убеждениям, в особенности идеи о том, что ум должен полностью умереть. Люди часто пытаются убить его, со временем сдаются, и иногда сворачивают на путь понимания.

Предполагается, что препятствия, стоящие на пути, должны быть устранены.

То же самое говорит буддизм, в котором присутствуют те же идеи *йоги*. Необходимо устранить все бессознательные тенденции. Когда их не стало – это просветление.

На это могут уйти годы, даже жизни.

Конечно могут. Ты себе не представляешь, как их много. Собираешься ли ты избавиться от них всех, даже не зная, какую огромную задачу для себя ставишь?

Но люди избавляются. Или думают, что избавляются.

На самом деле они делают что-то другое, но не осознают этого. Люди просто не могут сесть в комнате и ничего не делать. Это слишком «странно». Им необходимо оправдание. Приведу в пример рыбалку. Многим рыбакам наплевать на рыбу, им просто нравится выходить, становиться в прохладную воду, смотреть на прекрасные горы и наблюдать дикую природу. Но это не выглядит нормально. Если к человеку кто-нибудь подойдет и спросит, почему он стоит по пояс в воде, уставившись вдаль, то он окажется в затруднении и не сможет найти подходящий ответ. Поэтому он берет с собой рыболовные снасти.

Веданта говорит, что все, что тебе нужно, – устранить неведение, которое заставляет тебя верить в то, что ты эго, маленькое «я». Тогда твои *васаны* не будут тебя связывать. Таким образом, скорее неведение является причиной тому, что мысли ограничивают тебя, но не сами мысли. Ты видел водонапорную башню?

Да.

Это означает, что в твоем уме есть мысль о водонапорной башне.

Хорошо, пока я тебя понимаю.

Что ты чувствуешь относительно нее?

Чувствую?

Правильно. Ничего. Тебе на нее наплевать. У тебя нет никакого к ней отношения. Это просто мысль у тебя в уме. Она ни помогает, ни вредит тебе. Она просто есть такая, какая есть. Мысль о башне никаким образом не ограничивает тебя. Ты изолирован от нее знанием о том, что ты не она, так же как Шри Рамана осознал, что он не тело. Он не разрушал свое тело, чтобы понять это. Он просто уничтожил его в своем уме.

Таким образом, найти человека с мертвым умом невероятно сложно?

Сложно найти утконоса. Но какой мы можем сделать вывод относительно данного факта? По сути, если у тебя мертвый ум, ты в *нирвикальпа самадхи* (высочайшее трансцендентное состояние сознания), спишь, в коме, или фактически мертв. Мы уже рассматривали *нирвикальпа самадхи*, это не освобождение. Другие состояния – определенно нет. Есть прекрасное утверждение, сделанное Буддой: «Не верь ничему, что ты прочитал, услышал, даже сказанному мной, если это не согласуется со здравым смыслом и разумом». Идея о мертвом уме полностью противоречит здравому смыслу и разуму.

По словам Шри Раманы, Истинное Я может уничтожить ум, только когда у него больше нет стремления выходить наружу, в поисках внешних объектов.

Это утверждение подразумевает, что Истинное Я уничтожит веру в то, что «извне» есть что-то, что сделает ум постоянно счастливым. Когда человек перестает верить во что-то «извне», ум автоматически направляется вовнутрь. Это называется *вайрагья*, бесстрастие. Человек становится безразличным к миру. Но это не его конец. Действительно, ум «Самореализован»; чистый ум переживает отражение Истинного Я, но по-прежнему необходимо определить: он есть то, что он переживает, либо есть что-то другое, что получает опыт. Избавление от *васан* – хорошее учение. На пути к освобождению, до определенной степени, оно необходимо. Но убеждение в том, что они все должны исчезнуть – просто неверно. Настоящая проблема – привязанность к *васанам*.

Понятно.

Я не выступаю против обращенного внутрь ума или опыта Истинного Я. Совсем нет. И, пожалуйста, занимайтесь *йогой* и наслаждайтесь всеми невероятными и сногсшибательными переживаниями Истинного Я. Все нормально. Но почему бы не сесть и быть бесконечно в Самопереживании? Самопереживание – не то, что ты делаешь, не опыт. Это твоя природа, не требуется никаких усилий.

Если опыт обособлен и не похож ни на какие другие, то он, естественно, исключит любой другой опыт, и ты больше не сможешь наслаждаться миром, потому что невозможно переживать два опыта одновременно при условии, что мир и Истинное Я взаимоисключающие. В действительности, ты непрерывно переживаешь Истинное Я, вне зависимости от того, «переживает» ли Его твой ум или нет – ты просто не осознаёшь: какой бы опыт ты ни получал в каждый момент, это является Истинным Я. Поэтому учение *веданты* пытается сделать следующее: устранить небольшое неведение – тенденцию исключать себя из своего опыта – указывая, что любые переживания имеют между собой нечто общее, «я».

Я не принимаю себя в расчет. Поэтому я не понимаю, что я – содержимое опыта. Без меня отсутствует возможность опыта. Таким образом, ценен я, но не опыт. Без меня невозможны переживания, даже такие как пустой ум, про который рассказывал Лакшмана Свами, когда все *васаны* проработаны, и остается лишь эго. Затем, согласно его словам, человеку с таким умом необходимо сесть в присутствии мастера, чтобы тот уничтожил его эго. Но давай не будем слишком пугаться, пока не поймем, что в действительности будет уничтожено. Означает ли, что эго никогда не возникнет вновь? В таком случае Шри Рамана не был просветленным, не так ли? У него было эго, тело, ум. Он ходил, разговаривал и действовал как обычный человек. Фактически, когда ты говоришь «Шри Рамана», ты представляешь человека, воплощенное в материю существо, эго. Ты не думаешь об Истинном Я, несмотря на то, что это значение его имени. Величие Шри Раманы заключается в том, что он осознал, что он не просто маленький Рамана, и принял свою тождественность как Шри Рамана – Истинное Я.

Да. Он работал на кухне и у него были очень четкие идеи о том, как должна быть приготовлена пища и каким образом должна быть выполнена каждая конкретная работа.

Да. У него были свои предпочтения, симпатии и антипатии.

Также у него был ум, способный к проектированию зданий и их постройке.

Да, мир – Истинное Я, и я – Истинное Я. Проблема в том, что мое понимание затуманено. Мне необходимо знать, что представляет собой мир, я и мои проекции. Вот и всё. Необходимо избавиться от замешательства в отношении каждого их этих трех аспектов существования. И Лакшмана Свами прав: в присутствии *гуру* понимание может прийти.

Что означает «в присутствии реализованного существа»? Что на самом деле там происходит? Как присутствие *гуру* устраняет мое замешательство? Иногда через слова. При наличии открытого ума и единственного стремления освободиться, слова – наиболее легкий способ. Иногда – просто сидя возле *гуру*, наблюдая и видя, откуда видит *гуру*, и видя, как *гуру* действует в жизни из такого места. В таком случае ты видишь, что ты в такой же позиции, которая свободна от всего – мира и твоего эго-ума. Существует много различных способов понимания. Это не значит, что *гуру* смотрит на тебя особенным образом или своей невероятной «энергией» разрушает твое эго раз и навсегда.

По словам Лакшманы Свами, ты можешь двигаться сам до определенного момента, но затем тебе необходим контакт с махатмой.

Я соглашаюсь с этим.

Но говорят, что просветление случается очень редко.

Ананда, которого считали наиболее подготовленным учеником Будды, так и не достиг просветления, будучи рядом с Буддой.

Когда ты привязан к своим *васанам*, у тебя будут подобные убеждения. Твое эго, которое есть ни что иное, как твои *васаны*, не хочет, чтобы ты верил, что это легко. Поэтому ты веришь, что должна иметь место некая невероятная эмпирическая ситуация, в данном случае – мертвый ум, которая сделает тебя совершенным и цельным, счастливым и всем остальным, что ты подразумеваешь под просветлением. Или дожидаешься чего-то, что, по твоему мнению, может дать мир – например, чью-то любовь, таким образом не принимая веру в то, что ты – это любовь. Эго – часть тебя, которая хочет, но не хочет твоей свободы. Поэтому побуждает тебя подхватывать идеи, приводящие к заключению, что просветление невероятно редкое. Конечно же, священные тексты говорят, что достичь его очень сложно, но также – что это очень легко. Это легко, если ты полон решимости и хорошо подготовлен. И очень сложно, если ты просто играешь в поиск. Ты не сможешь одновременно и сохранить, и съесть свой кусок торта!

Постоянное поддержание ума сосредоточенным на Истинном Я называется Самовопрошанием, тогда как размышление о себе как о Брахмане, который суть сат-чит-ананда (бытие-сознание-блаженство) – это медитация. В конце концов все изученное должно быть забыто.

Шри Рамана Махарши

КОММЕНТАРИИ

Вверху: *Статуя льва возле бассейна на Внешней тропе*

Слева: *Шри Рамана и теленок*

Внизу: *Шри Рамана в накидке из пальмовых листьев, 1940-е. Групповое фото, 1930-е.*

Справа: *Празднование*

Справа внизу: *Северо-западный склон Аруначалы, вид из деревни Вадайаппанур*

ГЛАВА 8

Комментарии к учению Шри Раманы «Кто Я?» (Nan Yar)

Дэвид Годман

(прямая речь Шри Раманы выделена жирным шрифтом)

В данном эссе Дэвид Годман тщательно рассматривает большинство вопросов и ответов из буклета «Кто Я?» (Nan Yar). Благодаря его обстоятельному знанию предмета комментарии Дэвида предлагают прекрасные интерпретации и дополнительные сведения, которые существенно помогут читателю понять слова Шри Раманы. Он приводит выдержки и цитаты из других текстов Шри Раманы для пояснения «Кто Я?».

Данное эссе, составленное Бхагаваном в середине 1920-х, изначально представляло собой ответы, написанные на песке в 1901 году. Многие годы оно было стандартным введением к учению Шри Раманы. Для его публикации была выделена субсидия, и переведенное на многие языки издание всегда есть в наличии в книжном магазине *ашрама*. Это дает возможность новым посетителям самостоятельно ознакомиться с практическими советами Бхагавана.

Несмотря на то, что эссе по-прежнему является стандартным пособием начального уровня для тех, кто хочет познакомиться с учением Бхагавана, отдельные части «Кто Я?» достаточно технические. Поскольку Шивапракашам Пиллай, который задавал вопросы в 1901 году, был хорошо знаком с философской терминологией, Бхагаван в своих ответах свободно пользовался техническими терминами. Я объяснил многие из них в пояснениях, чередующихся с текстом. Ответы Бхагавана из оригинального эссе и других текстов напечатаны **жирным шрифтом.** Все остальное – мои собственные комментарии и объяснения.

Поскольку разъяснения в этом эссе изначально были ответами на вопросы Шивапракашама Пиллая, я включил некоторые из них в свои комментарии. Перед началом каждого раздела «Кто Я?» я по возможности привожу вызвавший его вопрос. В конце эссе Бхагаван взял отрывки различных ответов и объединил их в несколько абзацев, из-за чего неясно, отвечает ли он на конкретный вопрос или просто делает поучительное высказывание.

Первый абзац эссе не был ответом на вопрос. Он был составлен при редактировании буклета Бхагаваном в 1920-х. Многие философские работы начинаются с утверждения о природе счастья и средствах его достижения или раскрытия. В данном представлении материала Бхагаван последовал этой традиции.

Каждое живое существо желает быть постоянно счастливым без каких-либо страданий. Поскольку в каждом ощущается сама высшая любовь к себе, и

поскольку счастье само по себе есть причина любви, то для обретения счастья, истинной природы человека, переживаемого ежедневно в состоянии глубокого сна, где нет ума, необходимо познать себя. Основное средство для достижения этого – исследование в форме вопроса «Кто Я?».

Кто Я? (В1)
«Кто Я?» Физическое тело, состоящее из семи *дхату*, не есть «Я». Пять органов чувств... и пять типов восприятия, познаваемых через чувства... не есть «Я». Пять действующих частей тела... и их функции... не есть «Я». Пять жизненных сил, таких как прана, которые выполняют пять жизненных функций, таких как дыхание, не есть «Я». Даже мыслящий ум не есть «Я». В состоянии глубокого сна сохраняются *вишая васаны*. Даже это (состояние), лишенное чувственного познания и деятельности, не есть «Я». После того, как все вышеперечисленное отброшено как «не Я, не Я», единственно оставшееся знание и будет самим Истинным Я. Природа знания – *сат-чит-ананда* (бытие-сознание-блаженство).

Васаны – ключевое слово в «Кто Я?». Они могут быть определены как «впечатления от чего-либо, бессознательно остающиеся в уме; текущее сознание прошлых ощущений; знания, происходящие из памяти; скрытые тенденции, сформированные прошлыми действиями, мыслями, речью». На английский обычно это переводят как «скрытые тенденции». *Вишая васаны* – те скрытые ментальные тенденции, которые побуждают человека потакать знаниям или ощущениям, полученным пятью органами чувств. В более широком смысле термин может также включать предание любой ментальной деятельности, такой как мечтание или фантазирование, при которой содержимое мыслей возникает из прошлых привычек или желаний.

Семь *дхату*: лимфа, кровь, мышцы, жир, костный мозг,

кости и семя. Пять органов чувств: уши, кожа, глаза, язык и нос; и пять видов восприятия или познания, называемые *вишая*: звук, прикосновение, вид, вкус и запах. Пять деятельных частей тела: рот, ноги, руки, анус, гениталии; и их функции: речь, ходьба, давание, выделение и наслаждение. Все элементы этого списка включены в оригинальный текст. Я перенес их в эту пояснительную записку, чтобы облегчить чтение.

Пять жизненных сил (*прана вайю*) не описаны в оригинальном тексте. Они отвечают за поддержание здоровья тела. Они преобразуют вдыхаемый воздух и поступающую еду в энергию, необходимую для здорового и гармоничного функционирования тела.

У этого абзаца «Кто Я?» интересная история. Изначальный вопрос Шивапракашама Пиллая был «Кто Я?», два первых слова абзаца. Ответ Бхагавана можно найти в конце абзаца: **«Знание само по себе есть "Я". Природа знания – сат-чит-ананда»**. Все остальное в этом абзаце было вставлено позднее Шивапракашамом Пиллаем в первую публикацию текста в виде вопросов и ответов в 1923 году. Слово, переведенное как «знание», является тамильским эквивалентом термина *джняна*. Таким образом, ответ на исходный вопрос следующий: «*Джняна* есть "Я" и природа *джняны – сат-чит-ананда*».

Когда Бхагаван увидел напечатанный текст, он воскликнул: «Эту часть я не давал. Как она здесь оказалась?».

Ему сказали, что Шивапракашам Пиллай добавил дополнительную информацию, включающую длинный список физических органов и их функций, для более ясного понимания ответа. Когда Бхагаван написал «Кто Я?» в форме эссе, он сохранил эти дополнения, но настоял, чтобы типография выделила исходные ответы жирным шрифтом с тем, чтобы последователи смогли отличить их.

Эта вставка не дает правильного представления об учении Бхагавана о Самовопрошании. В следующей беседе («Беседы с Шри Раманой Махарши», беседа № 197) Бхагаван объясняет, как следует выполнять Самовопрошание, и почему подход «не Я, не Я» не продуктивный:

В: Я начинаю спрашивать себя: «Кто Я?», исключая тело как «не-Я», дыхание как «не-Я», ум как «не-Я», но не могу продвинуться дальше.

Б: Что ж, это предел способностей интеллекта. Ваш процесс исключительно интеллектуальный. Действительно, все писания упоминают этот процесс лишь для того, чтобы направить искателя к познанию Истины. Непосредственно на Истину указать невозможно. Потому это интеллектуальный процесс.

Понимаете, тот, кто исключает «не-Я», не может исключить «Я». Чтобы сказать «Я не это» или «Я есть То», должно быть «я». Это «я» и есть само эго, или «я»-мысль. Все остальные мысли появляются лишь после возникновения этой «я»-мысли. Следовательно, она – корневая мысль. Если корень удалить, то одновременно будут искоренены и все остальные мысли. Поэтому ищите корень «я», спрашивая себя «Кто Я?». Найдите источник, и тогда все прочие идеи исчезнут, оставляя чистое Истинное Я.

Не может ли Истинное Я быть осознано, пока мир есть (воспринимается как реальный)?[В5]
Нет, не может.

Почему? (В6)
Если ум, являющийся причиной всего знания и всех действий, утихает, тогда восприятие мира прекращается. (Если человек воспринимает веревку, воображая, что это змея) восприятие веревки как субстрата не произойдет, пока не уйдет восприятие змеи, которое было наложено на него. Аналогично, восприятие истинной природы человека, субстрата, не будет достигнуто до тех пор, пока не прекратится восприятие мира, являющееся наложением.

Какова природа ума? (В8)

То, что называют «умом», который проецирует все мысли – удивительная сила, пребывающая в Истинном Я, в истинной природе человека. Если мы отбросим все мысли и посмотрим, (чтобы увидеть, что останется, когда нет мыслей, то увидим, что) нет такой сущности как ум, пребывающей отдельно (от этих мыслей). Поэтому сама мысль является природой ума. Поэтому отдельно от мыслей не существует такой вещи как «мир». В глубоком сне нет мыслей и нет мира. В состояниях бодрствования и сновидений мысли существуют и существует мир. Точно так же, как паук выпускает из себя паутину и снова ее втягивает, так и ум проецирует из себя мир и затем снова растворяет его в себе. Когда ум выделяется из Истинного Я, появляется мир. Следовательно, когда мир появляется, Истинное Я не видимо, когда же Истинное Я появляется, или сияет, мир не появляется.

Если настойчиво исследовать природу ума, то, в конце концов, выяснится, что (то, что принималось за) ум в действительности является исключительно Истинным Я. То, что называют Истинным Я, в действительности есть *Атман*, истинная природа человека. Существование ума всегда зависит от чего-то плотного, он не может существовать сам по себе. Именно ум называют *сукшма шарира* (тонкое тело) или *джива* (душа).

В чем состоит путь исследования для понимания природы ума? (В9)

То, что возникает в физическом теле как «я», есть ум. Если вопрошать: «В каком месте в теле первоначально возникает это "я"?», тогда выяснится, что в *хридаям*. Это место зарождения ума. Даже если человек непрерывно думает «я, я», вопрошание приведет к этому месту. Из всех мыслей, возникающих в уме, «я»-мысль – первая, только после этой (мысли) могут возникать другие мысли. Только после появления местоимения первого лица появляются местоимения второго и третьего лица. Без первого лица не может существовать ни второго, ни третьего.

Хридаям обычно переводится как «Сердце», но оно не связано с физическим сердцем. Бхагаван использовал его как синоним Истинного Я, указывая в некоторых случаях, что термин может быть разделен на две части: *хрит* и *аям*, которые вместе означают «это есть центр». Иногда он мог сказать, что «я»-мысль возникает в *хридаям* и в конечном счете снова утихает там. Иногда он также указывал, что духовное Сердце находится внутри тела, с правой стороны груди, при этом он часто уточнял, что это верно только с точки зрения тех, кто отождествляет себя с телом. Для *джняни*, осознавшего Истинное Я, *хридаям* или Сердце нигде не расположено, или везде, потому что оно за пределами всех пространственных концепций. Следующий ответ («День за днем с Бхагаваном», 23-5-46) обобщает точку зрения Бхагавана на этот счет:

Я прошу вас увидеть, где возникает в вашем теле «я», но на самом деле не совсем правильно говорить, что «я» возникает и растворяется в правой стороне груди. Сердце – это еще одно название для Реальности, и оно ни внутри, ни снаружи тела. Для него не может быть ни «внутри», ни «вовне», так как оно само по себе есть... пока человек отождествляет себя с телом и думает, что он в теле, советую ему смотреть, где в теле появляется и снова исчезает «я»-мысль.

Намек на это также можно найти в этом абзаце «Кто Я?» в предложении, где Бхагаван просит учеников спрашивать себя: «В каком месте тела первоначально возникает "я"?».

Обычно слово *идам*, переведенное здесь как «место», только это и означает, однако Бхагаван часто использовал его в более широком смысле для обозначения состояния Истинного Я. Например, далее в эссе он пишет: «Место (*идам*), в котором не существует даже малейшего следа "я", есть *сварупа* (истинная природа человека)».

Таким образом, когда Бхагаван писал «В каком месте...», он не обязательно указывал, что следует искать «я» в конкретном месте. Напротив, он говорил, что «я» возникает из безмерного Истинного Я, и его источник следует искать там.

Как однажды он сказал Капали Шастри (Sad Darshana Bhashya, стр. XVII-XIX): «Тебе следует стараться получить опыт, а не определить его местоположение».

Как ум станет неподвижным? (В10)
Ум стихнет только благодаря вопрошанию «Кто Я?». Мысль «Кто Я?» уничтожит все остальные мысли и, подобно палке для перемешивания погребального костра, в конце концов, сама будет уничтожена.

Какой существует метод для постоянного удержания мысли «Кто Я?» И что такое джняна дришти? (В11)
Когда возникают другие мысли, нужно не пытаться их завершить, а спрашивать: «К кому они приходят?». Какая разница, сколько появляется мыслей? В тот момент, когда возникает каждая мысль, следует усердно спрашивать: «К кому пришла эта мысль?». Будет приходить ответ: «Ко мне». Далее, вслед за вопросом «Кто Я?», ум вернется к своему источнику и возникшая мысль утихнет. Повторяя практику таким образом, ум постепенно обретет силу пребывать в своем источнике. Когда тонкий ум движется вовне через интеллект и органы чувств, появляются плотные имена и формы. Но когда он пребывает в Сердце, имена и формы исчезают. Не позволять уму выходить вовне и удерживать его в Сердце называется «обращенностью к Истинному Я», или «обращенностью вовнутрь». Позволение уму

> выходить из Сердца известно как «обращенность вовне». Когда ум пребывает в Сердце таким образом, «я», корень всех мыслей, (исчезнет). Когда он исчезнет, засияет одно лишь вечно существующее Истинное Я. Состояние, при котором не остается даже малейшего следа «я»-мысли, является самóй *сварупой* (истинная природа человека). Именно оно называется *мауной* (молчание). И такое пребывание в безмолвии может быть названо *джняна дришти* (видение через истинное знание). «Быть безмолвным» означает сделать так, чтобы ум затих в Истинном Я. С другой стороны, способности знать чужие мысли, три времени (прошлое, настоящее и будущее) и события на расстоянии – все это никогда не будет *джняна дришти*.

Слово *сварупа* – другое ключевое слово в тексте, означающее «настоящая природа» или «истинная форма» человека. Каждый раз, когда в тексте появляется фраза «настоящая природа человека» – это перевод слова *сварупа*. Бхагаван периодически использовал его как синоним Истинного Я, указывая на то, что Оно – не что-либо, чего можно достичь или добиться. Напротив, это то, чем на самом деле является и чем всегда был человек.

Для описания Истинного Я Бхагаван также использовал слово *мауна*:

> *В: Что такое* мауна *(молчание)?*
> О: Состояние, превосходящее речь и мысли есть *мауна*... То, что есть, это *мауна*. Мудрецы говорят, что состояние, в котором мысль «я» не возникает даже в малейшей степени, само по себе есть *сварупа*, что означает *мауна*. Это безмолвное Истинное Я есть сам Бог... (Be As You Are, стр. 13)

В *джняне*, состоянии Самопознания или Самореализации, не существует ни того, кто видит, ни видимого объекта. Есть только ви́дение. Видение, которое имеет место в этом состоянии, называется *джняна-дришти* и является как истинным видением, так и истинным познанием. Поэтому его называют «видением через истинное познание».

В книге («День за днем с Бхагаваном» 17-10-46) Бхагаван указывает, что такое видение – настоящее бытие, и что не следует его ограничивать или путать с деятельностью органов чувств, имеющей то же название: «**Вы – Истинное Я. Вы существуете всегда. Невозможно ничего утверждать об Истинном Я, кроме того, что Оно существует. Видеть Бога или Истинное Я означает лишь быть Богом или своим Истинным Я. Ви́дение – это бытие**».

Та же концепция была изящно сформулирована средневековым мистиком из Германии Майстером Экхартом. В одной из своих проповедей он заметил: «Глаз, которым я вижу Бога, – тот же глаз, которым Бог видит меня. Мой глаз и глаз Бога – одно и то же, они едины в ви́дении, едины в познании».

Какова природа Истинного Я? (В16)
Только Истинное Я, подлинная природа человека – лишь это одно реально существует. Мир, индивидуальная душа и Бог являются наложениями на него, подобно (иллюзорной видимости) серебра в перламутре. Все три появляются и исчезают одновременно. Само Истинное Я есть мир, само Истинное Я есть «Я», само Истинное Я есть Бог. Всё суть *Шива*, Истинное Я.

В начале абзаца Бхагаван говорит, что, по сути, мир, душа и Бог – иллюзорные явления. Дальше он указывает, что все три они – Истинное Я и поэтому реальны. Это следует рассматривать скорее как парадокс, чем как противоречие. Следующий ответ (Guru Ramana, изд. 1974 г., стр. 65) разъясняет точку зрения Бхагавана:

Шанкара был раскритикован за его взгляд на *майю* (иллюзию), будучи непонятым. Он сказал, что (1) *Брахман* (Истинное Я) реален, (2) Вселенная не реальна, и что (3) *Брахман* – это Вселенная. Он не остановился на втором, потому что третье объясняет первые два. Это означает, что Вселенная реальна, если она воспринимается как Истинное Я, и не реальна, если воспринимается отдельно от Истинного Я. Следовательно, *майя* и реальность – одно и то же.

Видеть имена и формы – значит воспринимать неправильно, потому что в Истинном Я, единой реальности, ничего не существует. Поэтому если мир имен и форм видим, тогда он обязательно должен быть иллюзорным. Бхагаван объясняет это в стихе 49 «Гуру Вачака Ковай»:

> Как огонь застилается дымом, так и сияющий свет сознания затмевается скоплением имен и форм. Когда сострадательной божественной милостью ум становится ясным, природа мира будет познана не как иллюзорные формы, а исключительно как реальность.

Есть ли другие методы успокоения ума? (В12)
Для успокоения ума не существует удовлетворительного метода, кроме Самовопрошания. Если контролировать ум другими методами, тогда он будет находиться в кажущемся состоянии покоя, но он все равно вырвется. Например, благодаря *пранаяме* (контроль дыхания) ум успокоится, но он останется под контролем лишь до тех пор, пока контролируется *прана* (см. предыдущий комментарий). Когда же *прана* выходит наружу, ум также выйдет вовне и будет блуждать под влиянием *васан*. Источник у ума и у *праны* один и тот же. Мысль как таковая составляет природу ума, и «я»-мысль, первичная мысль ума, представляет собой *ахамкару* (эго).

Откуда берет начало эго, именно оттуда и возникает дыхание. Поэтому, когда успокаивается ум, тогда успокаивается и *прана*, а когда успокаивается *прана*, тогда и ум становится спокойным. Однако, несмотря на то, что в глубоком сне ум стихает, *прана* не останавливается. Это устроено таким образом согласно божественному плану для того, чтобы тело сохранялось, и окружающим не показалось, что оно мертвое. В состоянии бодрствования и *самадхи*, когда ум стихает, *прана* успокаивается. *Прана* – плотная форма ума. До момента смерти ум сохраняет *прану* в теле, но когда тело умирает, ум принудительно удаляет ее. Поэтому *пранаяма* – лишь вспомогательное средство для контроля ума, но она не приведет к его разрушению.

Согласно *Упанишадам*, *прана* – основа жизни и сознания. Это дыхание жизни всех существ во Вселенной. Они рождены благодаря ей, живут ею и когда умирают, их индивидуальная *прана* растворяется в космической *пране*. Обычно *прана* переводится как «дыхание» или «жизненное дыхание», но это лишь одно из многих ее проявлений в человеческом теле. Она впитывается дыханием, едой, а также *прана вайю* (упомянутыми ранее) и становится энергией, поддерживающей тело. Поскольку она усваивается через дыхание, распространено мнение, что *праной* в теле можно управлять, контролируя дыхание.

Согласно философии *йоги*, с чем соглашаются и другие учения, ум и *прана* глубоко связаны. Собирательный термин для всех умственных способностей – *читта*, который включает в себя:

а) *манас* (ум), обладающий вниманием и способностью делать выбор;

б) *буддхи* (интеллект), который обосновывает и определяет различия;

в) *ахамкара*, индивидуальное чувство «я», иногда упрощенно переводится как «эго».

Читта, согласно философии *йоги*, стимулируется *праной* и *васанами* и движется по направлению к более мощной из этих сил. Вот почему *йогины* придерживаются мнения, что контролируя дыхание, которое косвенно управляет потоками *праны*, они контролируют *читту*. Далее в эссе Бхагаван приводит свою точку зрения на этот счет.

Упоминание *самадхи* требует некоторого объяснения. Согласно Бхагавану («Гуру Вачака Ковай», стих 898): «**Самадхи – состояние, при котором неподвижный ум достигает непрерывного переживания существования**». В другом месте («Беседы с Шри Раманой Махарши», беседа № 391) он говорит проще: «**Держаться за реальность – это *самадхи***».

Хотя иногда Бхагаван говорил, что человек в *самадхи* переживает Истинное Я, но такое *самадхи* не представляет собой постоянной реализации. Это временное состояние, в котором ум либо полностью неподвижен, либо временно бездействует.

Следующая часть – продолжение ответа на предыдущий вопрос.

Есть ли другие методы успокоения ума? (В12)
Как и контроль дыхания, медитация на форму Бога, повторение священных слов, регулирование диеты – всего лишь вспомогательные средства для контроля ума. С помощью медитации на форму Бога или повторения священных слов ум становится сфокусированным в одной точке. Хобот слона находится в непрестанном движении, но когда слону дают в хобот держать цепь, он будет идти своим путем, держась за цепь, вместо того, чтобы пытаться хватать хоботом все подряд. Сходным образом, когда постоянно блуждающий ум натренирован держаться за любое имя или форму Бога, он будет оставаться верным этому. Из-за того, что ум рассеивается бесчисленными мыслями, каждая мысль слабеет. По мере того, как мысли затихают все больше и больше, достигается однонаправленность (ума). Ум, который обрел силу таким образом, легко придет к успеху в

Самовопрошании. Из всех предписаний наилучшее – принимать *саттвичную* пищу в умеренных количествах. Благодаря этому *саттвичное* качество ума усилится, что поможет в Самовопрошании.

Саттвичная диета представляет собой вегетарианскую пищу, исключающую стимулирующие вещества: острый перец, табак, алкоголь, и блюда чрезмерно кислые, соленые или острые.

Некоторые индийские учения считают, что ум состоит из трех изменяющихся компонентов, называемых *гуны*:

а) *саттва*, чистота или гармония;
б) *раджас*, активность;
в) *тамас*, инертность или вялость.

Поскольку тип поглощаемой пищи влияет на качество ума, *несаттвичная* пища повышает *раджас* и *тамас*. *Саттвичный* ум наиболее желателен. Одна из целей духовных практик – увеличить *саттвичный* компонент за счет *раджаса* и *тамаса*.

> *Возможно ли растворить* вишая васаны, *идущие с незапамятных времен, и оставаться Истинным Я?*
> *(В14)*
> **Несмотря на то, что** *вишая васаны*, **повторяющиеся снова и снова с давних пор, возникают в бессчетном количестве как волны в океане, все они погибнут по мере того, как медитация на свою истинную природу будет становиться все более интенсивной. Не оставляя даже места для сомнения: «Возможно ли разрушить все эти** *васаны* **и быть только лишь Истинным Я?», – следует настойчиво и неотступно продолжать медитировать на собственную истинную природу. Каким бы большим грешником ни был человек, вместо того, чтобы причитать: «Увы, я грешен! Как же я смогу достичь освобождения?», ему следует отбросить саму мысль о том, что он грешен.**

Тот, кто укрепился в медитации на свою истинную природу, несомненно будет спасен.

Как долго следует практиковать вопрошание? Что такое непривязанность? (В15)
Пока в уме остаются *вишая васаны*, необходимо вопрошать «Кто Я?». Как только мысли появляются, все они должны быть уничтожены тотчас же с помощью Самовопрошания в самом месте их возникновения. Не уделять внимание ничему, кроме себя, – это непривязанность или отсутствие желаний; не выходить из Истинного Я – это *джняна* (истинное знание). В действительности, оба они (непривязанность и отсутствие желаний) – одно и то же. В точности как ловец жемчуга, привязав к поясу камень, ныряет в море и достает со дна жемчужину, так и каждый, обладая непривязанностью и глубоко нырнув внутрь себя, может добыть жемчужину Истинного Я. Если человек непрерывно возвращается к воспоминанию о своей истинной природе до тех пор, пока он не достигнет Истинного Я, то одного этого будет достаточно. До тех пор, пока в крепости есть враги, они будут продолжать атаковать. Если их уничтожать по мере появления, то крепость падет к нашим ногам.

Может ли Бог или Гуру освободить душу? (В20)
Поистине Бог и *Гуру* не отличаются. Точно так же, как жертве, попавшей в пасть тигра, уже не убежать, так и тот, кто оказался под лучами милости *Гуру*, никогда не будет покинут. Тем не менее, человек должен неукоснительно следовать пути, указанному *Гуру*. Сдаться Богу означает оставаться укорененным в пребывании в Истинном Я и не давать ни малейшей возможности для возникновения какой-либо мысли, кроме как об Истинном Я. Сколько бы тягот мы ни переложили на Бога, он вынесет все. Поскольку

единая правящая сила совершает все действия, то почему вместо того, чтобы уступить ей, мы должны думать: «Я не должен поступать так; я должен поступать этак»? Если мы знаем, что поезд везет весь груз, тогда зачем нам мучиться, сев на поезд и держа на голове свой небольшой багаж, если можно его положить и чувствовать себя легко и комфортно?

В последних трех частях Бхагаван использовал три термина: медитация на свою истинную природу (*сварупа-дхьянам*), памятование о своей истинной природе (*сварупа-смарани*) и мысль об Истинном Я (*атма-чинтанай*). Они были использованы для определения процесса, с помощью которого человек осознаёт Истинное Я. Не следует понимать, что это означает необходимость пытаться сфокусировать свое внимание на Истинном Я, поскольку Истинное Я не может быть объектом размышлений. Благодарственный стих в «Улладу Нарпаду» объясняет, что Бхагаван подразумевал под этими терминами. В нем задается вопрос: «Как медитировать на ту реальность, которая называется Сердцем?». Поскольку эта реальность – единственно существующая, ответ следующий: «Пребывать в Сердце таком, каким оно есть в действительности – истинная медитация». Другими словами, человек может быть Сердцем, «пребывая как есть», но не может переживать его как объект внимания.

Эта интерпретация подтверждается последней выдержкой из «Кто Я?», где Бхагаван приравнивает *атма-чинтанай* (мысль об Истинном Я) к *атма-ништа* (пребывание в Истинном Я).

Далее в эссе Бхагаван в том же ключе отмечает: «Постоянное поддержание ума сосредоточенным исключительно на Истинном Я может называться Самовопрошанием».

Что такое счастье? (В24)
То, что называется счастьем, – это сама природа Истинного Я. Счастье и Истинное Я не отличаются. Существует только счастье Истинного Я, лишь оно

реально. Ни в одном (из многих) объекте внешнего мира нет никакого счастья. Мы верим, что они приносят нам счастье, вследствие *авивеки* (недостаточной способности к различению, неспособности определить правильное). Когда ум идет вовне, он испытывает страдание. В действительности, когда наши мысли (то есть наши желания) исполняются, ум возвращается к своему источнику и переживает одно лишь Истинное Я. Таким образом ум блуждает без остановки, появляясь, покидая Истинное Я, и (позже) возвращаясь в него. В тени дерева находиться очень приятно, вне ее – обжигающая жара. Человек, попав в тень после пребывания на солнце, чувствует прохладу. Через некоторое время он снова выходит, но не в силах вынести палящий зной, возвращается под дерево. И так он занят тем, что выходит из тени на жаркое солнце, а затем возвращается с солнца в тень. Поступающий таким образом человек – *авивеки* (не имеющий способности к различению), потому что человек, способный различать, никогда не выходит из тени. Подобным образом, ум *джняни* уже никогда не покидает *Брахман*. А ум человека, не осознавшего Истинное Я, страдает, блуждая в мире, и лишь на короткое время возвращается в *Брахман*, чтобы насладиться счастьем. То, что называется «мир», – всего лишь мысли. Когда мир исчезает, то есть мысли отсутствуют, ум испытывает блаженство. Когда мир появляется, ум испытывает страдание.

Не все ли является деянием Господа? (В17)
Благодаря просто лишь присутствию солнца, которое восходит без желания, намерения или усилия, увеличительное стекло испускает горячий луч света, лотос расцветает, люди начинают, делают и заканчивают свою работу. Рядом с магнитом движется иголка. Так и благодаря лишь влиянию присутствия Бога, не имеющего *санкальпы*

(намерение совершить что-либо), дýши, управляемые тремя или пятью божественными функциями, выполняют и прекращают свои действия согласно с их соответствующей *кармой*. И все же Он (Бог) – не тот, у кого есть *санкальпа*, и ни одно действие никогда не затронет его. Это (неприкосновенность) можно сравнить с тем, как земные действия не затрагивают Солнце, или как достоинства и недостатки первоэлементов (Земля, Вода, Огонь и Воздух) не влияют на всепроникающий Эфир.

Санкальпа означает «решимость», «воля», «намерение». У Бога нет личной *санкальпы*. Иными словами, Он не решает и даже не думает о том, что Ему следует делать. И хотя зрелые преданные «расцветают» благодаря Его присутствию, так происходит не потому, что он принимает решение ниспослать свою благодать этим нескольким счастливчикам. Его присутствие доступно всем, но только зрелые превращают это в реализацию.

Три божественных функции: создание, поддержание, разрушение. Пять божественных функций: первые три плюс сокрытие себя и дарование благодати. Согласно многим священным текстам индуизма Бог создает, поддерживает и, в конце концов, разрушает мир. Пока мир существует, Бог прячет в нем от людей свою истинную природу, скрывая ее силой *майи*, иллюзии. Одновременно он излучает благодать, поэтому зрелые ученики могут приподнять завесу иллюзии и осознать Его таким, какой Он есть на самом деле.

Есть польза в чтении книг для тех, кто стремится к освобождению? (В23)
Все писания говорят, что для достижения освобождения необходимо привести ум в состояние неподвижности. Поэтому суть этих учений состоит в необходимости успокоить ум. Как только это становится понятно, нет смысла в бесконечном чтении. Для познания ума человеку необходимо

лишь исследовать самого себя, кто он есть. Как (можно себя) познать, если вести поиск в книгах? Следует познать себя своим оком мудрости. Разве (человек, которого зовут) Рама нуждается в зеркале, чтобы узнать, что он Рама? Это «я» существует внутри пяти оболочек, а книги находятся снаружи их. Это то «я», которое необходимо исследовать. Поэтому тщетно пытаться отыскать его в писаниях, игнорируя даже пять оболочек. Только вопрошание «Кто есть я, находящийся в оковах?» и познание своей истинной природы является освобождением.

При Самовопрошании человек исследует природу и источник индивидуального «я», а не всепроникающий *Атман*. Если «Я» пишется с большой буквы, оно указывает на Истинное Я, *Атман*, если с маленькой – оно обозначает индивидуальность.

Пять оболочек или *кош* окутывают и содержат внутри себя индивидуальное «я»:

1. *аннамайя-коша*, пищевая оболочка, соответствующая физическому телу;
2. *пранамайя-коша*, оболочка *праны*;
3. *маномайя-коша*, оболочка ума;
4. *виджнянамайя-коша*, оболочка интеллекта;
5. *анандамайя-коша*, оболочка блаженства.

Вторая, третья и четвертая оболочки составляют тонкое тело (*сукшма шарира*), в то время как пятая, называемая каузальным телом, соответствует состоянию индивидуального «я» во время сна.

Индивидуальное «я» функционирует посредством пяти оболочек. Практикующие разновидность *садханы* (духовной практики) «нети-нети» (не это, не это) отрицают свою связь с пятью оболочками способом, описанным во втором абзаце «Кто Я?». Идея этой практики заключается в том, что если человек отвергает все мысли, чувства и ощущения как «не-Я», тогда Истинное Я в конечном счете засияет в форме, не ограниченной оболочками.

> **Постоянное поддержание ума сосредоточенным на Истинном Я называется Самовопрошанием, тогда как размышление о себе как о *Брахмане*, который суть *сат-чит-ананда* (бытие-сознание-блаженство) – это медитация. В конце концов все изученное должно быть забыто.**

Человек может различить разные уровни опыта в практике Самовопрошания. В начале предпринимаются попытки устранить мимолетные мысли с помощью концентрации и поиска изначальной «я»-мысли. Это стадия, которую Бхагаван описывал ранее в эссе: человек сражает всех врагов, мысли, по мере их появления из крепости ума. Если человек преуспевает в этом на любой промежуток времени, тогда «я»-мысль, лишенная новых мыслей, к которым она может себя присоединить, начинает затихать, и тогда человек переходит на более глубокий уровень опыта. «Я»-мысль опускается в Сердце и временно остается там, пока из-за остаточных *васан* она не поднимется вновь. Это вторая стадия, которую Бхагаван имеет в виду, говоря: «**поддержание ума сосредоточенным на Истинном Я называется Самовопрошанием**». Большинство практикующих Самовопрошание охотно согласятся, что такое у них случается редко, но тем не менее, согласно учению Бхагавана, поддержание ума в Истинном Я следует считать промежуточной целью на пути к полной реализации.

Интересно отметить, что Бхагаван ограничил термин «Самовопрошание» этой фазой практики. Это необычное определение он приблизительно повторил, отвечая Капали Шастри:

В: Если я буду упорно отвергать мысли, можно ли это назвать вичарой *(Самовопрошанием)?*
О: Это может быть ступенькой. Но настоящая *вичара* начинается, когда ты крепко держишь себя

и находишься уже за пределами движений ума, мысленных волн. (Sad Darshana Bhashya, 1975, стр. IX)

Следующий оптимистичный ответ Бхагавана об удержании ума в Сердце может воодушевить тех практикующих, кто часто чувствует, что подобный опыт с ними никогда не произойдет:

> В: *Как долго ум может оставаться или удерживаться в Сердце?*
> О: Длительность периода увеличивается по мере практики.
> В: *Что произойдет в конце этого периода?*
> О: Ум возвращается к текущему обычному состоянию. Единство в Сердце заменяется множеством воспринимаемых феноменов. Это называется обращенным вовне умом. Пребывающий в Сердце ум называется покоящимся.
> Когда человек ежедневно все больше и больше практикует таким способом, тогда ум становится исключительно чистым благодаря удалению его недостатков. Практика становится столь легкой, что очищенный ум погружается в Сердце сразу после начала исследования. (Be As You Are, стр. 66)

Бхагаван отметил, что «размышление о себе как о *Брахмане*, ... это медитация», а не вопрошание. Традиционная *садхана* в *адвайте* следует пути отрицания и утверждения. Метод отрицания подразумевает, что человек постоянно отвергает все мысли, чувства и ощущения как «не-Я». При методе утверждения человек предпринимает попытки развивать отношение «я есть *Брахман*» или «я есть Истинное Я». Последний способ, как и все остальные техники, где практикующий концентрируется на идее или форме, Бхагаван называет «медитацией». Он относится ко всем подобным методам как к косвенным и второстепенным по отношению к Самовопрошанию.

В: *Не будет ли утверждение Бога в себе более действенным, чем поиски «Кто Я?» Первое – положительно, а второе – отрицательно. Более того, оно указывает на разделенность.*

О: Поскольку вы хотите узнать способ реализации, этот совет дается, чтобы вы нашли свое Истинное Я. Ваши поиски метода свидетельствуют о вашей разделенности.

В: *Не лучше ли говорить: "Я – Всевышний", чем спрашивать: «Кто Я?».*

О: Кто утверждает? Должен быть тот, кто делает это. Найдите его.

В: *Но разве медитация не лучше, чем исследование?*

О: Медитация подразумевает мысленные образы, в то время как исследование касается реальности. Первое – объектно, тогда как второе – субъектно.

В: *В этом вопросе должен быть научный подход.*

О: Избегать нереального и искать реальность – это научно.

(«Беседы с Шри Раманой Махарши», беседа № 338)

Необходимо ли тому, кто ищет освобождения, исследовать природу таттв? *(В21)*
Так же, как бесполезно перебирать мусор, который должен быть весь выброшен, так же напрасно желающему познать себя подсчитывать количество и исследовать свойства *таттв*, скрывающих Истинное Я, вместо того, чтобы отбросить их все сразу.

Индийские философы разделили проявленный мир на множество различных сущностей или категорий, называемых *таттвами*. У различных школ мысли разные перечни *таттв*, некоторые из них чрезмерно длинные и сложные. Бхагаван советовал своим последователям пренебрегать всеми подобными классификациями на том основании, что, поскольку возникновение мира само по себе иллюзия, то рассмотрение его составных частей по отдельности — бесполезное занятие.

Есть ли разница между бодрствованием и сном? (В22)
Следует рассматривать Вселенную как сновидение. За тем исключением, что бодрствование длится долго, а сон короткий, разницы нет (между двумя состояниями). Насколько кажутся реальными все события во время бодрствования, настолько же реальными в тот момент кажутся события, происходящие во сне. Во снах ум принимает другое тело. В состояниях как бодрствования, так и сна, мысли и имена-и-формы появляются одновременно.

Я закончу эти комментарии ответом на вопрос, который уже приводился:

Возможно ли растворить вишая васаны, идущие с незапамятных времен, и оставаться Истинным Я? (В14)
Ум не разделяется на два вида — хороший и плохой; есть лишь один ум. Это только *васаны* бывают благоприятные и неблагоприятные. Когда ум находится под влиянием благоприятных тенденций, его называют хорошим, когда же он под влиянием неблагоприятных тенденций, его считают плохим. Какими бы плохими ни казались другие люди, не следует испытывать к ним ненависть. Как к влечению, так и к отвращению следует относиться с отвращением. Не следует позволять уму надолго задерживаться на мирских вопросах. Насколько возможно, не следует вмешиваться в дела других. Все, что человек дает другим, он дает только себе. Понимая эту истину, кто откажется отдавать другим? Если индивидуальное «я» появляется — возникает все вокруг, если индивидуальное «я» утихает, то и все вокруг также утихает. Чем смиреннее мы себя

ведем, тем лучше будут результаты. Если человек может непрерывно контролировать ум, он может жить где угодно.

Самовопрошание напрямую ведет к Самоосознанию, устраняя преграды, которые заставляют тебя думать, что Истинное Я все еще не осознано.

Шри Рамана Махарши

КОММЕНТАРИИ

Вверху: вид на южный склон Аруначалы с Перумпаккам Роуд

Слева: Шри Рамана и Кариянур Натеша Свамигал из Esanya mutt (слева)

Внизу: Столовая ашрама сегодня

Справа: Шри Рамана с обезьяной в ашраме

ГЛАВА 9

Как выполнять Самовопрошание

Практические советы к фрагментам «Кто Я?» (Nan Yar) из сатсанга с Пренанандой

[прямая речь Шри Раманы выделена жирным шрифтом]

Глава взята непосредственно из сатсанга с Пренанандой. Он обращает наше внимание на тот факт, что мы всегда занимаем свой ум какой-нибудь историей. Когда мы освобождаем пространство, становясь безмолвными и спокойными, Истинное Я раскрывается. Он приглашает нас к осознанию нашей обусловленности и привязанности к своим мыслям – «мои мысли», «моя жизнь». В этой главе обсуждаются и поясняются вопросы и ответы из «Кто Я?» (Nan Yar), где Шри Рамана рассказывает о Самовопрошании. Пренананда доступно объясняет как практиковать Самовопрошание, не оставляя сомнений в отношении его выполнения. Глава усеяна цитатами Шри Раманы о Самовопрошании.

Постоянное удержание ума на одном лишь Истинном Я называется Самовопрошанием.

Шри Рамана Махарши

Мы – Истина, мы есть то, что ищем. Она прямо здесь, совсем рядом. Даже не рядом. Мы и есть эта Истина. Когда люди открывают эту Истину, они смеются, потому что смотреть на всех остальных, занятых своей драмой под названием «моя жизнь», невероятно смешно. Немного похоже на собаку, гоняющуюся за своим хвостом. Собака никак не поймет, что хвост – ее часть, и чем сильнее она гонится, тем сильнее хвост убегает.

Это невероятное заблуждение. Люди считают, что хвост каким-то образом отделен и думают, что стоит им заполучить правильное учение, как они обнаружат, где находится хвост, и тогда смогут прилепить его обратно к собаке. То, что вы ищете, – это вы, и оно всегда существует. Это было всегда, даже когда вы были детьми. А теперь, будучи взрослыми, вы утеряли с ним контакт. Об этом вы никогда не должны забывать. Вы есть то, что ищете.

Сатсанг (встреча в Истине) всецело посвящен тому, как вернуться туда, где вы пребывали после рождения. Тогда вы были абсолютно присутствующими, не имея никакого багажа «моей жизни», ни прошлого, ни будущего. Жизнь просто происходит от момента к моменту. Мы голодны – нам нужно молоко, а если что-то выходит с другой стороны, оно просто выходит. Если есть свет, он привлекает глаз – все очень просто.

Очень важно осознать, что единственное, что не позволяет нам просто присутствовать здесь, – то, что мы называем «собой». То есть вся информация на «жестком диске» нашего «компьютера», нашего «видеопроектора» – все те старые «фильмы», которые мы постоянно смотрим. Только они не позволяют познать нашу истинную природу. Необходимо что-то простое, что служило бы нам напоминанием о возвращении к источнику, к своему началу. Нам нужно лишь легкое напоминание. Нет необходимости в большом учении.

Когда моего учителя Пападжи спросили: «В чем состоит

твое учение?», он ответил: «Будь тихим!». Все его учение сводилось к «Будь тихим!». Если быть тихим, тогда без каких-либо действий мыслей становится все меньше и меньше. Когда ты направляешь внимание на эмоцию или ощущение в теле, прими его, не пытайся бороться с ним или изменить его, просто прими его, и – Пшик! – оно исчезнет как по волшебству. Ты ничего не сделал. Ты перенес свое внимание вовнутрь, в это место. Ты ничего не делаешь, а просто принимаешь его. Пшик! – и оно исчезло.

Будучи шестнадцатилетним школьником, у Шри Раманы произошло спонтанное пробуждение. Он сбежал из дома к святой горе Аруначала и провел там всю свою оставшуюся жизнь, никогда не покидая ее (см. Главу 1). Вначале, после пробуждения, он не знал, что с ним произошло. Он был очень молод, никто ему не рассказал о том, что случилось, и ему даже в голову не пришло об этом спросить. Позже он рассказывал, как думал, что у него страшная болезнь, и если это было так, то она ему нравилась! Он не мог сопротивляться притяжению святой горы, Аруначалы.

У подножия горы стоит огромный храм *Шивы*, один из пяти наиболее значимых храмов юга Индии. Сразу же по прибытии в Тируваннамалай он пришел в храм, выбросил свои последние вещи и полностью погрузился в Истинное Я, не обращая внимания на внешний мир. В храме люди поддерживали его, давали ему еду и защищали.

Несколькими годами позже образованный преданный Шивапракашам Пиллай нашел Шри Раману, когда тот жил в пещере Вирупакша, и расспросил о его учении. В то время Шри Рамане было приблизительно двадцать два, и на тот момент он уже около трех лет прожил на горе, в одиночестве и молчании. Результатом его расспросов стал небольшой буклет, состоящий из двадцати восьми вопросов и ответов.

Он очень маленький и уместится в кармане. Буклет называется «Кто Я?» (Nan Yar). Следуя самым разным духовным традициям, со всеми их различными техниками, в итоге вы придете к этому вопросу о «Я». Он о том, что мы верим в ложное «я», в видео под названием «Моя жизнь».

Мы верим в то, что я – это все эти необычайные убеждения, суждения и желания, полный пакет, который я называю «моя жизнь». Но это не правда, это всего лишь ложная идея.

Самовопрошание начинается с перенаправления внимания с внешнего мира вовнутрь. Мы становимся Самоосознанными. Мы наблюдаем. Это возможно, только если ум успокоился. Если же он постоянно заполнен мыслями, то Самовопрошание нам ничего не даст. Шри Рамана обрисовал четкую методику для интенсивного практикования Самовопрошания в повседневной жизни, чтобы успокоить ум у его источника.

> **Вам следует задать себе вопрос: «Кто Я?». Это исследование приведет вас в итоге к открытию внутри себя чего-то, находящегося за умом. Решите эту огромную проблему, и вы решите все остальные проблемы.**
>
> *Шри Рамана Махарши*

Мы рассмотрим вопросы и ответы из буклета, который непосредственно указывает, как практиковать Самовопрошание. Слова Шри Раманы выделены жирным шрифтом. Полная версия буклета приведена в Главе 4.

То, что я называю Истинной Природой, в буклете названо Истинным Я. Вы можете называть это Высшее Я, или Бог. «Мир» подразумевает мысли, чувства и все объекты (включая людей), которые можно ощутить пятью органами чувств.

Шри Раману спросили:

Когда будет достигнута реализация Истинного Я? [B4]
Когда мир как то-что-видимо будет устранен – наступит реализация Истинного Я, которое является Видящим.

Не может ли Истинное Я быть осознано, пока мир есть (воспринимается как реальный)? [B5]
Нет, не может.

Сказано очень ясно и шокирующе, поскольку он говорит, что если ты хочешь познать Истинное Я, необходимо распознать иллюзию – то, чем на самом деле является мир. Также он говорит, что пока мир есть, ты не осознаешь Истинное Я. Это означает: то, что мы воспринимаем как мир, на самом деле не такое незыблемое, как кажется. Все наше обуславливание заключается в том, что мир реален таков как есть, что он незыблем, и что мы – отдельная часть этого мира. Для того, чтобы познать Истинное Я, необходимо увидеть иллюзорность мира, который мы принимаем за реальный.

Те, кто познал вкус, или у кого произошел проблеск Истинного Я, или нашедшие Его, знают, что это правда. Это не означает, что в действительности, например, Премананда не видит никаких деревьев в саду. Я их вижу. Я даже вижу вас, сидящих здесь. В этом плане мир выглядит таким же, как и раньше, но кое-что меняется. Когда мы сливаемся с Истинным Я, то это как будто вся наша осознанность находится в этой неподвижности. Мир будто бы исчезает. Мы познаем мир лишь через наши ощущения, но когда мы глубоко погружаемся в Истинное Я, мы уже не так заняты собственными ощущениями. Мир как будто растворяется и становится похожим на тень.

Никакие слова, которыми я мог бы это описать, не имеют смысла, потому что ум не в состоянии понять подобное. Если вы сравнительно недавно познакомились с этим, ваш ум может просто взбеситься. Он не может уловить, не правда ли? Ум совершенно не способен осмыслить такое. Понимание должно исходить из вашего собственного существа, более глубокого, чем ум.

Когда люди приходят на *сатсанг*, они успокаиваются и оставляют свои истории и драмы на два-три часа. Они отбрасывают привязки к своим историям и приходят к безмолвию. Но затем они возвращаются на работу, к семьям, отношениям, к повседневной жизни. Даже во время прогулки присутствует некое коллективное суждение о жизни, которым мы обуславливались в течение многих лет. Мы опять подхватываем все эти невидимые структуры и снова оказываемся в кинофильме под названием «Моя жизнь».

Мгновенно спокойствие, похоже, растворяется, и мы говорим: «Ах, *сатсанг* не сработал». Но он не может не сработать, потому что мы являемся этим безмолвием. Оно – наша природа. Она должна сработать. Она всегда работает, мы просто не знаем об этом.

Необходимым условием для познания Истинного Я является достижение тихого состояния ума через духовную практику. У большинства людей ум настолько возбужден, они так отождествлены со своей историей, что просто не остается пространства, в котором бы могло сработать Самовопрошание. Должна быть проделана определенная работа, затрачено время на познание ума и его успокоение. Важно прийти к *саттвичному* уму, ясному и спокойному. Такому уму доступно понимание Истины.

Поэтому *сатсанг* безусловно работает. Он совершенно великолепен своей простотой. Он невероятно прост, и это полная перемена, революция, потому что вам ничего не нужно из внешнего мира. Вам ни от кого ничего не нужно. У вас там, внутри, всё есть, всё. Вся мудрость вселенной, все знание, вся любовь, все находится прямо здесь, внутри вас. Я говорю «внутри», но на самом деле оно не внутри. Это все находится вокруг и пронизывает вас.

Как оставаться в контакте с этим спокойствием? Вот рекомендация Шри Раманы в виде ответа на вопрос:

10. Как ум станет неподвижным? [B10]
Вопрошая «Кто Я?». Мысль «Кто Я?» уничтожит все остальные мысли и, подобно палке для перемешивания погребального костра, в конце концов, сама будет уничтожена. Тогда и наступит Самореализация.

В Индии при кремации тел умерших используют палку, чтобы все сгорело дотла. В последнюю минуту ее также бросают в огонь, поэтому ничего не остается. То же самое и с Самореализацией. Вопрос «Кто Я?» действует как палка в костре, он уничтожает все остальные мысли. Рамана говорит:

«**Тогда и наступит Самореализация**». Когда все мысли уничтожены, Самореализация просто есть.

> «Настойчиво продолжайте вопрошание в течение всего времени бодрствования. Этого будет вполне достаточно. Если вы будете продолжать вопрошать вплоть до засыпания, вопрошание продлится и во время сна. Как только проснетесь, сразу же снова приступайте к вопрошанию».
>
> *«День за днем с Бхагаваном»*, Д. Мудалиар

Вчера, когда мы вместе практиковали вопрошание, на встречу все пришли с некоторым волнением в теле. Возможно, чувствовалось небольшое давление в груди или другие телесные ощущения, быть может, некоторый страх или иные эмоции, или было много мыслей. Вы ехали на машине или решали что-то по телефону. Затем мы все успокоились.

Мы сидели вместе двадцать, тридцать минут и становились все более и более спокойными. Ни разговоров, ни обсуждений. Затем я попросил каждого посмотреть: «Что там, внутри?». Вначале люди обнаруживали мысли, чувства, потому что мы всегда что-нибудь ищем. Смотря на небо, мы всегда видим облака, самолет, солнце, луну или звезды ночью. Мы никогда даже не замечаем синеву неба, так как наш ум запрограммирован всегда искать что-то. То же самое происходит, когда мы смотрим вовнутрь. Мы всегда ищем что-то – мысль, чувство, телесные ощущения, что-нибудь.

В действительности же то, что мы ищем на самом деле, – Истинное Я – просто пустое ничто. Лишь огромное пустое пространство, как бескрайнее небо, без оттенков, на котором ничего нет. Просто пустота. Как необъятный темный океан. Иногда люди переживают это как свет, однако большинство переживает это как некий сияющий черный океан. Если вы оказываетесь в нем, тогда даже несколько мыслей уже не имеют значения. Они могут появляться и исчезать, как пузырьки в океане. Они не причиняют никакого беспокойства.

Но мы очень легко привязываемся к миру. Случается какая-то

драма с детьми, или из-за сильного дождя начинает протекать крыша. Тогда возникает драма по поводу вызова мастера на дом. Где взять денег, чтобы ему заплатить? Приходит большой телефонный счет... Очень легко оказаться захваченным миром. Нам необходим какой-то способ вернуться из мира в океан, обратно к источнику.

Какой существует метод для постоянного удержания мысли «Кто Я?» [B11]
Когда возникают другие мысли, нужно не следовать за ними, а спросить: «К кому они приходят?». Не имеет значения, сколько появляется мыслей. При возникновении каждой следует усердно спрашивать: «К кому пришла эта мысль?». Будет приходить ответ: «Ко мне». Далее, вслед за вопросом «Кто Я?», ум вернется к своему источнику и возникшая мысль успокоится. Повторяя практику таким способом, ум разовьет навык пребывания в своем источнике.

«Когда возникают другие мысли, нужно не следовать за ними ...» Что он имеет в виду, говоря «не следовать за ними»? Обычно, когда в нашей голове возникает какая-нибудь мысль, например: «Обед!», мы сразу же думаем: «Что на обед? – Рыба – Где купить рыбы?». Затем: «Как добраться до рыбного магазина? – Ой, мой велосипед сломан!». И вскоре первоначальная мысль об обеде уже увела нас далеко, и мы думаем, как одолжить велосипед у друга. (Смех) Все началось с мысли об обеде, и теперь мы размышляем: «Как же мне одолжить у друга велосипед?». Понимаете? Не следуйте за мыслью. Приходит мысль: «Обед». Это нормально, никаких проблем, затем она исчезнет.

Если вы глубоко успокоитесь, то сможете увидеть, как мысли возникают из ниоткуда. Присутствует неподвижность, океан, и внезапно из него появляется мысль. Обычно мы берем ее и говорим: «Это моя мысль, я ее подумал. Я думаю про обед». Но фактически это просто мысль. Мы очень привязаны ко всем мыслям. «Это мои мысли». Но на самом деле это неправда.

Это просто мысли. Поэтому Шри Рамана говорит: не следуй за мыслями. Мысль об обеде придет, а затем уйдет. За ней придет другая мысль, «футбол», и так далее.

Вопрос из зала: Когда же кушать?

Когда ты голоден.

Когда голоден. Это не то же самое что размышления об обеде?

Нет. Ты просто проживаешь день, и когда тело нуждается в еде, ты чувствуешь голод. Все обустроено. Тело устроено наподобие будильника, и когда оно голодно, ты об этом знаешь. Но, конечно же, мы, человеческие существа, превратили подобные вещи в программу. Обед в час дня, чай в пять, ужин в семь. Но в действительности ты можешь просто довериться своему телу. Когда тело устало, ты ложишься спать. Может быть, ты захочешь спать в четыре часа дня или в одиннадцать вечера. Это может меняться. Когда тело устало, ты можешь поспать. Когда тело проголодалось, ты ешь.

Шри Рамана говорит: «**Когда возникают другие мысли, нужно не следовать за ними…**». Это очень важно. Не углубляйся в мысли, не привязывайся к ним. Не следуй от обеда к велосипеду друга. Относись к мысли просто как к мысли, а не как к своей мысли. Без привязанности. Напротив, он говорит: «**При возникновении каждой следует усердно спрашивать: "К кому пришла эта мысль?"**». Ты не интересуешься мыслью. Ты не интересуешься ею, будь она про обед, про деньги или новую девушку. Ты не интересуешься ни ее качеством, ни содержанием. Ты заинтересован лишь задать вопрос: «К кому пришла эта мысль?». Ответом будет: «Ко мне». Ответ всегда будет «ко мне» из-за нашей полной привязанности к «я – моя жизнь».

Затем он говорит: «**Далее, вслед за вопросом "Кто Я?"** (или "Кто этот я?"), **ум вернется к своему источнику…**». Таким образом, это два вопроса. Вы спрашиваете: «"К кому пришла эта мысль?". Будет приходить ответ: "Ко мне". Далее, вслед за вопросом "Кто Я?" (или "Кто этот я?"), ум вернется к своему источнику, и возникшая мысль (не имеет значения, о чем она) успокоится. Повторяя практику таким способом, ум разовьет навык пребывания в своем источнике». Если ты продолжаешь интенсивно вопрошать, спустя некоторое время ум станет более спокойным, мыслей будет не так много, ум привыкнет просто быть тихим.

Поначалу будет присутствовать некоторая борьба, но со временем Самовопрошание заработает само по себе. При интенсивной практике спустя некоторое время не будет необходимости задавать два вопроса. Наступит момент, когда одного вопроса или даже сокращения «кто» будет достаточно для напоминания. Одно напоминание, и ты возвращаешься к спокойствию.

Также Шри Рамана советует на начальных этапах Самовопрошания сидеть с закрытыми глазами. Как только ты закрываешь глаза, шестьдесят процентов мира исчезает. Тогда у тебя остаются только мысли, звуки, некоторые эмоции и телесные ощущения. Вначале можно сделать из этого практику: сесть, смотреть вовнутрь и выполнять Самовопрошание. Как только исследование с закрытыми глазами освоено, ты готов внести Самовопрошание в повседневную жизнь.

> Откуда это «я» возникает? Ищи его внутри – тогда оно растворится. Это поиск мудрости. Когда ум непрерывно исследует свою собственную природу, обнаруживается, что не существует такой сущности как ум. Это прямой путь для всех. Ум – это только мысли. Для всех мыслей «я»-мысль является источником. Поэтому ум – это только лишь «я»-мысль.
>
> *Шри Рамана Махарши*

Шри Рамана предлагает очень древнюю мудрость, и она крайне проста. По его словам, проживая свой обычный день, нам не нужно ничего менять. Все происходящее в нашей повседневности может быть использовано для возвращения к источнику. Вождение машины, мытье посуды, размышления –

все это может быть использовано для возвращения в океан. Могут иметь место какие-то эмоции: кто-то неправильно со мной обошелся, я злюсь, я не чувствую любви. Опять-таки, все они могут быть использованы для возвращения к источнику. Нам не нужно принимать все за реальное. В любом случае, эмоции всегда меняются. В эту минуту мы разгневаны, а в следующую все прошло. Нам грустно, и это тоже проходит.

Он говорит, что вам не нужно менять свою жизнь. Можно просто принять, что ваша жизнь представляет собой возможность постоянного возвращения к источнику. Это совершенно другой взгляд на нашу жизнь. Обычно мы смотрим на жизнь как на имеющую смысл; Рамана же говорит, что смысл заключается в том, чтобы использовать повседневные вещи в мире для возврата к источнику. Если в этом у вас недостаточно опыта, тогда такая рекомендация может показаться несколько сложной.

Я еще раз поясню шаги. Выполняя Самовопрошание, ты спрашиваешь: «Кто ведет машину? Я – Кто этот Я?». У второго вопроса нет умственного ответа, потому что нет никакого смысла говорить: «Человек ведет машину». Ты просто остаешься тихим и видишь, как возвращаешься к безмолвию. Может быть не сразу, но если упорно продолжать, ум возвращается к спокойствию. «Кто готовит обед? – Я – Кто этот Я?» И ты возвращаешься вовнутрь. «Кто устал? – Я – Кто Я?».

Вопрос из зала: Нужно не цепляться за второй вопрос? Не продавливать его?

Просто оставь его. Просто смотри вовнутрь, и ты обнаружишь, что после некоторой практики ты придешь к пустому пространству, где ничего не происходит. Фактически, источник – это пустое пространство. Наша истинная природа – не все эти мысли, идеи, желания, а просто пустота. Она – как потенциал, и когда что-то происходит в нашей жизни, из этого потенциала мы действуем, говорим, думаем. С точки зрения функционирования в уме нет ничего неправильного. Если нам нужно добраться из пункта А в пункт Б, нам необходим ум, чтобы провести нас по городу. При необходимости он просто активируется и ведет нас. Но мы заинтересованы в том, чтобы быть непривязанными к обусловленному уму, постоянно и бесконечно думающему о том, что не имеет значения, о прошлом или будущем.

Да, это обманчиво, потому что создается впечатление, что есть выбор: либо иметь ум, либо не иметь его.

Да, когда ты слышишь о не-уме, может сложиться представление, что у тебя внезапно исчез ум, что его нет. Но в таком случае ты должен быть мертв. Ум необходим для функционирования. Чтобы подняться по лестнице, нужен ум, который определит, насколько высоко поднять ногу. Нам не нужен ум, который от мысли про обед движется к мысли о велосипеде друга или, прогуливаясь в парке, будет размышлять о прошлогоднем отпуске, когда каждый день лил дождь, еда была отвратительная, а моя девушка ушла с моим лучшим другом. Какой был ужасный отпуск! Нам не нужна обусловленная часть ума, полная старых историй.

Второе, что могу сказать: если человек занимается вопрошанием интенсивно, то, скорее всего, в результате его плотный, тяжеловесный ум станет гораздо легче, тоньше, что приблизит человека к моменту пробуждения. Я не говорю, что если вы будете практиковать Самовопрошание в течение шести месяцев, вы пробудитесь, но вопрошание может увеличить ваши шансы.

Позвольте привести пример. Год назад на *сатсанг* начала приходить женщина. То, что она услышала, соответствовало ее собственным представлениям, даже несмотря на то, что родители многие годы пытались избавить ее от этих представлений посредством терапии. Она чувствовала резонанс с *сатсангом* и ей было интересно. Она начала практиковать Самовопрошание. Будучи очень сфокусированной личностью, она обладала смышленым умом, склонным к деталям. Поехав в отпуск на Канарские острова, сидя на скалах, она каждый день в течение двух недель очень интенсивно занималась Самовопрошанием.

Также, что очень важно, у нее внутри присутствовало страстное желание пробудиться, выйти из сна. На самом деле она никогда не верила в сон, но ее родители всегда говорили: «Этот сон реален; еще немного терапии, и ты сможешь верить в него так же, как и мы». Затем, внезапно, на скалах, у нее произошло переживание, похожее на смерть, конец. Все стало черным, как будто она умирала. На самом деле происходило то, что ее обусловленный ум, «моя жизнь», рухнул. Просто остановился. После этого она сосредоточила свою жизнь на *сатсанге*.

А вот еще одна история про очень разумного парня. Он занимался разработкой программного обеспечения, поэтому у него был очень аналитический склад ума. Он занимался медитацией и *рэйки* в течение двух лет. Затем он встретил меня, между нами установилась связь, и он приехал на мой ритрит в Индию, который сосредоточен на Самовопрошании, после чего вернулся в Германию, где его ждали жена и сын в Нюрнберге. Он хотел поделиться с женой столькими историями, но когда вернулся, она ему сказала: «Секундочку! Я должна тебе кое что сказать. Пока ты был в Индии, у меня начался любовный роман с одним из твоих друзей». Он был шокирован, всколыхнулись самые сильные эмоции – чувство покинутости, печаль, ощущение, что он теряет своего сына и семью.

В какой-то момент он сидел на диване в гостиной с чашкой чая в руках. Он просто сидел на диване и вдруг вспомнил Самовопрошание с индийского ритрита. С его помощью он был способен видеть, что есть тело, которое сидит на диване и держит чашку чая, ум, который «слетал с катушек» – и это все, что было. В тот момент ясного видения его обусловленный ум просто рассыпался. Я не могу сказать, что если вы используете Самовопрошание, то станете самореализованным, но очевидно, что оно оказывает колоссальную поддержку.

Вопрос из зала: Как насчет того, что когда я выполняю Самовопрошание, то начинаю сильно осуждать себя? Например, когда я спрашиваю «Кто Я?», то приходит ответ наподобие: «Я очень высокомерный человек».

Да, я высокомерен. Что ж, это одно из убеждений о себе, в которое верит ум. Ты веришь, что ты высокомерен, но правда ли это?

Я не знаю.

Ну, конечно же, это неправда. Это правда только в твоем обусловленном уме. Твоя семья обусловила тебя верить в то, что ты – вот такой человек. Но это неправда.

Тогда нужно говорить себе, что это неправда, или делать что-то другое?

Ты начинаешь с простого вопроса, как например: «Кто сидит на стуле? – Я – Кто этот я?». И ты оставляешь второй вопрос. Ты не отвечаешь «я – человек», или «я – высокомерный человек». Ты просто оставляешь его без слов. Потому что то, что мы пытаемся найти, источник, находится за пределами слов.

Да, но мой ум очень быстрый, слова возникают моментально.

Да, поначалу так и происходит, но постепенно он становится все тише и тише.

Хорошо, это утешает!

Шри Раману спросили:

> *Нет ли других методов для достижения неподвижности ума? [B12]*
> **Кроме Самовопрошания не существует удовлетворительного метода. Другие методы являются попытками управлять умом: кажется, что он под контролем, но он все равно вырвется.**

Существуют всевозможные виды духовных практик. Медитация, пение *мантр* (священный звук), дыхательные техники.

При медитации создается впечатление спокойствия. Многие, кто медитирует на протяжении двадцати лет, становятся очень тихими. Это выглядит как спокойствие. Это выглядит как источник. Но если они прекратят медитировать, то все, что было раньше, вернется. Это не реально. Это всего лишь ум находился под контролем. Они на самом деле не свободны.

Медитация требует объекта, на который необходимо медитировать, тогда как в *вичаре* (Самовопрошании) есть только субъект без объекта. Этим медитация и отличается от *вичары*.

Шри Рамана Махарши

У приходивших к нему в ашрам людей Шри Рамана мог спросить, была ли у них какая-нибудь практика, и если это оказывалась медитация, он говорил: «Очень хорошо, очень хорошо». Он знал, что если человек начал медитировать, в определенный момент он придет к вопросу: «Кто Я?». Поэтому он никогда не вмешивался в то, чем занимались люди. Но если к нему приходил ничего не практикующий человек, тогда он советовал попробовать Самовопрошание. Он говорил, что оно – наиболее прямой путь к Самореализации.

За последние два года я заметил, что людям, у которых много духовных идей, это понять труднее, чем тем, кто едва ли бывал на *сатсангах* и кто вполне невинен, прост и открыт. Вчера к нам приходил мужчина, который за последние тридцать лет побывал у всех учителей в мире. Он может очень красиво писать про все эти вещи, у него столько идей! Он знает об этом, поэтому не против, чтобы я рассказывал про него. Он по-настоящему стремится к Истине, но прочитав так много книг и побывав у стольких учителей, его голова переполнена всевозможными идеями. Многие ищущие таковы. Поворачиваешь их направо, а их ум говорит: «А может, повернем налево?». У них внутри всегда есть кажущееся знание – искушенный духовный ум. С ним вообще-то очень нелегко иметь дело. Иногда легче, когда люди невинны и доступны, тогда им очень легко понять это. Даже Иисус говорил, что смиренные унаследуют Царство Божие.

Несколько лет назад к нам на сатсанг-уикенды регулярно приезжал мужчина. Когда после них он возвращался к своей жене, то она думала, что у него там, должно быть, любовница, поскольку он каждый раз выглядел очень счастливым. Его жена решила это проверить и выяснить, что же там происходит. На очередной уикенд она приехала вместе с ним. Ей очень понравилось, и к тому же она поняла, что там не было никакой любовницы. Ей понравилась энергия *сатсанга* и коммуны, и на следующие выходные она приехала снова. До этого она никогда не занималась духовными практиками, работала в пекарне; она была очень простой женщиной. На втором уикенде я увидел ее сияющее лицо и спросил: «Что с тобой происходит?». Она ответила: «Мой ум исчез. Ума нет. Лишь пустота внутри. Мой ум совершенно пуст». Это было очень мило. А она всего лишь пришла проверить, нет ли у мужа любовницы! (Смех) Действительно прекрасно.

Уединение — это состояние ума; человек, привязанный к мирским вещам, не может быть одинок, где бы он ни был. Непривязанный человек всегда в уединении.

Шри Рамана Махарши

ИСТОРИЯ ЖИЗНИ

Вверху: На Аруначале

Слева: Шри Рамана

Внизу: Храм Аруначалешвара, вид с Аруначалы

Справа вверху: Шри Рамана, групповое фото; Шри Рамана полулежа на диване, фото Уэллинги, 1948 г.

Справа в центре: Танцующий Шива; Шри Рамана возле усыпальницы Матери

Справа внизу: Северо-западный склон Аруначалы

ГЛАВА 10

История жизни Дэвида Годмана

*Интервью Премананды
с Дэвидом Годманом*

Дэвид рассказывает, как он в 1974 году бросил Оксфордский Университет и в 1976-м добрался до Индии и до Рамана Ашрама. Он приехал ненадолго и с тех пор больше не уезжал! За эти тридцать три года он познакомился со многими учениками Шри Раманы и посвятил значительную часть своего времени изучению и описанию их жизни, в особенности Лакшманы Свами, Аннамалая Свами и Пападжи. Одна из его последних книг – перевод стихотворений Муруганара. В этой главе Дэвид подробно рассказывает о своих духовных мастерах, в частности об игре в кошки-мышки с Пападжи, которая длилась несколько лет, с 1992 по 1997 год, пока Дэвид писал его биографию «Ничто никогда не случалось».

Дэвид, мог бы ты рассказать, как оказался здесь, у Аруначалы?

В 1974 году, будучи студентом Оксфордского Университета, я был крайне разочарован упрощенческим подходом обычных академических методов. Я уделял очень мало внимания своему академическому курсу и доводил себя до банкротства, покупая духовные книги, одна из которых была книгой об учении Шри Раманы. Пожалуй, нельзя сказать, что до того момента я что-либо искал, я просто испытывал ненасытное духовное любопытство. Непонятным образом чтение этой книги остановило мой ум. Не потому, что она ответила на какие бы то ни было вопросы – она просто ввела меня в пространство, в котором не было никаких вопросов и ответов. Каким-то образом слова Бхагавана ввели меня в состояние, на которое он указывал. То была очень удовлетворяющая, наполненная тишина. Если бы меня спросили об этом, я бы сказал, что этот человек не то чтобы ответил на мои вопросы, он не ответил – он устранил их.

Через несколько недель я бросил колледж, потому что подумал, что жизнь больше, чем чтение книг и сдача экзаменов по их прочтении. Некоторое время я был отшельником в Ирландии, практикуя Самовопрошание.

Примерно полтора года спустя я оказался в кибуце, сельскохозяйственной коммуне в Израиле. Как я туда попал – долгая история, и мы не будем вдаваться в подробности. Я понял, что в следующем году делать мне будет нечего, а моя бабушка только что умерла и оставила мне немного денег в наследство. Я попытался рассчитать, хватит ли мне этих денег на поездку в Индию, чтобы ненадолго остановиться в Рамана Ашраме, и понял, что мне этих денег не хватит. Кажется, я решил, что на поездку мне не хватает еще двести фунтов. Внезапно я сказал себе: «Если двести фунтов появятся, я уеду завтра же». Разумеется, на следующий день двести фунтов свалились с неба без всякой на то причины. И я сказал: «Все – я уезжаю в Индию». Я приехал в 1976 году ненадолго, и с тех пор так и не возвращался.

Если ты приехал в 1976-м, значит ты уже провел здесь двадцать пять лет. Встречался ли ты лично с теми людьми, про которых писал в эти годы?

Я встречался со всеми ними. Я имею в виду тех, о ком изданы книги. У меня написаны и другие книги про тех, кто ушел из жизни прежде, чем мне удалось с ними встретиться, но они еще не опубликованы.

Можно попросить тебя описать некоторые из этих встреч? Как ты познакомился с этими людьми? Приехав сюда впервые, ты был весьма молодым парнем, да еще и иностранцем. Как ты считаешь, они были приветливы с тобой?

Начнем с Лакшманы Свами. Я практически ничего о нем не слышал, кроме рассказа одного моего австралийского друга, который провел некоторое время в его *ашраме* в штате Андхра Прадеш. Он был просто отдаленной фигурой, фактом на периферии моего сознания. Я не обращал на него особого внимания. Но однажды мой австралийский знакомый прибежал ко мне очень возбужденный, со словами: «Он здесь, он здесь. Пошли к нему на *даршан* (пребывание в присутствии святого)». Меня не особо вдохновляла эта перспектива, но я сказал себе: «Почему бы и нет?». Кажется, этот человек дал мне единственный имевшийся небольшой буклет, ужасно индийское жизнеописание, написанное его братом. Признаться, этот буклет меня не вдохновил.

Я пришел на первую встречу с этим человеком с некоторой долей скептицизма. Я бы сказал, что не ожидал многого. Я сел и посмотрел на него. В тот день было примерно десять или двенадцать человек. Не думаю, что буду высокомерным, если скажу, что он проигнорировал всех остальных. Он просто смотрел на меня целый час, непрерывно. Его глаза не двигались. Примерно после первых десяти секунд, абсолютно без какой-либо умственной оценки с моей стороны, что-то внутри меня сказало: «Этот человек – *джняни* (тот, кто осознал Истинное Я)». Помню, когда пришла эта мысль, я подумал: «Откуда она пришла?». Это не могло произойти из-за того, что я смотрел на него, оценивал его, понимал, что он говорит, чувствовал его вибрации или делал выводы. Эти слова возникли у меня в голове из ниоткуда: «Этот человек – *джняни*». Он смотрел на меня, и чем дольше он смотрел, тем глубже я успокаивался. До этой встречи я провел около восемнадцати месяцев, медитируя в Рамана Ашраме и занимаясь Самовопрошанием.

В то время я был очень серьезным *садху* (аскетом). Я вставал в пять утра и сидел неподвижно до полудня. Я занимался по восемь – десять часов каждый день. Я полагал, что обретаю контроль над своим умом. Я имею в виду, что становился относительно умиротворенным, было не так много случайных мыслей. Я был весьма счастлив и спокоен бо́льшую часть времени. Я фактически решил: «Я начал оттуда, я дошел сюда. Дальше идти особо некуда». Затем этот человек просто посмотрел на меня. И в течение двух минут я осознал, что продвинулся максимум на один миллиметр к некой бесконечно далекой цели, которую этот человек достиг. Какие бы состояния я не переживал сидя в одиночестве, они были ничто по сравнению со вкусом того, что дал мне попробовать этот человек, и невозможно представить, в каком состоянии он мог находиться сам!

Думаю, это был момент, когда я осознал, что невозможно сделать это самому. Если только ты не настоящий фрик, как Бхагаван, который был редким исключением. Должен быть кто-то в таком состоянии, и он должен заинтересоваться тобой. Тот, кто желает посмотреть на тебя и успокоить, и если ты готов, ввести тебя в это состояние. Ты не можешь сделать это сам.

Стал ли Лакшмана Свами твоим гуру?

В то время – нет. Как я сказал, я был чрезвычайно впечатлен им. Я играл с идеей: «Он мой *гуру*? Или нет?». Это не был насущный вопрос, и на него не было твердого ответа. В то время многие тайком ездили отсюда в Бомбей повидать Нисаргадатту. В те дни он был очень популярным, поэтому я отправился на встречу с ним.

Это был так называемый Биди Бабá?

Я не знаю, кто его так назвал, вероятно Ошо. Я не думаю, что кто-либо вне окружения Ошо называл его Биди Бабóй. Такое уничижительное прозвище Ошо иногда использовал потому, что терял из-за него много прибыли. (Оба смеются)

Всех, кого я знаю, называли его Махарадж. Его полное имя – Нисаргадатта. Он происходил из очень древней индийской линии преемственности гуру-домохозяев. Вся традиция заключалась в том, что *гуру,* который был носителем традиции, посещал различные деревни в штате Махараштра и с помощью имевшихся у него способностей выявлял продвинутых учеников. Он посвящал их в *Гуру мантру* (священный звук) и говорил: «Вот и все. Просто продолжайте ее повторять. Я буду время от времени возвращаться и проверять ваши успехи». И в этом заключался весь контакт с *гуру.* Не было ни вопросов, ни формальной медитации. Человек просто повторял эту *мантру.*

Перед уходом из жизни *гуру* выбирал того из учеников-домохозяев, которого считал лучшим, и говорил: «Ты – преемник, продолжай традицию и путешествуй». Махарадж отклонился от этой традиции, ему не нравилась идея путешествовать, и он считал, что *мантра* не приносит особой пользы, хотя и давал ее, если люди у него просили.

Он в гораздо большей степени следовал традиции Бхагавана, говоря людям сосредоточиться на «Я», на «Я, Я», и установиться в «Я Есть». Но, думаю, он также был и в традиции таких людей, как Пападжи, утверждающих, что личные усилия ни к чему не приведут. В каком-то смысле он был мостиком между Лакшманой Свами и Бхагаваном, теми, кто высоко ценили усилия, и людьми традиции отсутствия усилий. Он был очень настойчив в том, что необходимо непосредственное переживание реальности. Он говорил: «Я собираюсь поведать вам Истину. Я не хочу, чтобы вы думали о ней, я не хочу, чтобы вы уходили и практиковали ее. Я хочу, чтобы вы поверили и приняли ее здесь в данный момент. Если вы это сделаете, то действительно станете этой Истиной». Ты читал «Я Есть То»?

Да.

Книга немного вводит в заблуждение. Думаю, что Морис Фридман (редактор) часто отступал от стиля. Никто из тех, кого я знаю, и побывавших у Махараджа, не помнят, чтобы он так говорил.

Эта книга стала классикой.

Правильно. Он поощрял приходивших к нему людей говорить. Нельзя было отсидеться на задних рядах. Новички сидели почти в двух метрах напротив него, и он начинал изводить их с первого дня. Поначалу довольно тактично, вопросами: «Кто твой *гуру*? Что ты прочитал? Что практикуешь?». Он просил тебя рассказать о себе, и откуда ты. Затем очень элегантным неопровержимым способом (он был совершенно необразован, кажется, бросил школу после третьего класса) он убеждал тебя в том, что все, о чем ты думал, во что верил, практиковал, было пустой тратой времени. Не спрашивай меня, как он это делал. К нему приходили профессора, блестящие академики, и все они были полностью повержены этим человеком.

Это напоминает мне истории про Гурджиева.

Я имею в виду, что он учил самими аргументами, а не логикой. Но каким-то образом, пока он был с тобой, твой ум приходил к заключению, что ты попусту тратил свое время. У него был двойной подход. С одной стороны, разговаривая с тобой, он медленно искоренял твои убеждения и идеи. С другой стороны, он передавал некий вид энергии, силы, *шакти*, называй это как хочешь. Таким образом, присутствовал контраст: в одной части тебя все идеи рассыпались в прах, а где-то на более глубоком уровне ты переживал опыт, который он передавал. Он никогда не ставил вопросы подобным образом: «Так, вот это реально, а это не реально – теперь выбирай». Но, по сути, происходило именно это.

Он давал тебе этот опыт, и пока ты говорил с ним, он

разрушал все, во что, как ты думал, ты верил. Это можно было видеть на лицах людей: «Что истинно? Этот опыт или те идеи, которые я нес с собой всю свою жизнь?». Затем ты отбрасывал идеи и принимал то, что опыт, который он передавал тебе, является истиной, а все идеи, за которые ты держался до этого, бесполезны и должны быть выброшены.

Такой момент он называл «Обретение Знания». Странная терминология. По его словам, единожды обретя такое знание, – дело сделано, и ты готов к дальнейшему поглощению Истинным Я. Он достигал этого путем постоянных бесед о сознании и об Истинном Я. Ты бы подумал: «О нет! Снова! На этой неделе я слышал об этом уже двадцать раз. Не мог бы он говорить о чем-нибудь другом?». Затем, внезапно к тебе приходит мысль: «Вау, он рассказывает мне не о чем-то другом, он описывает меня». В нем присутствовала удивительная сила быть Истинным Я, озвучивать Сущность. И когда ты смотрел и обращал внимание, то внезапно становился Истинным Я за счет могущества его объяснений. Ты не верил ему; ты не думал об этом; ты слушал его; он проникал в тебя, и ты становился тем, о чем он говорил.

То есть то, что он называл «Обретение Знания», на самом деле было переживанием Истинного Я?

У него была другая структура по сравнению с такими людьми, как Бхагаван. Уровень или состояние, которое он называл сознанием, было «Я есть Это» и «Бог». И предшествует (он не любил говорить «за пределами», он бы сказал «предшествует») Тому (что было его любимым определением) то, что называется осознанием. Он говорил, что сознание возникает из осознания, все проявленное есть сознание, и оно возвращается в осознание. Он обладал силой помещать человека обратно в сознание, в котором его не тревожили концепции. В таком состоянии человек просто был в очень умиротворенной, тихой осознанности, из которой возникало и проявлялось сознание.

У тебя лично был такой опыт?

Сомневаюсь.

(Смеется) Наверное, был – ты просто англичанин!

Люди приходили со всеми стандартными духовными вопросами. Вначале он был очень вежлив и слушал их, но затем говорил: «Мне не интересно, что вы слышали или читали. Я заинтересован только в вашем непосредственном переживании себя прямо сейчас. Остальное не имеет значения». После этого фокус беседы немедленно перемещался на то, что он считал сущностным. Таким образом, в рамках этих очень узко очерченных границ он позволял тебе немного поговорить. И после того, как он уже проделал с вами свой трюк, разрушил ваши убеждения и выбил из-под вас основание, он представлял вторую часть. Он говорил: «Я не готов отвечать ни на один вопрос, предполагающий, что вы – индивидуальная личность внутри тела. Для меня это совершенно ошибочное, гипотетическое допущение, и я не собираюсь тратить свое время, отвечая на гипотетические вопросы». И вам сразу же оказывалось нечего сказать. Нельзя было спросить: «Как я могу стать просветленным?», потому что он бы ответил: «Какое "я"? Там нет "я"». Если до вас не доходило, что подразумевало это утверждение, и вы начинали задавать вопросы, тогда он просто доказывал вам, что любой возможный вопрос, который вы могли бы задать, предполагает, что есть «вы», пытающийся куда-то попасть. Поэтому он говорил: «Если вы хотите разговаривать про сознание, что это такое и как оно проявляется, и как вы его переживаете, хорошо. Но не задавайте вопросы, предполагающие, что вы – личность. Я не принимаю такую предпосылку». Это фактически заставляло каждого замолкнуть.

Дополнительным оправданием ему служило то, что у него был рак горла, и он не мог целый день говорить о вещах незначительных. Но это было очень хорошей техникой дать людям понять, чем они были и чем не были, ограничить несущественные вопросы, и давало ему возможность повторять: «Вы – Истинное Я, вы – Сознание», до тошноты, час за часом, день за днем. Люди сидели и слушали его, и время от времени кого-то осеняло: «Да, это я. Прекрасно. Великолепно». Такова была его техника, так он работал.

Я видел его только в видеозаписи длительностью в несколько минут, но у меня создалось впечатление, что он обладал удивительным присутствием. У него был очень проницательный взгляд.

Он был таким. Он был очень живым. Он много жестикулировал. Стучал кулаками и кричал. Он не был вежливым участником дискуссий. Он мог завопить или разразиться тирадой. Единственное слово на языке маратхи, которое я выучил – «калпана», что означает «идея». Обычно, после первых трех – четырех слов любого разговора он стучал кулаками по полу и кричал: «Калпана, калпана», и на этом ваш вопрос заканчивался.

Но у него действительно был очень проницательный взгляд.

Да. Я не хочу сказать, что тот фильм был сфальсифицированным представлением о том, каким он был. Я хочу сказать, что в том конкретном фильме кто-то другой за кадром зачитывал отрывки из «Я Есть То». На самом деле в этом фильме он на языке маратхи говорил совершенно другое. В фильме просто все время повторяются одни и те же шестьдесят секунд, нарезанные и смонтированные десятью различными креативными способами. Ты можешь определить это по тому, что одна и та же жестикуляция и мимика повторяются снова и снова. (Оба смеются) А когда наступает очередь переводчика говорить, его полностью вырезали, и зачитывают отрывки из «Я Есть То», будто бы он учит. Но он не учил, он произносил речь о чем-то другом.

Похоже, что он оказал на тебя сильное влияние, но потом ты вернулся в Рамана Ашрам?

Я перестал ходить к нему, когда он начал серьезно болеть. Мне не хотелось видеть, как он стареет и увядает. У него был обширный рак горла. Мне постоянно снились сны, в которых он говорил: «Почему ты не приходишь? Почему ты не приходишь?». Помню, как проснувшись однажды ночью, я думал: «Я всего лишь выдаю желаемое за действительное, или мне следует пойти?». Затем я засыпал, и он снова появлялся во сне и говорил: «Я ведь сказал тебе прийти? Почему ты мне не веришь?». Так или иначе, я не пошел. Я просто не чувствовал необходимости возвращаться. В каком-то смысле я был удовлетворен.

Ты был здесь, в Рамана Ашраме, в то время?

Да. Во время последнего разговора было ощущение завершенности. У нас была очень хорошая беседа (думаю, она есть в «Прежде Сознания», которую я нашел всего год назад), касающаяся того, что я понял про Бхагавана и про нєго. Он не любил, когда люди околачивались вокруг него. Ему нравилось, когда люди приходили, получали то, что он хотел им показать, и уходили. Он принимал в комнате, в которой помещалось не более сорока человек. Поэтому если ты пытался задержаться, то через десять дней он тебя выгонял. Он говорил: «Появились новые люди, и теперь твоя очередь уходить», и ты уходил.

Меня же он не оставлял в покое. В течение всех 1980-х и 1990-х он продолжал приходить ко мне во сне, как ни один другой учитель. Это не были обычные сны с будничными ситуациями, они всегда были в формате очень мощного *сатсанга* (встреча в Истине). В них я находился у него в комнате, и он давал мне полезные наставления. Эти сны продолжались лет десять или пятнадцать после его смерти. Он меня где-то сильно зацепил.

В каком-то смысле он был твоим гуру *в форме?*

Пока я был там, мне так и не удалось определиться, был ли он моим *гуру* или нет. Многим я позволял выполнять функции *гуру*, если можно так выразиться. Но я никогда не мог по-настоящему сказать: «Ты – мой *гуру*». Это никогда меня не волновало, и я безмерно им всем благодарен. Если ты хочешь узнать, кто мой *гуру*, и я спрошу себя, то почешу в затылке и скажу: «Мой ли он *гуру*?».

Я приехал сюда в 1970-х из-за Бхагавана. Я думаю, что он стал моим *гуру* в том смысле, что его линия преемственности завладела мной. Я влюбился в Аруначалу, я влюбился в него. Я пошел к Лакшмане Свами и влюбился в него, и в Пападжи тоже. Все эти люди приобрели свой опыт, силу и свое учение из одного и того же источника, который почему-то находится именно здесь.

Ты имеешь в виду гору?

Бхагаван указывал на гору, Пападжи это также признавал. Лакшмана Свами определенно бы сказал так.

Сочли бы все упомянутые тобой люди, что гора занимала центральное место в их жизни?

Нисаргадатта был бы исключением. Он говорил мне, что одна из вещей, о которых он сожалел в своей жизни – то, что он так никогда и не встретился с Бхагаваном. Он не принадлежал к этой линии преемственности. Путешествуя, он приезжал сюда в 60-х, после смерти Бхагавана. Он говорил следующее: «Единственное сожаление моей жизни – то, что я ни разу не пришел прикоснуться к его стопам».

Надо сказать, что сложилось так, что я был в Бомбее, когда там был Ганешан, внучатый племянник Бхагавана. Нисаргадатта относился к тому типу людей, которых никто не может впечатлить, он никому не выказывал уважения. Но к всеобщему изумлению, внезапно он принес стопку подушек и усадил Ганешана на этом возвышении, одел ему на шею гирлянду из цветов и простерся в полный рост на полу у его ног. Никто не понимал, что происходит. Он сказал: «У меня никогда не было возможности простереться перед твоим великим дядей, поэтому вместо него я делаю это перед тобой».

Прав ли я, полагая, что Аруначала считается Шивой?

Да.

Можешь рассказать что-нибудь о Шиве? Потому что для нас, кто не так хорошо знаком с Индией, Шива кажется скорее мифологической фигурой.

Правильно. Мифология – процесс сочинения историй об опыте, который невозможно объяснить. Думаю, люди всегда ощущали силу горы. Насколько мне известно, люди совершают паломничество сюда уже как минимум 1500 лет. Наиболее древние записи, восхваляющие Аруначалу, были сделаны полторы тысячи лет назад, и все они говорят об одном и том же.

Я думаю, что сюда приезжают люди, обусловленные шиваизмом, если можно так сказать. Они приезжали сюда и пересживали Абсолют в присутствии этой горы. Исходя из этого, могла возникнуть ассоциация, что *Шива* – Бог. Эта гора дает мне переживание Бога, поэтому гора – *Шива*. После того, как произошла такая первоначальная ассоциация, все мифы, связанные с *Шивой*, неким образом стали привязываться к местам наподобие этого. Думаю, что для поколения людей, которых с детства учили ассоциировать Бога с *Шивой*, это способ приблизиться к подобному месту, отдать дань уважения и поклонения. Эти истории передаются от поколения к поколению.

Это исключительно моя точка зрения, местные с ней вообще не согласятся. Я просто хочу сказать, что эта гора обладает силой, которая совершенно независима от любых историй о ней, и что сюда приходит уже не один десяток поколений опытных ищущих. По их словам, все они обрели просветление благодаря силе этой горы, это случилось не с одним лишь Бхагаваном. Каждые сто или двести лет какой-нибудь очень известный святой появляется здесь и садится у горы без какой-либо иной причины (у него нет *гуру*), кроме как той, что его доводит до кондиции сама гора. Бхагаван говорил: «Дело не в вере. Если ты подойдешь близко к огню, ты обожжешься, если ты подойдешь близко к этой горе, ты тоже обожжешься». Таков был его опыт, таков был опыт многих поколений людей Юга Индии. Так или иначе, на этой почве разрослись мифологические истории, с которыми ты можешь соглашаться или нет. Существенный момент в том, что гора обладает силой. Она привлекает к себе людей, которые готовы принять эту силу, и в ее присутствии они становятся просветленными.

Мы ощущали эту силу прошлой ночью, когда примерно полмиллиона людей под проливным дождем (это был первый сильный дождь муссона) без остановки шли вокруг горы. Сила присутствует, и даже несмотря на то, что люди могут ее не вполне осознавать, эта сила работает. Для нас, людей с Запада, видеть мощный поток людей под потоками проливного дождя – весьма впечатляюще.

Я живу здесь постоянно, но на меня до сих пор производит впечатление то, как люди в пять часов вечера заканчивают работу в Ченнае, садятся на автобус, приезжают сюда в десять, входят в поток и проходят 13 километров босиком. Затем снова пять часов в автобусе, а в девять утра на следующий день они приходят на работу и считают, что хорошо провели ночь! (Оба смеются)

Похоже, то, о чем мы говорим – разные способы выразить то, что эта гора – гуру.

Южноиндийская духовная традиция называется генотеизм. Этот термин означает, что перед какой бы статуей, храмом или проявлением Бога ты ни оказался в этот день, данная форма олицетворяет Абсолют. Это не политеизм – разные боги в разных местах. Логически это полное отрицание реальности.
    Можно приехать к Аруначале и быть полностью убежденным в том, что это Высшая Сущность. А завтра отправиться в Чидамбарам и стоять там перед *лингамом* (фаллический символ божественного, *Шивы*) с точно таким же убеждением. Никто не считает это соединением двух несовместимых идей. Здешние

люди смотрят на вещи таким образом. Перед каким бы храмом, божеством, *гуру*, святым местом они ни стояли – в тот момент они находятся в присутствии Абсолютного Бога.

Мы несколько отличаемся. Мы выбираем. Мы говорим: «Это мой *гуру*, это моя святая гора». Мы создаем иерархию: «Пожалуй, с этим *гуру* я более умиротворен, поэтому он более Бог, чем тот». Но местные смотрят на все иначе.

После того, как ты провел какое-то время с Нисаргадаттой и Лакшманой Свами, я встретил тебя в Лакнау. Ты в итоге провел не один год с Пападжи и был очень близок к нему. Насколько я понимаю, ты общался с ним практически ежедневно. В то время ты работал над его жизнеописанием, поэтому у вас были очень личные беседы об этом. Ты бы хотел рассказать о своем общении с Пападжи?

Это сложно. Я в этом сам до сих пор не разобрался. Кем был я по отношению к нему? Что я там делал? Чего он хотел от меня? Что я от него получил? Эти вопросы меня не особо беспокоят, у меня просто нет на них никаких ответов.

Я могу сказать, что в конце 1980-х я собирал истории давних преданных Бхагавана, находившихся либо в длительном контакте с ним, либо в кратковременном, но впечатляющем, какой был у Пападжи и Лакшманы Свами. Я готовил книгу о том, как сила и присутствие Бхагавана воздействовали на людей. История об Аннамалае Свами каким-то образом разрослась в отдельную книгу. Изначальный проект лег на полку, и я написал целую книгу об Аннамалае Свами, потому что его история была очень хороша. Когда я приехал в Лакнау, чтобы взять интервью у Пападжи, повторилась та же история. Вместо одной главы я написал о нем целую книгу – 1500 страниц. Это заняло у меня несколько лет, и я только недавно вернулся к изначальному проекту. Но у него ко мне было дело, я знаю. Сурендра, его сын, рассказывал мне, что когда он был с ним в Харидваре в 1980-х, Пападжи написал мне письмо о том, что я должен приехать в Бангалор и встретиться с ним. Он писал, что у него есть ко мне дело, и что он хочет со мной встретиться. Я так никогда и не получил то письмо. Сурендра однажды спросил меня, не получал ли я его, я ответил, что нет.

Мне известно, что нескольких человек просили передать мне, чтобы я приехал, но по странным причинам, вдаваться в которые нет необходимости, они мне так ничего и не сказали. При подготовке книги я собирал его старые письма. Раз или два он писал, что должен отправиться на юг Индии для встречи с Дэвидом Годманом. Это было до того, как я вступил с ним в контакт. Что за дело было у него на уме, он мне никогда не говорил. Временами у него возникало побуждение поехать встретиться с Дэвидом Годманом или чтобы Дэвид Годман приехал к нему.

В конце концов я попал в Лакнау в 1992 году, и через три дня после моего приезда у него умерла жена. Это был полный хаос, собрались все его родственники. Он отстранил учеников от большей части их обязанностей, потому что не хотел, чтобы его семья расстраивалась из-за всех этих странных людей, околачивающихся вокруг него. Он уехал в Харидвар, чтобы предать пепел Ганге. Это заняло примерно неделю. Так что я оказался в самой гуще всего этого, пытаясь поговорить с ним.

Наверное, у тебя не было серьезных планов оставаться надолго?

Я не мог остаться надолго. У меня было всего две недели, о чем я ему и сказал: «Через двенадцать дней я обязательно должен вернуться в Тируваннамалай». В то время я ухаживал за садом Лакшманы Свами. Этот человек – настоящий отшельник, он никому не позволял заходить за ворота ни по каким причинам, если только не считал, что посетитель был кем-то особенным. У меня было два акра сада, за которыми я должен был ухаживать. Он не впускал никого из рабочих, из-за чего мне приходилось заниматься всем самому. Поэтому я не мог поставить его в трудное положение и сказать: «Мне нужно уехать на две недели, чтобы взять у кого-то интервью, и такой-то присмотрит за садом». В конце концов я нашел одного преданного датчанина, которого Свами был готов взять для работы в саду. Но этот человек должен был вернуться в Копенгаген к определенной дате для регистрации на следующий курс в колледже, и если бы он не успел к сроку, то должен был бы вернуть государству трехлетний студенческий кредит. Поэтому я совершенно никак не мог продлить мой визит в Лакнау. Если бы я не приехал вовремя, преданный из Дании лишился бы пятизначной суммы в долларах.

Поэтому я объяснил ситуацию Пападжи, и он ответил: «Да, да». Таким образом, десять из моих четырнадцати дней ушли на похоронный хаос. Пока я был там, он не отвечал ни на один мой вопрос. Однажды вечером мы сидели вместе и пили чай. Я уже отказался даже от попыток задавать ему вопросы. Я просто спросил: «Ты знаешь женщину по имени Андевипечай, которая была ученицей Свами Шивананды и провела с ним много времени?». Я прочитал о ней книгу, и история ее жизни меня заинтересовала. Она приехала в Рамана Ашрам примерно за десять дней до смерти Бхагавана, и у нее произошло непосредственное переживание Истинного Я, когда она стояла перед комнатой, в которой он умер. Шивананда был о ней высокого мнения, потому что когда она в итоге приняла *санньясу* (инициацию), он отдал ей свое одеяние и чашу для подаяния, чего прежде никогда не делал.

Поскольку Пападжи несколько лет провел в Ришикеше, я думал, что он мог с ней пересекаться. Мне было интересно узнать его мнение. Я ценил его мнение о любом человеке. Как я уже говорил, когда она стояла перед Бхагаваном, у нее спонтанно возник вопрос «Кто Я?». Она прежде никогда не задавала этот вопрос и не знала, что это было его учением. Она обрела просветление в тот же момент.

Пападжи ее не знал, а он не любил признавать, что были *гуру*, которых он не знал, и каким-то образом уклонился от ответа. Вместо этого он рассказал всю историю своей жизни, совершенно вне контекста. Я не мог разобраться, что послужило причиной.

Он не позволял мне ничего записывать и перебивать его. Это заняло примерно два часа. И подводя итог, он сказал: «Вот вопрос, который я должен был задать, когда мне было восемь лет – "Кто Я?". Если бы я спросил себя "Кто Я?", когда мне было восемь, я бы не потратил впустую следующие двадцать пять лет». Вот таким окольным путем он ответил на мой вопрос и рассказал о своей жизни. После этого он спешно уехал в Харидвар, вернулся почти сразу и времени мне не уделил вовсе. На следующее утро уходил мой поезд, поэтому после завтрака я поднялся наверх, постучал в дверь его спальни и сказал: «У вас есть час. Либо начатое будет закончено, либо оно не будет написано. Не знаю, когда я смогу вернуться снова. Я не пропущу этот поезд. Слишком много денег "едет" на этом поезде, я уезжаю через час, так что как хотите».

Ты сказал такое Пападжи? (Оба смеются) Наверно, ты был немного наивен в те дни!

Он ценил прямоту, а я не знал, когда вернусь. У меня было семьдесят пять минут, после чего я садился в рикшу, и если бы я вернулся, то вернулся, а если бы нет, то нет. У него было семьдесят пять минут, чтобы закончить свою историю или нет, в зависимости от обстоятельств. Я просто хотел сказать ему это. Как бы там ни было, он сказал: «Ладно, садись».

Я не знаю, бывал ли ты у него в спальне: там стояли две односпальные кровати, и это была маленькая, крошечная комната, переполненная вещами, которые он не выбрасывал. Это было похоже на какой-то странный научно-фантастический фильм, в котором с каждым днем стены всё приближались друг к другу. Стены были сплошь заняты шкафами. В одном шкафу лежали сухофрукты и орехи, которых бы хватило на пять лет, в другом – подаренные *дхоти* (отрез хлопчатобумажной ткани), которых бы хватило на десять жизней. Он не расставался ни с одной из этих вещей. Шкафы становились все глубже и глубже, а ме́ста для жизни – все меньше и меньше. В центре стояла его кровать, а также и кровать Джоти, его личного помощника, они стояли так близко, что между ними практически не было пространства. Мы сидели друг напротив друга, не хватало места даже для того, чтобы сидеть коленями друг к другу, они фактически пересекались. Если бы я наклонился вперед, то мы бы оказались лицом к лицу, почти касаясь друг друга носами.

Не имело значения, что я немного отклонялся назад – тогда он подавался вперед. Я начал задавать ему обычные скучные, журналистские «подчищающие» вопросы, на которые ему было совершенно неинтересно отвечать. Он начал говорить о том, как Сознание пытается познать себя. Он долго говорил странные вещи о *пракрити* (причинная первоматерия), которые я не понимал, но он смотрел на меня, совершенно не моргая, неподвижным взглядом.

В маленьком уголке во мне что-то говорило: «Будь внимателен. У тебя есть шестьдесят минут, чтобы заставить этого парня проболтаться. Если ты не вытащишь из него что-нибудь толковое, эту главу ты не напишешь». Было так, будто один уголок Дэвида-журналиста следил в оба, а остальная часть меня полностью опьянела. Он даже отдаленно не был заинтересован в том, о чем говорил.

В комнате одновременно развивались несколько побочных сюжетных линий. Он вел монолог о *пракрити*, в которую может быть верил, а может и нет, но это был лишь повод продолжать говорить. Когда кружится голова, пытаешься сделать что-нибудь, чтобы остаться в сознании, и я задавал вопросы, которые, казалось, относились к тому, о чем он говорил, а он отвечал. Но все это происходило на уровне, абсолютно не связанном с тем, что происходило на самом деле. Мы сидели нос к носу, и он просто пристально смотрел на меня.

Я больше не мог этого вынести; я уже не мог понимать и не мог задавать вопросы. Он не хотел отвечать ни на какие вопросы в любом случае, зачем тогда беспокоиться? Поэтому я пытался сохранить хоть чуточку своего интеллекта, расслабился и получал удовольствие. Некоторое время мы смотрели друг на друга, и в тот момент я знал, кем он был. Я сидел тогда совершенно тихим и полностью сраженным. Под конец он сказал: «Что ж, ты пришел сюда узнать кто я, и теперь ты знаешь». Это был его способ сказать: «Ладно, вот кто я». Очевидно, это не было тем, с чем можно было уехать и потом кому-то рассказать. Но я думаю, что каким-то образом в тот момент он меня поймал. Он знал, что я вернусь, а я – нет. Его основная работа заключалась в том, чтобы в некотором смысле запустить в меня свои крючки.

Таким образом, на основании этой поведанной им за чаем бессвязной истории и старой кассеты с записями его рассказов о себе, которые были полны расхождений и противоречий, я, насколько мог, составил рассказ, имевший, как казалось, наибольший смысл. Ты знаешь его – ни одну историю он не рассказывал дважды одинаково. Она могла включать моменты из других историй. «Мембрана» между рассказами была очень пористой. Два факта из одной истории могли мигрировать в другую, а еще три факта – куда-то еще. Я привел все эти события в осмысленный, хронологический порядок и отправил ему со словами, что это лучшее, что я смог сделать.

Это была глава для первоначальной книги?

Да, то была глава для первоначальной книги. Я сказал ему в письме: «Здесь очень много противоречий. Я представляю ее тебе в письменном виде, прочитай. Исправь те места, которые содержат полные противоречия. Если все неверно, порви ее и выбрось, мне все равно. Это мой первый шаг в попытке разобраться в том, что ты мне рассказал. Меняй, добавляй к ней все, что сочтешь нужным. Мы просто начнем сначала». Я получил следующий ответ: «Большое спасибо, я наслаждался чтением. Ты не рассказал мои самые лучшие истории». С учетом обстоятельств мне едва удалось изложить основную историю. Он ответил: «Ты должен вернуться. Я должен рассказать тебе эту историю». То есть, очевидно, что он хотел, чтобы я вернулся на более длительный срок, и сказал, что не видит ничего неправильного в присланном мной рассказе. Но это был не тот ответ, которого хотел я, потому что в истории явно было столько несуразиц, что ее нельзя было печатать. Она просто изобиловала противоречиями. Я отправил ему аудиозапись с вопросами. В ответ он прислал мне кассету с записью, на которой он якобы отвечает на эти вопросы на одном из *сатсангов*. Но по сути он повторял самого себя, рассказывая снова и снова одни и те же истории со всеми нестыковками и никак не сгладил проблемные места. Поэтому я решил, что будет лучше, если я поеду и разберусь с этим.

Я вернулся спустя четыре месяца. В типичном для Пападжи стиле он обратился ко мне: «Что ты здесь делаешь? Ты зачем приехал?». Не упоминая о книге или о письме, в котором он просил меня приехать. В редких случаях, когда я начинал разговор на эту тему, он отвечал: «Позже, позже». Время от времени, когда меня там не было, он говорил: «Похоже, Дэвид забыл, зачем он сюда приехал». Шла настоящая игра в кошки-мышки. Он совсем не уделял мне времени, не рассказывал никаких историй, он мне ничего не говорил. Я оставался все дольше. *Сатсанги* в те дни были невероятны, на них присутствовало столько силы и благодати.

Это было в 1991-м?

В 1992-1993 годах. Примерно год спустя, в качестве финального акта отчаяния, мы с Бхаратом Митрой решили, что должны каким-то образом заполучить эти истории. Поскольку Пападжи любил рассказывать их на *сатсангах*, Бхарат Митра и я решили создать ситуацию, в которой Пападжи будет говорить перед камерой. Мы бы оставили это в таком виде – своего рода видеобиография.

Это было, когда ты снимал «Прекращение поиска»?

Нет, раньше. То была попытка заставить его рассказать обо всех своих историях. Поэтому я предложил ему это, и он ответил: «Я не могу говорить на камеру, мне необходимо сделать много заметок и записать все истории, которые я хочу рассказать». Это прозвучало наподобие: «Не надо нам звонить, мы вам позвоним сами!». Я ответил ему: «Не волнуйся, я напишу заметки, я знаю все истории до единой. Я не знаю содержания, но могу дать тебе резюме в одну строчку по каждой истории. Этот листок может лежать перед тобой, и ты можешь пропустить любую из тех историй, которую не хочешь рассказывать, или говорить час про то, что захочешь, но все записи будут перед тобой». Он что-то пробормотал, но был не очень вежлив. (Оба смеются)

Итак, я начал; это заняло у меня примерно неделю. Я дал

ему вопросник на шестнадцати страницах со ста двадцатью вопросами. Он посмотрел и, казалось, был очень взволнован после первой страницы, потом увидел, какой длинный был вопросник, и заметно поник. Он сказал: «Здесь много историй! – Да ведь у тебя была длинная жизнь, насыщенная событиями». Он сказал, что ему необходимо будет сделать пометки, и, несмотря на то, что я уже сделал пометки на полях, вопросник отправился к нему в спальню и остался там на несколько месяцев. Каждый раз, когда я спрашивал его о нем, он отвечал: «Я его изучаю, я делаю записи». Каждый раз, когда я украдкой пробирался в его комнату, чтобы взглянуть на вопросник, пока его не было, он пылился на подоконнике.

Как ты думаешь, пока он в некотором смысле тянул время и играл с тобой, проводил ли он над тобой незаметную работу? В то время я с тобой почти не общался, но со стороны казалось, что в определенные моменты в твоей жизни происходили некоторые сдвиги. Можешь рассказать, что происходило в то время? Он использовал этот вопросник как предлог для того, чтобы удерживать тебя рядом с собой?

Он был чрезвычайным макиавеллистом. Ты не мог знать, что он замышлял, и я думаю, он тоже не знал. Его *васаны*, его обусловленности, или называй их как угодно, сделали его очень обтекаемым. В этом заключался его способ взаимодействия с людьми. Ему нравилось, чтобы люди находились в состоянии, когда они не понимали, что происходит; это был его стиль.

Поэтому с ним никогда не происходило прямолинейной встречи. Я верил в то, что он работал надо мной, но это было настолько незаметно, что я бы не смог сказать, что вот – мой начальный шаг, а вот – его реакция. Я думаю, что ему нравилось низводить людей до состояния хаоса «я-не-знаю-что-происходит». Полагаю, в таком состоянии он находил людей более податливыми. Итак, сначала он до некоторой степени размягчил меня. Но да, он определенно работал, хотя я не могу указать пальцем на конкретный день и сказать: «Вот это он делал в тот день, или в другой». Уже прошло примерно полтора года с тех пор как я приехал, а он так и не ответил ни на один вопрос.

К этому времени уже кто-то другой ухаживал за садом Лакшманы Свами?

За садом присматривал другой человек. Любопытно, что перед второй поездкой я пошел проверить сад, а там была целая бригада рабочих, и все прекрасно работало само по себе. Я подумал: «Хорошо, мне здесь больше находиться не нужно!». Перед тем, как я повторно отправился в Лакнау, произошел сдвиг, и меньше чем за неделю появились люди, которые были очень заинтересованы, и Лакшмана Свами был счастлив их присутствию. Я подумал: «Эту поездку больше ничто не ограничивает. Я смогу сделать все как следует». Но не знал, что спустя восемнадцать месяцев я по-прежнему буду ожидать ответа на первый вопрос!

Итак, где-то в 1994 году я пришел к нему и сказал: «Слушай, у меня много проектов. Книга про Аннамалая Свами готова, я должен поехать и отпечатать ее. Ты пообещал ответить на эти вопросы, но за шесть месяцев ничего не произошло. Ты свалил на меня книгу "Ом Шанти" (которая побывала у нескольких человек, включая Катерину Инграм, и в итоге попала ко мне). Я никогда не просил об этом. Ты никогда не говорил мне напрямую, ты просто сказал: "Отдайте ее Дэвиду". И кроме того, есть эта книга, которую, по твоим заявлениям, мы напишем однажды. Поэтому если ты совсем не желаешь работать над этой биографией сейчас, я поеду на юг на несколько месяцев и опубликую книгу об Аннамалае Свами». Он ответил: «Да, да, это хороший план. Забудь про "Ом Шанти", поезжай и напечатай книгу об Аннамалае Свами».

Как только я вышел из дома, он послал кого-то купить ему большую книгу. Он получил бухгалтерскую книгу огромного формата, достал мой вопросник, стряхнул с него пыль и начал с первой страницы. Он потратил на него все лето, а ты знаешь, как жарко летом в Лакнау! Из-за спондилита его шея была одета в корсет, поэтому он не мог нормально писать. Никому не разрешалось смотреть на то, что он пишет, но в момент, когда он выходил из комнаты, конечно же, все бросались к книге посмотреть, что за истории он писал. Мне звонили по телефону и говорили о том, что он отвечает на вопросы: «Он написал десять страниц, пятьдесят страниц, он закончил сто страниц». Я подумал, что это хорошо; я закончил с книгой об Аннамалае Свами и вернулся в Лакнау.

В тот момент, когда я вошел в дверь, вопросник вернулся в спальню, и с тех пор он на него ни разу не взглянул. Поди пойми этого человека! Я потратил полтора года, умоляя его выполнить эту работу, и в тот момент, когда я уезжаю, он начинает, а когда я возвращаюсь, он прекращает. Итак, потом он отдал мне все эти истории. Паттерны его ума были настолько туманны, что когда ты просил: «Расскажи мне историю о том, как ты встретил того *садху* в Бенаресе (Варанаси) в 1952-м году», он не пускался в рассказ о встрече с *садху* в Бенаресе в 1952-м году. Внезапно он вспоминал о чем-то, что произошло в армии за десять лет до этого или что-то из детства, когда ему было восемь лет. Поэтому когда он получил такое количество вопросов, это дало ему массу возможностей для включения его способности к произвольному рассказу историй.

Он почти никогда не отвечал на тот вопрос, который я задавал. Вместо этого он вспоминал что-то еще из другого периода, что было абсолютно не связано с вопросом, и писал про это. Но результатом этой «стрельбы по площадям» было то, что ко времени, когда он фактически написал сто пятьдесят страниц, там оказалась изложена практически каждая из историй, хранившихся у него в голове. Возможно, как ответ не на тот вопрос, но все они где-то были, зачастую повторяясь по три раза. Так что уже был хороший задел для того, чтобы, так сказать, копать глубже. Истории в том виде, в котором он их написал, совершенно не годились для публикации, поэтому я постепенно собирал о них больше информации. Но он сохранял эту странную видимость нежелания разговаривать со мной.

И ты бывал у него дома каждый день?

О да, конечно.

То есть он относился к тебе очень доброжелательно?

Он не был недоброжелательным, но мог сказать что-то вроде: «Я надеюсь, ты не собираешься мне сказать, что тебе неясен момент, когда моя сестра сказала то-то. Хорошо, я расскажу тебе». Но мне он не рассказывал, а ждал, пока я уйду, и тогда брал ручку и бумагу и записывал, а затем отдавал это мне. Так что он действительно не хотел разговаривать со мной про эти дела или чтобы я находился поблизости, когда он записывал. Я пользовался возможностью и исчезал, а на следующий день к истории добавлялась еще одна страница. Я просто не знаю. У меня нет идей о том, что происходило между нами. Это было очень странно; ты никогда не знал, что будет дальше. Ты никогда не знал, как он отреагирует. Я должен сказать, что несмотря на это, он проявлял огромное уважение к моим вопросам и к тому, что я делал. На *сатсанге* люди могли задавать самые разные вопросы, он мог накричать на них и не ответить. Шансы получить вразумительный, рациональный ответ были минимальными даже в лучшие времена. Его работа на *сатсанге* заключалась в том, чтобы подвергая нападкам, ввести тебя в состояние Истинного Я, а не давать разъяснения или рассказывать то, что по твоему мнению, тебе нужно знать. Но со мной он безукоризненно говорил по существу. Я мог написать десять вопросов, и вместо того, чтобы написать ответ, он брал их на *сатсанг*. Часто он проводил целый *сатсанг*, отвечая на мои вопросы, затем смотрел на меня и спрашивал: «Ты счастлив?». Я мог ответить: «Да». Никто не получал таких ответов. Он признал, что это было правомерным научным исследованием, в которое он был активно вовлечен, и отвечал настолько хорошо, насколько мог.

В период игры в «кошки-мышки» ты всегда чувствовал себя желанным гостем в доме? О тебе заботились? Складывалось впечатление, что ты был близок к семье, даже несмотря на то, что он мог не отвечать на твои вопросы?

В доме происходили всевозможные политические игры. Всегда случались подобные ситуации. Например, были люди, которые спали там, и были такие, которые там только кушали. За электричество приходили огромные счета; мы говорим о тридцати тысячах рупий каждый раз. В доме было шесть спален с кондиционерами, и все кондиционеры работали двадцать четыре часа в сутки. Кто должен был за это платить? Обычно происходили такие споры: «Ну ведь я же не оставляю свой кондиционер включенным, когда меня нет, поэтому ты должен платить больше, чем я» и «Ну я же здесь только ем, но не сплю». В итоге мы договорились отдавать всю сумму Пападжи, а он будет делить ее, как захочет, и мы будем с этим согласны, каким бы странным ни оказалось его распределение. Он считал, что это будет очень весело: «Да, да, мы неплохо этим развлечемся!». (Смеется) Итак, этот счет появлялся на его столе примерно раз в месяц, и он мог сказать: «Так, с Раджива причитается десять тысяч рупий», или назвать другую невероятную сумму, и двигался дальше по списку. За время моего пребывания там он ни разу не взял с меня ни пайсы (индийская копейка) ни за что из того, что происходило в доме, даже несмотря на то, что я ел там три раза в день.

Может, у него было впечатление, что у тебя нет денег, потому что ты жил в Индии уже много лет?

Вполне возможно. Я просто хочу сказать, что в плане заботы обо мне у меня сложилось ощущение, что: «Да, ему всегда рады, когда бы он ни захотел прийти. Мы не будем выталкивать его, требуя по сто рупий за обед». У него также была схема по оплате еды. Был семейный бюджет, в который мы вносили определенную сумму денег, и когда он иссякал, мы снова вносили такую же сумму. Но это касалось только тех, кто находился там постоянно. Но все больше и больше людей приглашалось на обед, что означало, что количества дней, оставшихся до того, как закончатся деньги, становилось все меньше и меньше. Поэтому Пападжи ввел другую иррациональную схему сбора денег. (Оба смеются) Всем, кто получал разовые приглашения, за обед назначалась произвольная сумма, которая шла в общий котел дома. Он отстранил меня от взносов в фонд дома. Все сбрасывались по двести рупий, и когда они кончались, все снова вносили деньги, а он освободил меня от этих платежей. Он не хотел, чтобы у меня каким-либо образом возникали финансовые обязательства в связи с пребыванием в его доме.

В то же время он мог неделями полностью игнорировать меня в своем доме. Не было так: «Добро пожаловать, сын мой, заходи и садись». У нас были какие-то физически очень обособленные, сдержанные отношения. Я мог сидеть на полу в его гостиной, и когда он хотел мне что-то сказать, он этого не говорил. Он мог сказать: «Передай Дэвиду то-то» или «Спроси у Дэвида то-то». Доходило даже до того, что я стоял с ним рядом, как сейчас с тобой, смотрел на него, а он поворачивался ко мне спиной и спрашивал кого-то: «Дэвид хочет этого?». (Оба смеются) Он реагировал на некую конфигурацию в умах людей, и даже несмотря на то, что он чрезвычайно уважительно относился к моей работе и был очень гостеприимен, у него просто не выходило разговаривать со мной. Я не могу это ни объяснить, ни усмотреть в этом какой-либо смысл; просто так было.

Несмотря на твое описание того, что большинство воспринимали как отстраненность (ты стоял рядом с Пападжи, а он разговаривал с тобой через третье лицо, что многими людьми могло ощущаться как недружелюбие и отчужденность), твои глаза и энергия сейчас передают ощущение глубоких дружественных отношений. Мне кажется, что между тобой и Пападжи присутствовало любовное отношение.

Глубокой дружественности, которая бы проявлялась в личном контакте, никогда не было. Помню, как однажды мы отправились на ужин в чей-то дом в Гомпти. Он спросил: «Кто в фургоне?». Кто-то впереди повернулся и перечислил всех, кто сидел сзади, и мое имя было последним. Пападжи сказал: «Слишком много людей, фургон слишком тяжелый. Высадите его, он может пройтись!». (Оба смеются) Так что в чистом поле, на полпути до Гомпти, мне сказали садиться на автобус или рикшу, на что угодно. Поэтому не было ощущения: «Добро пожаловать, сын мой».

Мы разговариваем про Пападжи, и неожиданно к нам подошли дикие обезьяны, как будто почувствовали энергию любви, присутствующей в данный момент. Они ведут себя с тобой очень нежно и деликатно, как будто реагируют на присутствующую энергию. Я не знаю, в курсе ли ты, что сегодня день рождения Пападжи.

Да, я знаю. Мне вчера напомнили.

Мы разговариваем про Пападжи и твою близость к нему, сидя в саду Рамана Ашрама, там, где он любил бывать.

Я знаю людей, которые сразу же «улетают», произнеся имя Бхагавана. Стоит им произнести его один раз, как их охватывает состояние счастья и блаженства. Есть люди, которые «улетают», когда поют *бхаджаны* (религиозные песнопения) или медитируют. Я «улетаю», говоря про этих людей. Для меня говорить – это *сатсанг*, который производит такой же эффект, как если бы я сидел там под наркотиками. Так уж устроен мой организм. Таким образом реагирует мой мозг.

Это идет из любви. Обезьяны очень интуитивны, они чувствуют ее. (Оба смеются)

С каждым годом обезьяны становятся все более ручными. Когда я был здесь в 1980-х, если молодые обезьянки подошли бы близко и вели себя как сейчас, старые обезьяны обязательно бы устроили шум и стали бы скалиться на них. А сейчас они все так себя ведут.

Есть ли другие моменты в истории про Пападжи, о которых ты бы хотел рассказать?

Он был крайне непредсказуем. Не знаю, упоминал ли я об этом. Он не любил раскрывать информацию, и моя работа состояла в ее добыче. У каждого была своя роль, и моя заключалась в том, чтобы сделать так, чтобы он рассказал мне приемлемую версию своих событий.

Каким-то образом нам досталась эта роль. Но в том, как работал его мозг, было нечто странное, из-за чего он никогда не мог дать прямого ответа. Поэтому упорядочить историю было большим подвигом. Ты не поверишь, но за день до того, как я отправил книгу «Ничто никогда не случалось» в типографию (а это 1200 страниц истории его жизни), я обнаружил, что у него было двое детей, про которых он никогда не упоминал. Вот уровень, на котором мы работали! Поэтому мне пришлось наспех указать в подстрочном примечании на 1100-й странице, что простите, я забыл упомянуть о двух детях. Если бы ты спросил его, то он бы ответил: «Ах, да! У меня есть дочь, которую зовут так-то», но он никогда бы не делился информацией по своей инициативе. Он никогда ничего не говорил, пока не чувствовал себя так или иначе вынужденным.

Ты когда-нибудь встречал Санджея? Санджей был внуком его сестры, вырос в Берлине и вернулся в Индию. Некоторое время он приходил на *сатсанги* и у него был роман с женщиной из Австрии. Однажды она пришла в дом и стала жаловаться: «Мне все равно, хочет он уйти от меня или нет. Мне все равно, хочет он жениться на мне или нет. Меня вполне устраивает любой вариант, но я не могу заставить его рассказать мне об этом. Так что же мне делать?». Итак, это семья, и Пападжи – глава семьи. Он сказал, чтобы кто-то пошел и привел парня. Санджея привели, усадили возле Пападжи, и эта женщина рассказала свою историю заново, о том, как они вместе жили, как он не хотел говорить о дальнейших планах, и как она не могла получить от него вообще никакой информации. Пападжи посмотрел на Санджея, обнял его за плечо и сказал: «Это мой мальчик. Ты настоящий член семьи».

Ты не мог получить никакой информации ни от кого из членов семьи. Они были целиком и полностью сдержанными. Они никогда ничего не говорили, если только это не было совершенно необходимым. Я поехал встретиться с их дочерью в Дели, чтобы взять у нее интервью. Я задавал ей вопросы наподобие: «Расскажи мне, что произошло, когда ты встретила Бхагавана в 1940-х?». Она прекрасно могла рассказать мне историю сама, но ответила: «Что сказал Пападжи?». И я пересказывал ей версию Пападжи, и она отвечала: «Да, это верно».

В конце концов, имело ли это особое значение? Вся его жизнь была посвящена созданию спонтанности, переживанию Истинного Я, которое, по сути, было любовью, и по большому счету это происходило постоянно, верно?

На фактическом уровне он гордился собой за то, что создал столько дымовых завес, сколько мог, столько отвлекающих маневров, сколько было возможно. Когда я сказал ему, что должен поехать на юг Индии поговорить с его старыми учениками, он спросил: «Зачем?», и я ответил: «Провести исследование. Я хочу посетить твои старые места, сделать несколько фотографий и поговорить с некоторыми людьми, которые тебя знают». Он сказал: «Ты же писатель, почему ты не можешь их придумать? Я сочинил все свои истории, так почему же ты не можешь сделать этого? Зачем тебе путешествовать, чтобы придумывать истории?». (Оба смеются) Поэтому у него на самом деле не было большого уважения к фактам. Если под рукой не было факта, он просто его выдумывал.

Так или иначе, в результате всех событий, в Лакнау с тобой произошло что-то значительное?

Да.

Ты хотел бы об этом рассказать?

Не думаю, что смогу. Подтекст присутствовал постоянно: «Это то, кто ты есть; это то, что ты есть, прими послание моих слов и пусть оно останется». Я думаю, что к началу 1997 года уже не было абсолютно никакой причины снова с ним заговаривать. Больше не было духовных вопросов или необходимого мне биографического материала. Пападжи был не в очень хорошем состоянии. Думаю, после инсультов его память ухудшилась, поэтому истории стали даже более беспорядочными. Я понял, что получил все, что мог, и больше не было смысла добиваться чего-то еще. Я приходил туда каждый день и прикасался к его стопам с чувством абсолютной, безмерной благодарности.

Под конец все стало совсем хаотичным. Завтрак по-прежнему был тихим и приватным. Он никогда не разговаривал; он мог просто войти, уставиться на свое место и выпить чашку чая. То могли быть приятные, сладкие, тихие двадцать минут или около того. Я просто сидел там и чувствовал себя совершенно целостным и удовлетворенным.

Ему не нравилось, когда люди были попрошайками. Он не хотел, чтобы люди околачивались рядом с ним. Проводить *сатсанг* с двумя сотнями людей, приходивших каждый день и просивших: «Еще, еще», не было его идеей. Его идея надлежащих духовных отношений заключалась в том, что ищущий приходит к *гуру* и говорит: «У меня есть сомнение, проблема. Кто Я?». *Гуру* ему рассказывает, ученик переживает это, говорит «Большое спасибо» и уходит. Все его идеалистические истории, самые лучшие истории из его воспоминаний были о людях, приехавших издалека: они осознавали это за пару минут, уходили и больше никогда не возвращались. Он любил те истории. Это то, чего он на самом деле хотел от людей; ему не нравилось, когда они оставались рядом с ним. Это стало происходить только в последние годы его жизни из-за того, что он физически не мог убежать. Примерно с 1991 года его ноги стали неспособны отнести его куда бы то ни было, поэтому он смиренно принял то, что вынужден оставаться на одном месте, и терпел всех этих приходивших людей. Но, тем не менее, полностью он никогда не отказывался от идеи о том, что *гуру* существует для того, чтобы сделать дело за один раз, что *гуру* не предназначен для длительных отношений.

Произошло еще одно изменение, которое нельзя было не заметить. Когда я впервые приехал туда в 1992 году, сатсанг был очень сфокусирован на Самовопрошании. Однако, постепенно Пападжи стал допускать все больше празднования и почитания, а в последние годы это преимущественно было почитанием. У тебя было подобное впечатление от происходящего?

Я разговаривал с ним на пороге этих изменений, и сказал ему: «Когда я впервые приехал к тебе, ты был полон энтузиазма в проведении *сатсанга*, и не имело значения, насколько ты был болен. Ты готов был ползти на *сатсанг* на карачках. Ты сидел там и заставлял всех, кто выходил к тебе, выполнять Самовопрошание. Ты был как собака, рвущая тряпку, и не отпускал человека, пока до него что-нибудь не доходило. Сейчас ты меньше вмешиваешься и, похоже, подход твой стал мягче». Он ответил: «Наконец-то я осознал, что отсутствие усилия – правильное предписание и для *гуру*, а не только для учеников. Я годами пытался дать людям опыт, заставить их заниматься Самовопрошанием, чтобы пережить Истинное Я. Я могу сделать так, чтобы кто угодно, пришедший ко мне, включая корову за воротами, получил подобное временное переживание, но я не могу сделать так, чтобы оно сохранилось. Пока ты не готов к Истине, она не останется с тобой. Люди приобретают этот опыт и уходят, теряют его и попадают в депрессию, а затем возвращаются ко мне. Моя ли это работа – принимать решения относительно того или иного человека и заставлять этих людей получать такой опыт?». Он говорил: «Когда бы я ни сел на этот стул, Истина изучает каждый отдельно взятый ум в этом зале, и тот, кто готов, обретает ее немедленно. Не мое дело вмешиваться, не мое дело пытаться и форсировать процесс. Но это не будет работать, если я не буду сидеть на этом стуле каждое утро. Если я останусь в кровати и не буду физически в контакте, это не будет работать. Не имеет значения, что я делаю, – мы можем петь песни, я могу рассказывать истории; мы не обязаны разговаривать о духовных вещах.

Ключевой момент – я должен там быть. Поэтому до тех пор, пока я здесь, эта сила, это присутствие будет делать свою работу. Это – не мое дело, и мне не нужно вмешиваться». Таково было его обоснование. У него не было необходимости приходить туда каждое утро и заставлять людей заниматься Самовопрошанием; фактически, ему не нужно было заставлять людей делать хоть что-то. Все, что он должен был сделать – явиться и сесть там. Поэтому все стало намного мягче, он просто знал, что какая бы сила ни шла через него, она делала свою работу, и ему не нужно было направлять ее в какую-либо сторону.

Ты сказал, что он признавал, что люди могли получить этот опыт, а затем утерять его. Я много раз слышал на сатсангах, что он этого не принимал. Когда кто-то приходил и говорил, что утерял это, он мог сказать: «Ты не можешь потерять то, что никогда не приобретал». Он всегда ясно давал понять, что это было тем, что нельзя приобрести или потерять.

Ему всегда было очень трудно точно это определить. Это была главная область, о которой никто не мог получить объяснение от него. Он говорил: «Если ты обрел что-то и утерял, тогда это не Истинное Я, потому что то, что ты обретаешь и теряешь, не может быть Истинным Я, это должен быть ум. Поэтому то, что ты приобрел, – опыт на уровне ума». В день, когда человек получал опыт, он мог сказать: «Да, да, ты обрел это». Он не говорил: «Нет, то, что ты приобрел, является состоянием ума». В тот день он мог быть очень позитивным, но затем, когда ты возвращался и говорил, что это ушло, он мог сказать: «Это был твой ум. Твой ум дал тебе состояние и твой ум снова его утерял». Поэтому, да, он мог утверждать: «Ты на самом деле не можешь утратить Истинное Я», но потом мог также сказать: «Если ты обрел и потерял что-то, это, прежде всего, не может быть Истинным Я».

Ты в итоге пробыл в Лакнау долгое время? Четыре или пять лет?

Пять.

Наверное, ты был там, когда Пападжи покинул свое тело?

Да.

Что с тобой тогда произошло? Должно быть, для тебя это стало сильным моментом?

И да, и нет. Я чувствовал, что мои дела с ним закончены. Мои отношения с ним не требовали наличия кого-либо в физическом теле. Каждый день воспринимался как бонус: «Он еще здесь. Пойду сегодня, прикоснусь к его стопам и буду счастлив, сидя рядом с ним». Когда он в конце концов умер, это не стало большим шоком. Полагаю, что я был единственным человеком в Лакнау, не хотевшим ехать в Харидвар. Присутствовало некое ощущение завершенности дела, так зачем мне было ехать в Харидвар и бросать какой-то пепел в реку? Какое это имеет ко мне отношение? В последний момент у кого-то оказался лишний билет, поэтому я решил поехать. Мы все подошли к Ганге, и Сурендра, его сын, совершил ритуал. Кажется, я закрыл глаза, когда пепел был погружён, Сурендра очень расстроился, когда я сказал «брошен» в реку. Он поправил, что правильное слово «погружён». Сурендра погрузил пепел в реку, я закрыл глаза, а когда открыл, то услышал, будто целый мир пульсировал звуком «Ом» или «Пападжи», мгновенно наступило осознание, что все, что я видел, все, чем я был – это был Пападжи. Ритуал был очень мощным. Пападжи не просто был погружён в реку – все, что я есть, и все, что я могу видеть, – Пападжи.

В каком-то смысле Дэвид Годман погрузился в Пападжи.

Я бы так не сказал. Я бы ничего про это не говорил. Присутствовало осознание того, что Пападжи был всем, не был мертв и не был пеплом, ушедшим в реку. Произошло моментальное распознание его как манифестации. Я говорил с несколькими людьми, которые не поехали в Харидвар, и, как ни странно, они пережили почти такой же опыт примерно в то же время дня, когда совершался ритуал. Я не знаю, сколько людей почувствовали это. В каком-то смысле это было удовлетворяющим завершением – смотреть, как останки тела уходят в Гангу, и в то же время получить опыт того, что он еще здесь, он по-прежнему – всё, и никуда не ушел.

Ощущал ли ты то же самое два года спустя?

Я не смотрю так на мир и не слышу пульсации, думая, что всё – Пападжи. Бхагаван говорил, что тебе не нужно целыми днями ходить и говорить: «Я человек, я человек». По его словам, существует непоколебимое знание о том, кто ты. И если кто-нибудь подходит и говорит, что ты – лошадь, ты можешь сказать: «Нет, я не лошадь». Нет нужды подтверждать это, и если кто-то ставит такое утверждение под сомнение, то ты можешь обратиться к своему опыту и ответить «да» или «нет». Я не нахожусь постоянно в таком состоянии, как в тот день в Харидваре. Похоже, что мне в тот момент было дано или передано определенное количество информации, присутствовавшее там: «Это Пападжи, и это то, кто ты есть. Не забывай об этом». Как прощальное послание.

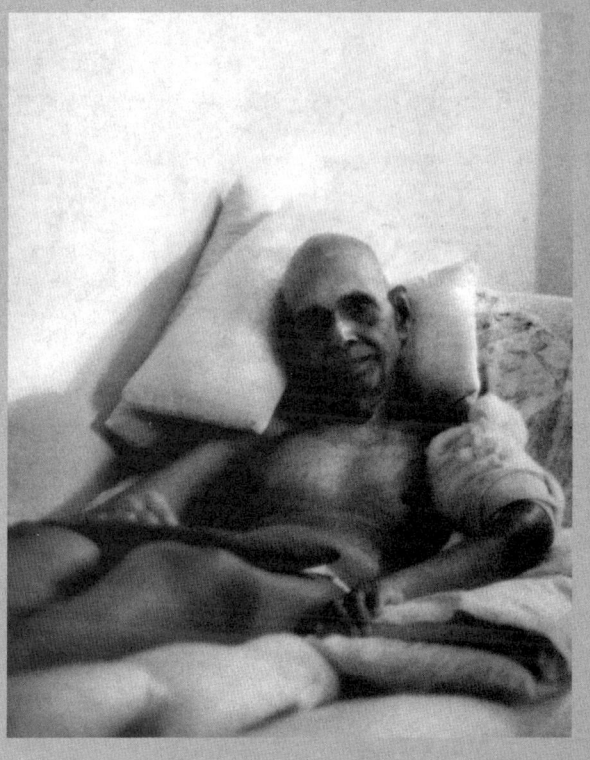

Устойчивая и дисциплинированная сосредоточенность в себе, не допускающая ни малейшей возможности для возникновения какой-либо мысли кроме глубокого созерцательного памятования Истинного Я, поистине представляет сдачу себя Богу.

Шри Рамана Махарши

Вверху: Статуя коровы в усыпальнице Матери

Слева: Комната Самадхи, где Шри Рамана провел свои последние дни

Внизу: Вид на западный склон Аруначалы с новой кольцевой дороги южнее Тируваннамалая

Справа вверху: Шри Рамана с кроликом

Справа внизу: Шри Рамана с преданными и коровами ашрама

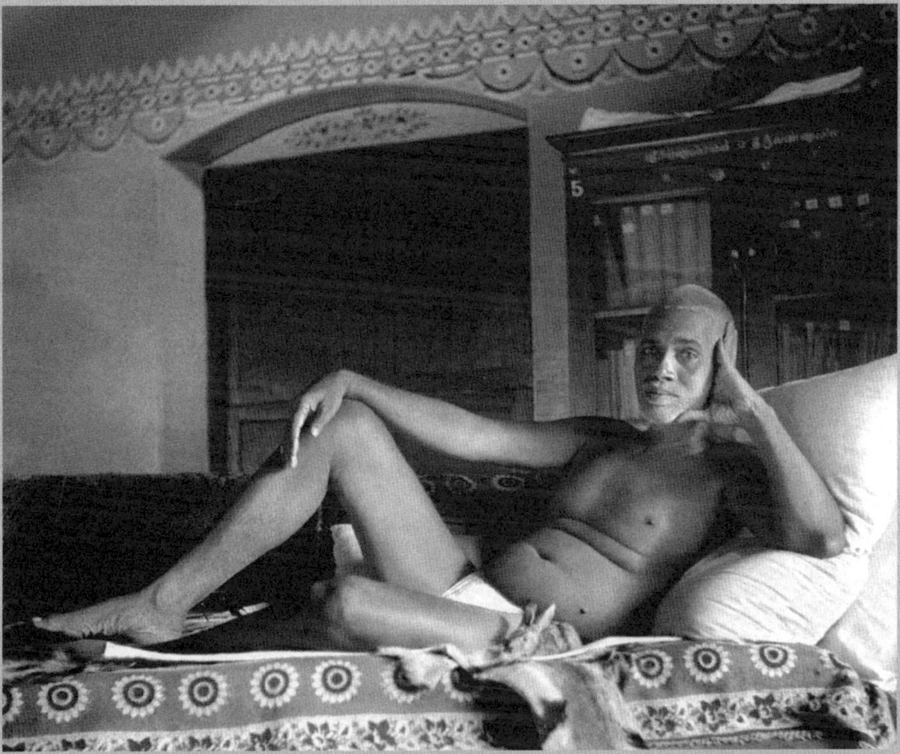
5

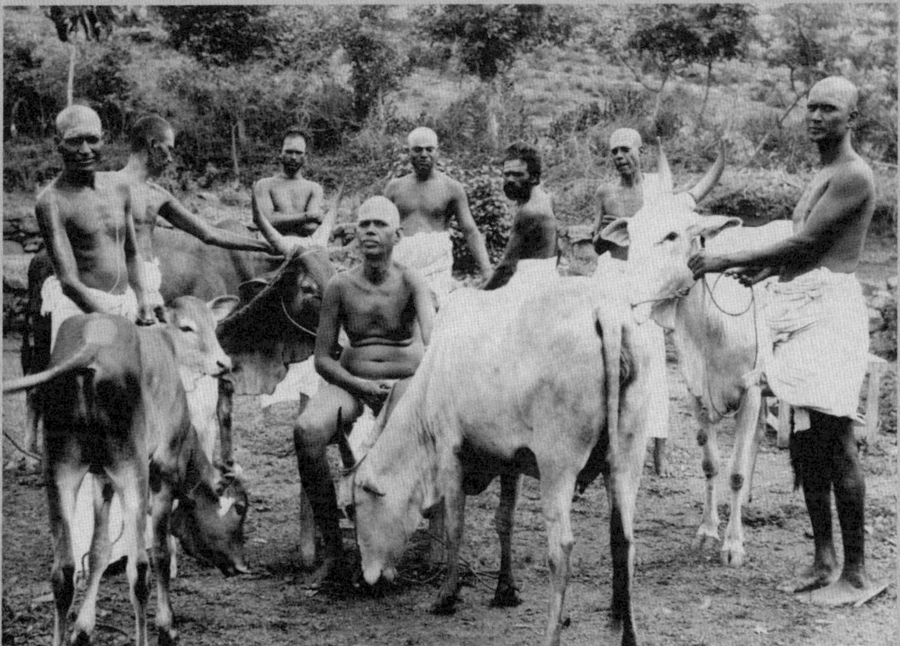

ГЛАВА 11

История жизни Рама

Интервью Премананды с Рамом

В красочную историю жизни Рама трудно поверить до конца, но, так как он предупредил нас вначале, что «его история» закончилась Самореализацией в тридцать один год, похоже, это не имеет значения. В свое повествование он вплетает множество важных озарений и наставлений. Примерно с двадцатилетнего возраста он вел более чем бурный образ жизни, впоследствии влился в психоделическое движение 1960-х и начал принимать ЛСД. Рам встретил своего мастера Свами Чинмайананду в возрасте двадцати девяти лет и провел с ним два года, изучая веданту. Непродолжительное время он присматривал за ашрамом в Сан-Франциско, а затем последовали долгие годы скромной жизни в бревенчатом домике и ловли форели в штате Монтана. В последние годы Рам вернулся к преподаванию и написанию книг о веданте.

Доброе утро, Рам. Ты бы хотел что-нибудь сказать, прежде чем мы услышим историю твоей жизни?

Является ли Шри Рамана Истинным Я, или Шри Рамана – маленькая личность, которая пережила и осознала Истинное Я? Когда ты на самом деле осознаёшь, кто ты есть, та маленькая переживающая личность фактически больше уже не является переживающим. Снаружи похоже, что ты личность, получающая переживания. Выглядит это так: «Ах, этот человек живет такой потрясающей жизнью!». Но изнутри, откуда ты смотришь, абсолютно ничего не происходит, вообще. Переживания появляются, но они не имеют значения. Они тебя не затрагивают. Присутствуют полный покой и безмолвие.

Ты хочешь сказать, что не хочешь рассказать нам массу историй?

Да. Верно. Надо сказать, что в *Бхагават Гите Кришна* рассматривает этот вопрос в третьей главе. Он говорит: «Истинно мудр тот, кто видит действие в бездействии и бездействие в действии». Это означает, что когда что-то происходит, ты просто не чувствуешь, что хоть что-либо происходит. Но с другой стороны, на относительном уровне, есть история, которую можно рассказать.

Ты мог бы начать с небольшого введения о распущенном молодом Раме, дизайнере одежды и бизнесмене.

Да, я был жадным, эгоцентричным, непорядочным, эгоистичным, прелюбодействующим, обжорливым бизнесменом, алкоголиком и злостным курильщиком.

То есть, ты был хорошим парнем!

Я определенно не был хорошим парнем! Я был крутым; я сталкивался лбами с большими «шишками» в Гонолулу. Я очень быстро нажил кучу денег. Я был настолько успешен, что даже мафия пыталась привлечь меня в свои ряды. Но у меня хватило мозгов понять, что я не хочу связываться с этими ребятами. Из-за того, что моя жизнь была основана на лжи и противоречила моральным правилам, я страдал – даже несмотря на то, что все хлопали меня по спине и говорили, какой я замечательный. Когда ты успешен, все «любят» тебя, но на самом деле они тебя не любят. Они любят твой успех. Но внутри я прекрасно знал, что не был успешен. На самом деле я чувствовал себя ужасно. Однажды ночью я спал с женой одного из моих коллег.

Я проснулся утром с похмелья, совершенно разбитый – полная развалина – но должен был идти открывать магазины. У меня было три магазина на Вайкики Бич. Туристы начинали приходить в девять – десять утра, поэтому я должен был расставить продавцов, разобраться с деньгами и убедиться, что на витринах порядок. По пути я остановился, чтобы забрать свои письма на почте.

В жизни у меня было много моментов, которые бы большинство людей посчитали незабываемыми – но большинство из них я забыл, просто потому что у меня была такая интересная жизнь. Но тот день был особенным. Я никогда его не забуду. Это был обычный зимний день на Гавайях, двадцать градусов тепла и шелест пальмовых листьев на Трейд Виндс. Ночью прошел легкий дождь, поэтому тротуар блестел, и сорванные тропические цветы источали волшебный аромат. Я знал, что день был прекрасный, но не мог ничего почувствовать. Я был совсем мертвым, как камень или неодушевленный предмет.

Заходя в почтовое отделение, я заметил выходившего человека, оживленного пожилого мужчину, одетого в шорты-бермуды и гавайку, который курил трубку из стержня кукурузного початка. Он на ходу читал письмо, не обращая ни на кого внимания. Я заметил, что мы можем столкнуться: если он не посмотрит, или если я не посторонюсь, мы врежемся друг в друга. Поэтому я решил отойти в сторону.

Я попытался отойти, но не смог. Я полностью потерял контроль! Тело было на автопилоте; я подумал: «О, Боже! Что здесь происходит? Я что, схожу с ума? Что-то случилось?». Я перепробовал все, но мое тело совершенно не реагировало. Я ощущал могущественную энергию, или силу, контролирующую меня. Мы приблизились вплотную друг к другу, и он взглянул на меня.

Мой рот открылся. Я его не открывал. Я совершенно не контролировал свои органы чувств. Говоривший голос не был моим голосом. Честное слово, тот голос был самым сладким, самым восхитительным голосом, который я когда-либо слышал в своей жизни. Он был таким сладким! Таким чистым! Это был такой прекрасный голос! Он сказал: «Простите, сэр, как вы думаете, сколько мне лет?».

Я не мог поверить в происходившее. Я, конечно же, прекрасно знал, сколько мне лет, и меня меньше всего волновало, что он или кто-нибудь другой думает на этот счет. Я был крупным мужчиной, богатым успешным парнем, а он – маленький никто, поэтому меня это вообще не интересовало. Голос сказал: «Простите сэр, как вы думаете, сколько мне лет?». Мужчина воспринял это как прямой вопрос. Он вроде как немного отступил, оглядел меня с головы до ног, сделал затяжку из трубки и сказал: «Ну, ну, сынок, я бы дал тебе сорок три».

Новость шокировала. Мне было двадцать шесть! Будучи бизнесменом, я знал, когда люди лгут, потому что в том мире все лгали. Ты определял правду с помощью лжи. Я был успешен, потому что хорошо лгал. Я видел, что он лжет.

Я подумал: «Почему этот человек лжет?». И потом до меня дошло, что он лгал, потому что был вежливым человеком. Он не хотел, чтобы я думал, что он считает меня старше, чем я был на самом деле. Поэтому он скинул пару лет, чтобы не огорчать меня. Это заставило меня на секунду задуматься. Затем голос сказал – я не говорил, я не мог разговаривать: «Ага, хорошо, большое спасибо». Затем внезапно произошел своего рода щелчок, освобождение энергии, и я снова мог функционировать как обычно.

Я направился прямо в почтовое отделение. Я открыл первую дверь, чтобы войти в фойе, и вдруг снова потерял контроль. Сила вернулась. Тело само повернуло налево, затем направо и пошло в мужской туалет. Над умывальниками на стене висел ряд зеркал, перед которыми оно и припарковалось. Оно просто остановилось! Было чувство: «Ах!». Затем, к моему изумлению, комната наполнилась мягким, красивым, нежным, сказочным, прекрасным, потрясающим светом, который проникал повсюду. И он сопровождался могущественной, практически осязаемой тишиной, такой плотной, что ее можно было резать ножом или кушать ложкой. В пространстве было столько осознанности, что находившиеся там мужчины сразу же спустили воду, застегнули молнии и вышли. Мне кажется, они ощутили силу осознанности и были ею смущены.

Я посмотрел в зеркало и увидел до мельчайших подробностей все те грехи и моральное разложение, до которого я докатился, грязную отвратительную природу моей личности. Я осознал, каким никчемным сукиным сыном я был, и никак не мог отделаться от этого видения. Каким бы болезненным ни было видение, все это время я полностью был проникнут тем потрясающим свечением. Я понял, что не могу уйти, пока до последней капли не приму все то уродство, которое я из себя представлял. Как только я полностью его принял, переживание прекратилось.

Я вышел на улицу и уже знал очень ясно, что в этом мире существует великодушное разумное божество, что есть Бог, и что быть тем, кем я был, – не мое занятие. За шесть последующих месяцев я продал свой бизнес, отпустил волосы, бросил пить и курить и сбросил двадцать семь килограмм. А также расстался с замужней женщиной. Это было началом моего духовного поиска.

Когда это было?

В 1967-м году.

Тогда вокруг много чего происходило.

Да. Я слышал про все эти психоделические «ферменты», называй их как хочешь, но не имел к ним никакого отношения; я был просто обычным бизнесменом и реально не представлял, что это такое. И вот однажды я полетел в Калифорнию открывать новый магазин, сошел с самолета, взял машину напрокат и направился по делам в Сан-Франциско. Я был в деловом костюме, с дипломатом в руках, при всех своих дорогих цацках и с кучей наличных. В моем бизнесе вращалось много наличных денег, потому что я не платил налоги. Я увидел хиппи, голосовавшего на дороге, и по каким-то причинам машина сама съехала на обочину. Это было невероятно странно, как в тот день в почтовом отделении. Я спросил: «Тебя подвезти?». Мне никогда даже в голову не пришло бы разговаривать с хиппи, потому что я был весьма надменным парнем из высших слоев общества. У меня было хорошее образование, я красиво разговаривал. Я был высокомерным и обладал аристократическими манерами.

И вот я подбираю на обочине дороги бесполезного хиппи! Я начинаю говорить, впечатляя его тем, каким чудом был я, каким невероятным парнем был я, каким потрясающим, могущественным, интересным богатым ублюдком был я. А на него это, похоже, совсем не произвело впечатления! Я закончил свой рассказ и спросил: «Ну и что ты думаешь по этому поводу?». Он ответил: «Ну, чувак, – он был очень расслабленный, очень такой калифорнийский, – Ну, чувак, я бы сказал, что ты – одно из самых испорченных человеческих существ, которых я встречал». В обычном случае я бы очень разозлился и вышвырнул его из машины, но по какой-то причине его слова меня совсем не задели. Я сказал: «Хорошо! Понятно. И что, по твоему мнению, мне с этим делать?». Он полез в карман, достал две таблетки ЛСД «Оранжевый солнечный свет» и протянул их мне со словами: «Прими их. Это может помочь». (Смех)

Итак, скорость – сто десять километров в час на Бейшор Фривэй; я забрасываю обе таблетки кислоты и глотаю их вместе с чашкой кофе. Понятия не имею, где он вышел. К тому времени, когда я добрался до Бей Бридж, вселенная вдыхала и выдыхала как огромное легкое, а дорога выгибалась и прогибалась, будто была резиновой. Я видел чаек, которые оставляли в небе кармический след. Я доехал до вершины Беркли Хиллз лишь по Божьей милости. В Тилден Парк я просто съехал с дороги в поле, открыл дверь и оставил все в машине. На переднем сиденье в дипломате лежали пять тысяч долларов, дорогие причиндалы и цацки, дверь распахнута настежь и включен мотор.

Я вышел в поле, и у меня случился один из самых выдающихся, потрясающих, невероятных, фантастических трипов в моей жизни. Тогда я осознал, что то, что со мной произошло в мужском туалете без каких-либо наркотиков, было доступно с помощью ЛСД. Так что я «подсел на кислоту».

Это тогда ты продал бизнес?

Да, я продал бизнес. Я получил кучу денег и начал принимать ЛСД. Иногда принимал для развлечения, но в основном использовал его как средство для самораскрытия. За очень короткий промежуток времени я оказался способен очистить огромное количество негативных и нездоровых тенденций, просто наблюдая и анализируя. Как-то раз я был в Сан-Франциско и наткнулся на того самого хиппи, и мы приятно поболтали. На этот раз уже совсем по-другому, очень классно! Когда мы прощались, он сказал: «Вот пара таблеток мескалина. Сегодня будет отличный концерт напротив Сил Рок, на Оушн Бич. Играют "Грэйтфул Дэд". Тебе понравится!».

Солнце уже садилось, и я покатил туда в предвкушении отличной музыки, знакомства с симпатичными девушками и приятного времяпровождения. Итак, я открыл мескалин и вдохнул в каждую ноздрю по капсуле. Некоторое время я смотрел на закат, затем заглянул в Фэмили Дог – это было знаменитое место. Там Стив Гаскин проводил свой «Вечерний урок по понедельникам» (Monday Night Class), и это было местом встречи психоделической публики.

Это было духовное место?

Пожалуй, было; что-то вроде того. Только я вошел в дверь, как увидел Алана Гинзберга, целующегося с каким-то молодым парнем. «Что здесь происходит, черт побери?» – подумал я. Смотрю на стену, а там идет фильм, в котором Саи Баба изрыгает из себя огромный *лингам*! *Лингам*, если тебе интересно, это большой каменный символ Истинного Я. «Что здесь происходит, черт побери?» Я осмотрелся по сторонам, все место было заполнено потрясающими духовными персонажами! Вдоль одной стены в различных позах с закатившимися глазами сидела дюжина типичных калифорнийских хиппи-серфер-йогов. На сцене – Йог Бхаджан. На голове у него был большой тюрбан, и было видно, как у него из третьего глаза шел какой-то лучистый свет.

Одна из красивых девушек подошла ко мне и сказала: «Вау, чувак! Ты невероятен! У тебя потрясающая энергия!».

Я спросил: «Что происходит? Я думал, здесь рок-н-ролл».

«А!? Рок-н-ролл? Ты что, шутишь?».

Я ответил: «Да ладно! Что за хрень здесь происходит? Это все очень странно».

Она сказала: «Чувак, это "Холи Мэн Джэм"», после чего заметила: «В тебе есть что-то забавное. Ты что, "убитый"?».

Я ответил: «Конечно, я "убитый"! Что ты имеешь в виду, спрашивая, "убитый" ли я? Разве все здесь не под кайфом?».

Она посмотрела на меня, будто я был полным придурком. Она была из тех благонравных, правильных, духовных девушек, которые были слишком хороши для секса, наркотиков и рок-н-ролла.

Итак, я сказал ей: «А что не так с кислотой?».

– Кислота – не то, к чему нужно стремиться.

– О'кэй, а к чему надо стремиться?

– Бог – вот к чему надо стремиться!

"Холи Мэн Джэм" представлял из себя массу хиппи и наркоманов, повернутых на Боге. Мне это показалось интересным, и я там остался. «Ну давай, рассказывай мне про этого Бога» – сказал я. К концу вечера мне «впарили» Бога.

Это было в конце шестидесятых?

Да. Я немного запоздал с психоделическими вещами. ЛСД дало людям ощущение, или понимание, что есть нечто за пределами обыденного земного мира. ЛСД служит своего рода катализатором или ключом к тому измерению, если ты для него пригоден. Те люди двинулись дальше, поэтому я подумал: «Пожалуй, поеду-ка я в Индию и разузнаю, в чем же дело».

Так я и сделал. Отправился в Европу и автостопом добрался до Испании, где сел на корабль в Марокко.

В маленькой деревеньке в горах Эр-Риф со мной познакомилась девушка. Она хотела принять вместе со мной ЛСД, но мне это уже надоело. Девушка продолжала настаивать. Она была астрологом и утверждала, что звезды говорят, что мы должны отправиться в кислотный трип, что мы станем божественной парой, и т.д. – она слегка витала в облаках. По ее словам, нам было предначертано принять эту таблетку кислоты в определенное время и тому подобное. Поэтому лишь для того, чтобы порадовать ее и прекратить это нытье, я принял таблетку кислоты и, конечно, начался все тот же фейерверк – яркие цвета и свет, вселенная дышала как огромное легкое, всё по полной программе.

Но знаешь что? Происходило потрясающее психоделическое переживание, но оно абсолютно на меня не действовало. Это было как смотреть фильм в двадцатый раз. Я ни на грамм не изменился. Я осознал, что был не тем, кем я себя считал. Пришло понимание, что я был всевидящим оком сознания, что я был полностью за пределами своего ума, и что ум вообще не имел ко мне отношения. Я был всевидящим оком. Я был чистым осознанием.

Я понял, что наркотики для меня исчерпаны, поэтому с ними я покончил и позволил своему уму и телу очиститься. Я снялся с места и отправился путешествовать автостопом по Северной Африке. У меня происходили потрясающие опыты выхода из тела, астральные путешествия, и я переживал самые разные психические и духовные измерения. В Ливии я левитировал. «Я» не поднимался в воздух, но тело – да, оно поднялось над землей без каких-либо усилий с моей стороны.

Я путешествовал по Египту, где меня допрашивали и избили египетские военные, приняв за еврейского шпиона. В Египте я провел несколько самых худших дней в своей жизни. В конце концов я оказался на колесном пароходе, шедшем по реке Нил в Судан. Это было необычайное путешествие. Я не думаю, что наберется больше горстки западных людей, которые когда-либо проделывали подобное. На корабле плыла пара молодых американцев – что-то вроде благодетелей человечества, духовных персонажей, на которых повлияли Ауробиндо и Мать, и идея об Ауровиле – сообществе людей, собиравшихся создать новый мессианский вид духовности.

Мы разговорились за ужином, и они были впечатлены моей историей жизни и бурными переживаниями. Муж был настолько впечатлен, что вскочил, побежал в свою комнату и вернулся с книгой «Путешествие сознания», написанной человеком по имени Сатпрем.

Сатпрем был доверенным лицом Матери. Он провел с ней десять или пятнадцать лет, записывая каждое ее слово, что впоследствии стало «Агендой Матери», философским фундаментом Ауровиля. Я прочитал «Путешествие сознания» и понял, что всё, что со мной происходило, было обычным явлением в Индии, и что там меня ждала восхитительная духовная культура. Изумительная вибрация удовлетворения исходила от мысли, что я направляюсь туда, где смогу обрести некое понимание того, что же на самом деле происходило внутри меня, и почему все эти чудесные вещи происходили вокруг меня постоянно. Я вел такую волшебную жизнь. У меня до сих пор была потрясающая жизнь, а теперь она становилась еще интересней.

После десяти дней, проведенных на Судде, гигантском болоте в Южном Судане, я оказался в Джубе, где шла война. Я был почти убит солдатами, но спасен начальником полиции. Я улетел в Энтеббе, в Уганду, где Иди Амин ел людей, а затем добрался автостопом до Найроби с группой контрабандистов, которые вступили в перестрелку с таможенниками на границе Кении. Мне удалось оттуда выпутаться и выжить, добраться до Момбасы, где я сел на корабль до Сейшел, Карачи и Бомбея.

Когда я сошел с корабля и ступил на улицы Бомбея – я знаю, это прозвучит как клише, но простите, все-таки скажу: «Я вернулся домой!». Ощущение от Индии было удивительно прекрасным. В конце концов, я оказался в великолепном месте.

Мог бы ты объяснить это, потому что многие западные люди совершенно не поймут твоих слов: «Я вернулся домой!». Что так привлекает в Индии?

Что ж, если у тебя такое ощущение, значит, у тебя есть так называемые *пурва джанма самскары*. Это означает, что ты рождался здесь в предыдущих жизнях, и твоя душа резонирует со здешними вибрациями. Святые и мудрецы, праведники, факиры и другие необыкновенные человеческие существа жили здесь. Сама земля пропитана вибрацией осознанности. Я ощущал себя очень комфортно. В прошлой жизни я был пандитом в Кашмире, и поэтому у меня есть эти *самскары*. Ступив на эту землю, я внезапно был крайне удивлен: я чувствовал себя очень, очень счастливым! У меня очень ироничная и странноватая натура, поэтому причудливая Индия поразила и изумила меня невероятно!

В Бомбее, в лавке, торговавшей свежевыжатыми соками, я познакомился с молодым человеком по имени Рави, который, как оказалось, был учеником Нисаргадатты Махараджа. Мы разговорились с ним, и я спросил: «Ну и чем занимается этот *гуру*?», потому что я не знал, я никогда не встречал *гуру*. Он ответил: «Пойдем! Я тебя отведу». Так что на следующий день он взял меня с собой, и я встретил Нисаргадатту Махараджа в его маленьком доме над лавочкой, в которой он продавал *биди* (индийские сигареты).

Ты встречался с ним только раз?

Да. Я не знал, что положено поклоняться *гуру*. Я не поклоняюсь людям. Я в это не верю. Я не считаю, что кто-либо лучше или хуже меня. Мы все одинаковы. Он дал мне ви́дение Истинного Я. Я видел Истинное Я без всяких наркотиков! Вдруг, пока он говорил, каким-то образом свершилась эта магия, я вернулся в осознанность и видел с перспективы Истинного Я. Он сказал: «Поезжай в Ришикеш», и я подумал: «О'кэй, почему бы и нет?».

Я отправился в Ришикеш и там встретился с *йогином*. Он оказался жуликом и повел себя нехорошо, но он был очень притягательным и симпатичным молодым человеком с красивыми, черными, длинными, ниспадающими локонами и сияющими глазами. Вокруг него сидели прекрасные молодые женщины и поклонялись ему с большой любовью. Он почему-то был расположен ко мне и обычно брал меня с собой на встречи с

Махарани. Она жила в очень хорошем месте в поселке Лакшман Джула на самом берегу Ганга. Это было еще до того, как на Западе стало очень модным приезжать сюда. Приезжали «Битлз», да и всё. Ришикеш тогда еще был довольно чистым и нетронутым.

Он учил меня *кундалини-йоге*. Я был совершенно искренним в отношении просветления, потому что у меня случались те переживания, и я слышал, что действительно можно прийти к переживанию Истинного Я с помощью такой *йоги*. Поэтому я начал практиковать *кундалини-йогу*. Боже мой, ты не поверишь, какие отвратительные вещи мы проделывали для того, чтобы очистить наши тела. Мы пили тоннами всякую всячину и глотали метрами ткань, чтобы потом ее вырвать. Мы закручивали наши тела во всевозможные причудливые позы, пытаясь разбудить духовную силу. Это было нелепо. И ничего не происходило.

Я упрекал его: «Ну давай же, Йогиджи! Ты должен предложить что-то получше! Это не работает!». Потому что, на самом деле, я мог принять таблетку кислоты и достичь более высокого состояния, чем достигал с помощью этих занятий. Я продолжал подталкивать его, давил на него. Я говорил: «Ну давай же, Свами! Я хочу конкретных вещей! Давай что-нибудь реальное, чувак!». По какой-то непонятной причине я ему нравился. Не знаю уж по какой, потому что я был весьма надменной и агрессивной личностью. Но я располагал к себе людей, и он мне тоже нравился. Я хотел чего-то – а если я хочу чего-то, то могу быть хорошим. В конце концов, я начал предупреждать его: «Послушай, Йогиджи, если в ближайшее время ничего не произойдет, я уйду. Я хочу реальных вещей, сейчас». К моему удивлению это сработало. «Хорошо, я дам тебе реальную вещь» – сказал он.

Он обучил меня очень сложной практике *хатха-йоги*. Ему потребовалось несколько дней, чтобы объяснить и чтобы мне стало ясно, что нужно делать. Затем я ему сказал: «Я не могу оставаться в *ашраме*. При всем том, что здесь происходит, и при всех этих людях таким заниматься невозможно. Прости. Я должен пойти и сам найти место в джунглях или на Ганге, где смогу этим заниматься». Поэтому я поднялся выше Лакшман Джулы и нашел красивую пещеру, в которой никто не бывал. Пещера оказалась действительно славным местом. Я начал практиковать с великой самоотверженностью и сосредоточенностью. Если я хочу получить результаты, я их получаю.

Ты достиг результата?

Оказалось, что я живу в пещере с коброй длиною больше метра! Но я был настолько сумасшедшим и мистически настроенным, что подумал: «У *Шивы* вокруг шеи обвивается кобра. Это, должно быть, хороший знак!». Ночью кобра уходила охотиться. К тому времени я уже спал крепким сном. Я вставал на рассвете и уже практиковал, когда кобра возвращалась; она спала в глубине пещеры. Поэтому наши стили жизни не особо конфликтовали.

И вот однажды я практиковал, когда вдруг – Бум! – я полностью вылетел из своего тела. У меня был потрясающий трансцендентный опыт и виде́ние *Кали* (богиня времени и перемен). Я осознал, что был лишь чистым сознанием. У меня много раз случался подобный опыт – в мужском туалете в Вайкики, когда употреблял ЛСД, и во многих других случаях без наркотиков – и я подумал: «Вот так да! Потрясающе! Оказывается, есть способ – с помощью этой методики – которым я могу достичь такого прекрасного состояния». Я был переполнен благодарностью! Я решил поблагодарить *йогина*.

Я направился в *ашрам*, полагая, что *йогин* пребывал в таком же состоянии. Было потрясающе, какой духовной силой я обладал. Я мог посмотреть на тебя, и ты бы пробудился. Придя к нему, я понял, что *йогин* был всего лишь умным человеком, совершенно не обладавшим духовной силой. Его эго было помешано на том внимании, которое он получал. Что было очень грустно. У него было красивое тело, он научился всякой всячине в *йоге* и мог красиво рассказывать, и всё! Он был полным обманщиком! Он был сообразительным парнем и понял, что каким-то образом мне удалось сорвать джекпот с помощью его техники. Я собирался простереться перед ним, но понял, что ему следует простираться передо мной. Я знал, что все кончено. Мне было все равно.

Он также понял это и сказал: «Ты знаешь, Рам, я думаю, что, наверное, будет лучше, если ты покинешь *ашрам*». Я собрал вещи и ушел. Конечно, через несколько дней я рухнул – как происходит с человеком, который пережил такой невероятный опыт. Ты просто возвращаешься – к чему? К ковырянию в носу и беспокойствам о своих налогах. Получится ли с кем-то переспать? Будет ли кто-нибудь меня любить? Ты просто снова становишься обычным человеком.

Хорошо, мы с тобой добрались до Ришикеша. Что было дальше?

Я познакомился с молодой женщиной-хиппи в Куллу Манали и подхватил гепатит в тяжелой форме. В итоге мое истощенное тело лежало на веревочном топчане в Пенджабе, с желтыми волосами, желтыми зубами и желтыми глазами, без гроша в кармане и весило всего семьдесят килограмм. По ногам бегали крысы. Здешние люди думали: «А, очередной наркоман». Им было все равно. Они просто дожидались, пока я умру, и вынесли бы меня и сожгли, или выбросили куда-нибудь, и дело с концом.

Затем, однажды, внезапно я вышел из тела и стал присутствием, умиротворенной, прекрасной осознанностью. В уголке моей осознанности присутствовала некая связь с телом, что-то вроде просмотра второго фильма в углу киноэкрана. Я не был в теле, но мог видеть через него. Начала собираться толпа. Никто при жизни не уделял мне никакого внимания. Азиаты очень привычны к страданиям и смерти. Они не делают из этого большой трагедии. Они просто проходят мимо тела, живут своей жизнью, и случается смерть. Ничего особенного. Но при смерти я неожиданно стал знаменитым из-за того, что их привлек этот необычайный шар сияющей осознанности вокруг моего тела. Вскоре собралось сорок, пятьдесят, шестьдесят людей, почтительно уставившихся на тело, пронизанное восхитительным сияющим светом, которым был я!

И в этот самый момент подкатывает большой черный мерседес-бенц. Очень красиво одетый пакистанец выходит и открывает дверь крайне элегантному, хорошо одетому мужчине в сшитом под заказ костюме и итальянских туфлях, с зализанными назад волосами. Конкретный мужик. Толпа расступилась перед ним автоматически, как Красное море перед израильтянами. Он подошел прямо ко мне и сел на корточки. Он посмотрел на мое тело и мягко толкнул. Никаких реакций. Он толкнул еще раз. Затем он наклонился ближе к моему лицу и сказал: «По тому, как ты переносишь свои страдания, видно, что ты благородный человек. Волею Аллаха я был послан заботиться о тебе».

Его водитель поднял меня и отнес на заднее сиденье мерседеса. Мы ехали через красивые рисовые поля, разделенные большими деревьями. Внезапно возник огромный викторианский особняк. Это было просто как в кино, говорю тебе. Машина остановилась, и двери немедленно открылись. Все было полностью срежиссировано. Было совершенно очевидно, что Бог позаботился о всех вещах до единой, до мельчайших деталей. Наверху особняка, в тени огромных деревьев, стояла красивая кровать с балдахином. Рядом стоял ночной столик красного дерева с мраморной столешницей, фарфоровой чашей и кувшином. Они уложили меня в кровать.

Мой хозяин сказал: «Это Маскур. Он позаботится о тебе. В четверг днем приедет моя жена. Тогда мы поедем с тобой в город, и ты сможешь сходить в кино». Мы стали очень хорошими друзьями. Он выходил меня, и я выздоровел. Они кормили меня, и ко мне начала возвращаться энергия. Я снова вернулся в тело и начал функционировать как человеческое существо. На семнадцатый день, рано утром мне приснился сон. Я увидел себя сидящим в небольшом *ашраме* в Сан-Франциско. Там находился святой человек, одетый полностью в оранжевые одежды, с длинной бородой, который рассказывал о *веданте*.

Когда сон закончился, я открыл глаза и увидел, как входит мой хозяин с запакованным обедом и билетом на автобус, со словами: «По воле Аллаха ты поедешь сегодня в Кабул». Потом он дал мне немного рупий и два золотых кольца. Я поехал на автобусе в Кабул.

Я поселился в гостиницу и пошел спать. Мне снился кошмар, и я громко кричал. Постучали в дверь, и это оказался мой очень хороший друг, которого я встретил в Марокко.

Он узнал мой голос! Он позаботился обо мне и взял билет до Стамбула. По приезду в Стамбул я продал золотые кольца и купил два килограмма гашиша. Я вшил его в жилет, сел на «Восточный экспресс» до Амстердама, где продал гашиш и купил билет до Калифорнии.

Приехав в Калифорнию, я решил: «К черту эту проклятую духовность! Погоня за просветлением – полное безумие. С меня довольно». В тот самый день я решил вернуться в университет, закончить образование и быть нормальным парнем, жениться и так далее.

Со мной произошли все эти необычайные переживания. Я не рассказал тебе и пяти процентов того, что случилось со мной, как плохого, так и хорошего, но, в конце концов, какое это имело значение? Это по-прежнему был я.

Тем самым утром я пошел в душ. У меня было маленькое зеркало, которое можно было вешать на лейку душа, чтобы стричь бороду, когда она размягчается от воды. Я включил воду и начал намыливаться, как вдруг услышал потусторонний звук, и душевая кабинка заполнилась таким же светом, как мужской туалет в почтовом отделении в Вайкики! Из меня, из солнечного сплетения, начала изливаться *мантра* (священный звук). Я не пел ее – она пела меня. *Ом Намах Шивая! Ом Намах Шивая! Ом Намах Шивая!* Она излучала невероятное сияние и силу. Меня трясло от радости и счастья. Я посмотрел на отражение своего лица в зеркале, и вдруг дыра размером с десятицентовую монету открылась у меня во лбу, прямо здесь, между и чуть выше бровей. Ткани лица и тела стали текучими, как вода, и все они взяли и – Пшшш! – стекли в эту дыру. Все мое тело вытекло в эту дыру. А затем внезапно оно вышло с другой стороны и просто взмыло вверх, вообще за пределы космоса.

Неожиданно, в очередной раз, я стал всевидящим оком Сознания. Я смотрю вокруг и вижу целую вселенную – планеты, галактики, звезды; я вижу, что все сущее – одни лишь вибрации в сиянии, в свете осознанности. А в одном углу я вижу планету Земля. И в одном из уголков Земли я могу видеть свое тело!

Тело моется, вытирается, одевается, выходит за дверь. Как только тело выходит на улицу, рядом останавливается машина.

Водитель опускает стекло и говорит: «Садись, я тебя подвезу!». Энергия накрывает его, и он внезапно пробуждается. Мы просто сидим там как единое сознание. Машина едет, все происходит совершенно без какого-либо сознательного контроля. Все залито сияющей осознанностью. Я сижу в огромном шаре осознанности, который есть я, и наблюдаю, как все развивается на Земле.

Я вышел из машины посреди Сан-Франциско, не представляя, куда иду. Я не имел понятия, что делаю. Я ничего не знал. Мне было все равно, что происходит. Я ходил взад-вперед по улицам сквозь толпы людей. Энергия была настолько сильной, что некоторые из них хотели подойти и дотронуться до меня, а некоторые были настолько напуганы, что просто убегали. Они не имели понятия, что за существо шло по улице. Выглядело как человек, но так ли это было?

Я мог заглянуть в ум каждого, о чем они думают и что чувствуют. Я мог увидеть всю историю жизни каждого человека. Это знание передавалось мне из какого-то неизвестного источника. И через меня Истинное Я, или Бог, если угодно, исцелял все эти души. Не спрашивай, как я это знал. Я просто знал. Должно быть, я пробудил и исцелил сотни людей, не совершив никаких действий. Это продолжалось несколько часов.

Примерно в шесть-тридцать – без пятнадцати семь вечера, я шел по Маркет Стрит и – хочешь верь, хочешь нет – подъехал пустой городской автобус. За рулем был хиппи, который был весьма похож на меня! «Эй, хочешь прокатиться?» – спросил он. И я ответил: «Конечно». Он провез меня через Голден Гейт Парк и довез до Авеню, где и высадил.

Я думал: «Где я? Что я здесь делаю?». Затем тело начало идти и прошло по улице несколько кварталов. Оно повернуло налево и вошло в дом. В комнате тихо сидели и медитировали примерно пятьдесят человек. Когда я вошел, я генерировал столько энергии, что это вызывало определенное беспокойство. Люди оглядывались по сторонам и ёрзали.

Было всего лишь два свободных стула, все остальные были заняты. Мое тело село на стул во втором ряду. Я думал: «Что здесь происходит, черт возьми?». Но это не имело значения, потому что я находился совершенно за пределами всего этого. Примерно минуту спустя, как будто все происходившее было полностью срежиссировано, я почувствовал сильное присутствие, и святой, *садху*, одетый в оранжевые одежды, сел прямо напротив меня. Я чувствовал, как он транслировал мне приветствие. Сон, который я видел в Лахоре, разыгрывался в реальной жизни. Я знал, кто он, и я знал, что он знал, кто я. Человек представился как Свами Чинмайананда. Он встал и сразу же начал говорить о *веданте*.

Я тебе говорю, каждое слово было как мед, как нектар. Это было так замечательно, так прекрасно! На следующий день я позвонил своей девушке и родителям и сказал «Пока!». Я продал свою машину, собрал деньги и уехал со Свами. Я стал его учеником. (Длительное молчание) Такие вещи невозможно забыть. Все остальное забывается, на самом деле.

Итак, ты бросил свою жизнь и следовал за Свами Чинмайанандой?

Да, два года.

Он фактически среагировал на твою чистую искренность.

О да, конечно! В *ведической* духовной традиции это называется *бхакта бхактиман* и означает, что Бог – это преданный своих преданных; *гуру* – это ученик своих учеников. Поэтому *гуру* оказывается под тобой и поднимает тебя вверх. *Гуру* здесь для тебя. Ты здесь не для *гуру*. Большинство людей в духовном мире считают, что они рядом с *гуру* для того, чтобы угодить ему, и тогда *гуру* им что-то даст. Но в данной традиции – а традиция эта древняя и сегодня по-прежнему живая – *гуру* ищут тех людей, которые подготовлены. Такова их *дхарма*, их обязанность – заботиться о людях, которых им посылает Бог. Итак, это был выдающийся человек, один из тех, кого можно встретить один раз за всю жизнь – как Шри Рамана, или Нисаргадатта, или Будда. Этот *гуру* был настоящим, точно тебе говорю. Он был одним из самых высокочтимых *махатм* Индии второй половины двадцатого века. Первое свое пробуждение он обрел благодаря Свами Шивананде в Ришикеше. Шивананда был великим *махатмой*, но он был *йогином*, и у него фактически не было особого учения. Это не удовлетворяло Чинмайю. Поэтому он двинулся дальше и поднялся выше в Гималаи, в Уттаркаши, где встретил великого гималайского мудреца по имени Свами Тапован, который был чистым аскетом. О нем написана великолепная книга, называется «Путешествие по Гималаям» (Wandering in the Himalayas), в которой рассказывается его история. Он был очень простым человеком высочайшей мудрости и замечательного характера. Его не интересовали ни имя, ни известность, ничего подобного. И у него были необходимые качества. В том смысле, что он был чистым человеком *веданты*, выходцем из Кералы, откуда родом был Свамиджи, поэтому у них также был своего рода общий фундамент. Он пробыл со своим *гуру* семь лет.

Гуру с самого начала ему сказал: «Я говорю вещи только один раз. Я не повторяюсь. Поэтому тебе стоит быть внимательным». Свамиджи был замечательным человеком и чрезвычайно целеустремленным. То же самое он сказал и мне: «Просто садись и молчи. Будь внимательным, и мы отправим тебя отсюда как можно скорее, потому что ты занимаешь место, которым могут воспользоваться другие». Такова была его идея. Он не хотел, чтобы я служил ему. Он говорил: «Служение *гуру* заключается в удержании ума сфокусированным на Истинном Я, удержании ума прикованным к Истинному Я и практиковании различения. Вот это настоящее служение». И он сделал свое дело.

Жил ли ты в его ашрамах?

Он был слишком знаменит, чтобы где-либо задерживаться. У него были центры по всему миру. В то время он находился по десять дней в каждом месте, поэтому я с ним дважды объехал вокруг света, мы ездили в разные центры в Индии, Америке и Европе. Мы оставались по десять дней; он давал насыщенную духовную программу с четырех утра до десяти вечера. А затем, на следующие десять дней, мы отправлялись в Австралию или Гонконг, Калифорнию, Швейцарию, и снова в Индию. Я не платил ни за еду, ни за проживание. Я оплачивал свои билеты, а он заботился обо мне. Он познакомил меня с самыми необыкновенными людьми.

Свами Чинмайананда был самым известным духовным лидером в Индии, потому что он создал огромную духовную миссию всего за пятьдесят лет. Она и сегодня по-прежнему ведет активную деятельность. Его миссия очень хорошо известна и добродетельна. Насколько мне известно, за последние шестьдесят лет в этой традиции ни разу не было скандалов, связанных с сексом или деньгами. Она праведна, чиста и свята.

А что насчет Свами Дайананды? Как он был связан со Свами Чинмаей?

Свами Чинмайя разработал двухгодичный курс обучения *веданте* и Свами Дайананда преподавал его. Дайананда был в составе миссии в течение пятнадцати лет. Он был старшим Свами. Его на самом деле готовили к тому, чтобы он взял на себя руководство миссией Чинмайи, но он решил пойти своим путем. У него были определенные разногласия с методом преподавания Чинмайи, и он не хотел оказаться управляющим этой огромной миссией, хотя в итоге стал управлять достаточно большой миссией, но уже собственной. Потому что сливки поднимаются наверх. Эти ребята были самыми лучшими. Они были совершенно безгрешными духовными людьми, которые служили истине с полнейшей преданностью.

Ты говоришь, что для тебя он был замечательным человеком, и благодаря этому близкому общению все стало понятно.

Пожалуй, я просто слушал учение. И да, вдобавок я получил пользу от его личности, от личного присутствия рядом с ним. Мы были как братья. Иногда я чувствовал, будто раньше был его отцом, или что-нибудь вроде того. Отношения были наподобие родственных, и у нас очень похожий характер, сходная натура.

По своему складу он представлял собой очень жесткого, конкретного бизнесмена, поэтому мне было легко находить с ним общий язык. Помню, однажды в Австралии в газете напечатали интервью с ним: «Этот Свами не миролюбивый котик! (Смеется.) Этот Свами – настоящий тигр». Он обладал потрясающей любовью и чистейшим знанием. Он был лучшим.

Общение с мудрецами – коренная причина освобождения. Священные тексты говорят об этом ясно. Поэтому свяжись с мудрецом и, если ты подготовлен, тогда определенно станешь свободным. И я был подготовлен. Я достаточно страдал и знал, чего хотел. Бог решил благословить меня этим великим учителем. Так что это действительно было предопределенным итогом. Повстречав его, я уже никогда об этом не беспокоился. Это не имело значения. Как только я встретил *гуру*, я уже точно знал, что моя работа окончена.

Ясность пришла благодаря учению?

Да! Безусловно! Потому что, видишь ли, *веданта* является средством Самопознания. Она глубоко научна. Работает она прекрасно, потому что систематична, и работает уже тысячи лет. И если у мудреца есть склонность учить, ты тогда осваиваешь методологию и применяешь учение к собственному уму. Поэтому, по сути, для меня процесс был похож на «фабрику просветления». Ты просто выполняешь духовную практику, то есть слушаешь и размышляешь, и постепенно твое неведение уходит, и ты усваиваешь знание.

Переживание Истинного Я не решит твоих проблем. Вот в чем дело! У меня были все эти сногсшибательные переживания. Я знал, что был Истинным Я! Но почему же я не мог оставаться Истинным Я?

Потому что я всегда думал, что просветление – своего рода опыт, и продолжал стараться вернуть эти переживания, удержать их и наслаждаться ими как какой-то значительной, основанной на опыте вещью, понимаешь? И что было с этим не так? Я был переживающим. Я был отделен от того, что переживал. Опыт был выдающимся. Невероятным! И способности, и всё остальное, что пришло ко мне как результат, было потрясающим.

В чем была проблема? Я думал, что просветление –

это опыт. Любой опыт, будь то переживание страдания или наслаждения, будет меняться. И в результате твоего взаимодействия с опытом меняешься ты – потому что ты находишься в этом непостоянном мире. Поэтому как ты можешь и переживать этот опыт, и сделать его постоянным? У тебя не получится одновременно переживать такой опыт, и чтобы он был непрерывным, потому что ты всегда переживаешь Истинное Я, двадцать четыре часа в сутки, семь дней в неделю.

Проблема в том, что ты не понимаешь, что такое Истинное Я и что ты есть Оно. *Веданта* говорит, что это недуальная реальность. А опыт всецело основан на убеждении, что реальность дуальна. Выход – аннулировать переживающего путем обнаружения Истинного Я.

Большинство людей считает, и *йога* также поощряет подобное: «Я останусь таким, какой я есть, и получу этот невероятный опыт, который избавит меня от чувства ограниченности. Я хочу добавить этот опыт ко "мне", и он сделает меня счастливым». В таком случае должно произойти то самое потрясающее духовное переживание: бесконечное блаженство, невероятный свет, или такое, каким ты его себе представляешь.

Подобное происходит со многими людьми.

Да. У многих, многих людей были такие невероятные, недвойственные переживания. Но что при этом не происходит – переживающий не аннулируется. В этом-то и проблема. А что делает *веданта* – она аннулирует переживающего. Говоря «аннулирует», я не имею в виду, что переживающий уничтожается, и ты больше не можешь чувствовать. Ты становишься самим переживанием. Наступает не физическое разрушение. Разрушение происходит исключительно на уровне понимания.

То есть, как только ты понимаешь, он уничтожается. Но на самом деле ничто не будет уничтожено, потому что его никогда не существовало.

Безусловно. Однажды днем я сидел на кровати в *ашраме*, уставившись в стену. И даже несмотря на то, что мне это было известно, в тот момент это просто стало совершенно ясно. Произошедшее не было большим событием. Оно совершенно не было событием. Это просто стало абсолютно, тотально понятно, без малейшей тени сомнения. С того момента со мной было покончено. Вот почему я больше не писал автобиографии. О чем еще писать? Ведь личность, у которой были все эти переживания, подошла к концу. Этой личности больше не существовало.

Спор о том, что случилось с Шри Раманой в пещере после просветления – чушь! Он осознавал, что был Истинным Я в то время. Вот что называется знанием. Такое знание аннулировало Шри Раману. Он будет только Истинным Я. И, в данном случае, об этом больше нечего сказать. И он, повторюсь, ничем не отличается от кого-либо другого! Он – не Рамана. Он есть все сущее!

Но если у тебя есть идея о переживаниях, тогда ты думаешь: «С этим парнем произошло нечто необычайное; он удержал и сохранил его. Оно стало постоянным». Ты сохраняешь эго, и поверх него налепливаешь вот такое невероятное достижение. Это приводит тебя к поклонению и заставляет казаться маленьким и ничтожным. «Как такое может произойти со мной? Это случилось с одним исключительным человеком, один раз за всю историю». Ты начинаешь думать так, потому что твой взгляд на просветление не учитывает, что переживающий должен быть аннулирован.

Шри Рамана ясно выразился на этот счет. Он говорит: **«Только знанием будет достигнуто Истинное Я»**. Он высказался очень ясно. Только пониманием, что ты – Истинное Я, что это недвойственная реальность, ты аннулируешь себя как переживающего.

Это замечательно! И ты обрел это, будучи еще молодым парнем.

Ну, мне был тридцать один год.

Ты был молодым, хорошо образованным американцем, обладавшим такой ясностью. Чувствовал ли ты побуждение делиться ею?

Не чувствовал. Но мой *гуру* сказал мне: «Теперь ты раскроешься в обществе и донесешь это знание людям». Именно так и сказал.

Я спросил: «Что делать?».

Он ответил: «Сядь под деревом в Сан-Франциско, в Калифорнии». Он добавил: «Все получится. Не беспокойся об этом». Он действительно пытался помочь мне с работой и другими вещами. Он был очень хорошим парнем. Он заботился обо мне.

В то время у тебя не было желания обучать?

Желания не было, но это просто случилось. По возвращении домой я оказался катастрофически без денег. У меня сохранился телефонный номер парня, с которым я познакомился в Марокко, и который помог мне в Афганистане. Он был моряком на коммерческом судне и жил в Сан-Франциско. У него была всего лишь маленькая комната, и он позволил мне спать в коридоре. Мы действительно были очень близкими друзьями. Он дал мне денег, чтобы я смог купить старую машину – «Форд Фэйрлейн». Я выбросил задние сидения и объезжал старые викторианские дома в окрестностях, воруя старье и продавая его. Я стал сборщиком старого хлама на улицах. У меня не было денег, но уже примерно через два года у меня появился особняк в элитном районе Сиклифф, бизнес и *ашрам*. Люди тянулись ко мне как пчелы к меду – потому что я был счастлив.

Движение хиппи немного поутихло, но восприимчивая аудитория существовала по-прежнему. Люди все так же были открыты к знаниям?

О да! Психоделическое движение превратилось в духовное. Поэтому Калифорния была очень заинтересована. Приезжали все *свами*, все ламы. Приезжали ребята из дзен-традиции. В то время в Калифорнии бродил массовый духовный фермент. Там находился Чогьям Трунгпа Ринпоче, и так далее.

Это были семидесятые?

Это было начало семидесятых. *Ашрам* процветал. Думаю, что десять или двенадцать людей из пришедших в *ашрам*, осознали Истинное Я. Но в середине семидесятых я ушел. Я бросил свой *ашрам* и двинулся дальше! Я поехал в горы в Монтане. Я больше не хотел *ашрама*. Было слишком много работы. Я доказал себе, что мне была по плечу работа учителя, но мне не хотелось ею заниматься. У меня появилось чуть известности и достаточно много власти, и мне это не нравилось. Поэтому однажды я созвал собрание и сказал всем: «Вечеринка окончена!». Я решил осчастливить себя вместо того, чтобы делать счастливыми всех остальных людей.

То есть ты бросил свой ашрам, *дом и все остальное?*

Да. Я отошел от этого, имея при себе пикап «Шевроле» 1955 года с небольшим грузом антикварных вещей и тремя тысячами долларов в кармане. Это за семь лет тяжелой работы. Я не получил ничего, кроме определенного удовлетворения от этой деятельности. Я бы легко мог быть миллионером. Я мог бы стать достаточно богатым и известным, но меня это не интересовало.

Таким образом, это был очень важный момент.

Предполагаю, что да. Я – ученый, я люблю ставить эксперименты. Моя жизнь – большой эксперимент. Я пробую разные вещи и когда осваиваю их, иду дальше. У меня нет к ним привязанности. Я просто хочу узнать, как работают вещи, а затем сделать так, чтобы они работали. Мой ум включен, радостно взволнован. У меня столько вещей, которые я бы хотел сделать в своей жизни, что я просто хочу узнать суть вещей и двигаться дальше. Я научился рисовать, писать, зарабатывать деньги. Я сделал реконструкцию дома и ремонт. *Ашрам* поддерживал себя с помощью очень успешного антикварного бизнеса. Поэтому я знал, как надо реставрировать антиквариат, как его покупать и продавать.

Когда мы начинали, я ничего не знал про торговлю антиквариатом. Мы торговали на блошиных рынках и в гаражах, и однаджы, ни с того ни с сего, один парень предложил мне магазин. Это не стоило мне ни цента! У нас был очень успешный магазин в Сан-Франциско, на Дивисадеро Стрит. Все работали как лошади, по восемь – десять часов в день. Стоит только связаться с людьми и деньгами, и тебе придется работать. И я работал! Я не сидел на троне, знаешь ли, и не делал важный вид. Я думал, что учителю следует работать так же тяжело или тяжелее других, потому что он учит примером, а не только указаниями.

Значит, ты продолжал небольшой антикварный бизнес?

Нет. У нашей семьи был прекрасный бревенчатый дом на речке с первоклассной форелью в Скалистых Горах, в штате Монтана. И я переехал туда.

Ты не приглашал людей?

Нет. Я не приглашал людей. Мне этого уже хватило. Люди – нуждающиеся, они всегда чего-то хотят. Они как дети, и духовные люди – не исключение. Они постоянно чего-то хотят. На самом деле, зрелая личность не такая. Зрелые личности сами о себе заботятся. Я добрый, я великодушный, я люблю помогать людям, я люблю давать. Но есть предел!

Твое решение прекратить учительство и жить в горах связано с каким-то особым событием в твоей жизни?

Я просто эгоистичен! (Смеется) Я имею в виду, что мне необходимо заботиться о себе!

Твой учитель был тем, кто оставался в самоотверженном служении всю свою жизнь, а ты решил в какой-то момент отойти от этого. Но, конечно, сейчас ты снова вернулся. Может быть, ты на самом деле никогда не оставлял служения?

Пожалуй, не оставлял; но тебе необходимо воспользоваться твоей способностью к различению. Одно лишь то, что люди чего-то хотят, не означает, что ты должен им это давать. Ты можешь сделать людей зависимыми, помогая им, и они не будут заботиться о себе сами. Одно из необходимых условий для Самореализации – *свадхарма*, забота о себе. Если ты не будешь заботиться о себе должным образом, ты не сможешь давать правильные вещи – их у тебя не будет.

Но люди, которые пробудились, страстно желают помогать. Это естественно, но это ошибка. Следует расслабиться и подумать об этом: «Почему я хочу помогать? Почему мне нужно помогать? Почему я не могу позволить Всевышнему позаботиться обо всем?». Мне следует заботиться о себе, ухаживать за собой, видеть, что я красив, видеть, что я священен и чист. Это – самая большая помощь, а не околачиваться с кучей нерешенных проблем и пытаться просветлить других. Мне не нужно ДЕЛАТЬ массу вещей, чтобы сделать мир лучше. Просто делая лучше себя, в мире создается нечто прекрасное.

Да. Это тоже важно.

Все это делание! Посмотри на Мать Терезу. Ты читал ее дневники после того, как она умерла?

Да.

Она была в муках, переполнена страданиями. Она была настолько измучена, что в это трудно поверить. И она никогда не была способна выполнить свое духовное предназначение. Пять миллионов человек пришли на ее похороны, потому что она – святая, но когда опубликовали ее дневники, это было поразительно! Всю свою жизнь она пыталась жить жизнью Христа, вместо того, чтобы жить своей собственной. У нее в жизни было всего десять дней, когда она чувствовала связь с Богом, вот и всё. Остальное время она чувствовала одиночество, обособленность, подавленность и ощущала себя отделенной от Бога.

Все хорошо, всегда. Тебе не нужно связываться с миром.

Тебе не нужно ничего делать, чтобы сделать этот мир прекраснее. Одним из любимых выражений Свамиджи было, что Господь или Истинное Я дает нам большие дозы радости и печали для того, чтобы очистить наше внутреннее оборудование, наши умы. Радость предназначена для нашего очищения, и страдания предназначены для нашего очищения. Одни лишь попытки облегчить страдания людей не облегчают их страданий. Ты облегчаешь свои собственные страдания, когда начинаешь постигать их причины.

Я встретил тебя, наверное, лет пять назад, когда ты жил простой жизнью здесь, в Тируваннамалае, на протяжении нескольких лет. Ты писал и был готов учить тех людей, которые были действительно заинтересованы. А что же происходило в остальные двадцать лет?

Ничего!

Не мог же ты находиться в своей хижине двадцать лет!

Да, мог. Я проводил лето в Монтане. Жизнь была идиллией, просто сказкой! Я пил из ручья! Я каждый день ел радужную форель, которую ловил в речке. Осенью я охотился на оленей, и мы ели оленину. Моя жена была поваром! Прекрасным поваром и танцовщицей.

О, да у тебя была жена! Ты мне про нее никогда не рассказывал. Она уже была с тобой, когда ты был в ашраме?

Да. Я познакомился с ней в Калифорнии. Она исполняла экзотические танцы. Я был дизайнером ее костюмов и мы вместе писали программу. Я управлял всеми делами, деньгами, костюмами и договаривался про выступления. Мы устраивали ее выступления в действительно классных клубах и зарабатывали кучу денег, а потом уезжали в Индию. Мы проводили зиму в Индии, а когда там становилось жарко, то в Монтане было хорошо. Мы прилетали назад в Монтану, жили в лесу и наслаждались. Так что это был хороший образ жизни. Я так делаю уже последние лет тридцать, более или менее.

Когда ты был в Индии, сотрудничал ли ты иногда с миссией Чинмайи?

Нет, совсем нет! Мне не нравятся группы и организации. Я никогда, ни разу в своей жизни не присоединялся ни к одной организации. Я люблю людей, люблю быть открытым и свободным и просто сидеть рядом. И всё происходит.

То есть ты работаешь больше на индивидуальной основе?

Гораздо эффективнее преподавать индивидуально. В *веданте* не принимают того, кто не подготовлен. Таким образом очень легко помогать людям, давать им *мокшу* (освобождение). Им очень легко завершить свою *садхану* (духовную практику), если это один-на-один. Тебе просто необходимо сесть и пару раз с ними поговорить.

Два или три года назад здесь был молодой мужчина, который вращался в духовном мире уже много лет. Он был очень искренним, очень чистым, и был действительно хорошо подготовлен. Мы встретились, может, пять или шесть раз, и это завершило его работу. Я спросил его: «Хорошо, почему этого не произошло с другими учителями? – и он ответил – Проблема в том, что это всё были отрицательные учения. Они были очень хорошими – я избавился от всего своего барахла – но они не раскрыли Истинное Я, как это сделала *веданта*. *Веданта* прямо указывает на то, что это такое».

Если ты следуешь учению и если ты подготовлен, ты не можешь упустить этого. Потому что ты уже Истинное Я, и каким-то образом ты это знаешь и всегда переживаешь его, даже если думаешь, что нет. В твоём понимании существует всего лишь небольшой разрыв. *Веданта* же устраняет этот небольшой фрагмент неведения. Это не что-то особенное! Это очень простая вещь.

Обычно необходимо потратить, может быть, десять,

двадцать, тридцать лет, прежде чем ты будешь готов отпустить все свои духовные представления и идеи. Когда ты готов, и когда ты очищен достаточно, тогда тебя очень легко учить. Лучший способ, и старый стиль – посмотри в *Упанишадах* – в форме беседы. Человек приходит и говорит: «Эй! Я думаю, ты что-то знаешь? Можно задать тебе вопрос?». И ему отвечают: «Да, спрашивай».

Ты живешь очень просто. В то же время ты сделал себя доступным для встреч с людьми, желающими поговорить. В последние годы, похоже, это действительно приносило тебе радость.

Да, но я не хочу, чтобы в моем доме была куча народу. Ты просто выходишь на улицу, и вещи случаются. Просто лучше выйти из дому и где-нибудь сесть – и Всевышний пошлет тех, кому нужно прийти. Или нет. Для меня это не имеет значения. Я счастлив в любом случае.

Верно.

Иногда я веду небольшой класс. Я просто даю обычное учение, и если люди улавливают идею, у них возникают вопросы. Тогда мы останавливаемся в том месте и разбираемся с вопросом. Если поддерживать группу малочисленной, тогда все идет прекрасно. Так работает. Но немногие люди по-настоящему подготовлены к *веданте*. Когда люди слышат учение, даже если это учение очень высокого порядка, а они не подготовлены, знаешь, что происходит? Они уходят. Это происходит автоматически. Они приходят, они сидят, и они не понимают его. Они думают: «Ой, я этого не понимаю. Странно! Завтра не приду».

Очень бы помогло, если бы ты объяснил, что подразумеваешь под словом «подготовленный»?

«Подготовленный» означает, что ты больше не ожидаешь, что мир даст тебе еще что-нибудь. Ты уже сыт по горло! Ты больше ничего не ищешь в этом мире. Ты не ищешь любви, тебе не нужна еще одна девушка или хорошая работа. Ты полностью убежден, что ничто подобное для тебя не сработает. Это – основное требование. И если ты ему соответствуешь и действительно стремишься быть свободным, тогда это сработает.

То есть ты бы мог сказать, что необходимое условие – окончание желаний и жажды деятельности.

Да. Другими словами, желание, которое раньше было направлено на все внешние вещи, теперь направлено на свободу. Мы называем это *мумукшутва*: сильное, страстное желание освобождения. И если у тебя такое есть, тогда ты должен быть бесстрастным по отношению к мирским вещам. И ты будешь. Другими словами, ты будешь продолжать действовать и что-то делать, но будешь безразличен к результату своих действий. Поэтому ты не будешь чувствовать успех, когда получишь то, что хочешь; ты не будешь угнетен, когда не получишь то, что хочешь. Ты просто будешь в равновесии. Ты будешь в состоянии увидеть разницу между тем, что реально, и тем, что не реально. Мир – обманчивое место. Всё выглядит очень сочным, сексуальным, вкусным, и ты хочешь ухватиться за это. Но внутри всех этих хороших, вкусных вещей таится маленький рыболовный крючок, готовый поддеть тебя. И тебе стоит обладать хорошей способностью к различению, потому что иначе попадёшься.

Поэтому необходимы следующие качества: способность к различению, бесстрастие и жгучее желание освобождения, а также терпение, *бхакти* или преданность, *шраддха* или вера, и так далее. Когда ты обладаешь подобными качествами, ты готов. И, как правило, ты не будешь готовым, пока тебе не исполнится сорок – пятьдесят лет. Тебе необходимо пройти через всё!

Тебе нужно разочароваться. Тебе на самом деле необходимо это испытать. Попробовать отношения еще раз. «На этот раз это идеальный парень; это идеальная девушка! Это как раз то, что я хочу. На этот раз сработает! Раньше не срабатывало, но на этот раз все будет по-другому. Это что-то особенное». Здесь дело не в интеллекте, а в проживании своей жизни и ви́дении того, что жизнь не работает.

Это занимает определенное количество лет. Ты говоришь, что обычно люди становятся готовыми ближе к среднему возрасту, и что молодежь этого не понимает.

Точно. Они продолжают надеяться. Когда человек появляется на свет, его должна встречать надпись, как над вратами ада в «Божественной комедии» Данте: «Оставь надежду всяк сюда входящий».

Чтобы увязать твою историю с учением, я бы предположил, что к своим тридцати годам ты получил такое количество переживаний, на которое большинству людей потребуются сотни лет.

Да. Я прожег жизнь дотла. Я до смерти пресытился ею. Я знал, что здесь ничего нет. Я перепробовал все, я был достаточно успешен и сказал себе: «Я просто не хочу жить такой жизнью. Я в ней разочаровался». Но у меня была *мумукшутва*, то самое страстное желание, и оно послужило причиной тому, что пришел учитель. И наконец – что мне показалось очень любопытным – я также отказался от всех своих духовных желаний. Другими словами, та *мантра* и тот учитель не приходили до того самого дня, в который я отбросил все духовные желания и решил избавиться от всей этой истории с просветлением.

Тогда ты решил вернуться в колледж?

Да. Когда я решил вернуться в университет, то отправил все свое духовное путешествие в мусорную корзину. И тогда неожиданно Господь указал мне путь.

Я думаю, это очень важный момент. Разве это не история про Будду; разве он, в конце концов, не сдался? Не отказался от всех своих практик и учеников?

Предположительно, это то, что он пережил под деревом *бодхи*. Он был обессилен своей крайне интенсивной *садханой* –

аскетическими практиками и причудливыми медитациями – и пытался перебраться через маленькую речку, Нагарджуну. Любой человек, обладающий жизненными силами, мог перебраться через ту речку без затруднений. Он же продолжал падать, скользить по камням и пытаться из последних сил перебраться через дурацкую реку! Наконец он таки перебрался и очень устал. Там было дерево, апокрифический баньян, дерево просветления – и он сел под ним, и подумал (или, по крайней мере, так рассказывает история): «Господи Иисусе! Потрясающе! – он сказал – Если у меня не было достаточно энергии, чтобы перейти этот мелкий ручеек, откуда же возьмется энергия, чтобы перейти целый океан существования? А? Как это получится?».

И, очевидно, в тот момент он осознал, что это невозможно получить по *карме*, делая что-нибудь, или занимаясь благотворительностью. Он понял, что только отпустив представление о том, что есть нечто, что нужно получить, и что я – деятель, ты сможешь получить то, что у тебя уже есть.

Твои действия дадут то, чего у тебя нет. Но действие не принесет тебе того, что у тебя уже есть. Не имеет значения, сколько ты ищешь, ты не найдешь это за счет делания. Ты обретешь это только через понимание. И это то, чем занимается *веданта*: она просто дает тебе то знание, которое прекращает поиск знания.

Спасибо. Есть ли что-нибудь еще, что ты бы хотел сказать?

Да. Вы не можете продолжать упорствовать и пытаться увиливать от своего пути по жизни. Вы должны следовать ему. Что бы вы ни почувствовали, вам действительно стоит это сделать. Не застревайте в чем-то. Живите, и живите на полную! Вкушайте свою жизнь! Наслаждайтесь ею!

Да. Это благосклонная вселенная! «Недвойственный» означает «благосклонный».

Это означает, что всё здесь заботится о тебе. Большинство людей считают, что они отделены от всего, и что мир – это нечто такое серьезное, чего им всегда следует остерегаться. Они переживают по поводу всего, что делают: «Что сейчас случится?», и тому подобное.

Этот мир – Господь! Всё есть Господь! Мир прекрасен! Это всё дано тебе здесь. Тебе даны все эти чувства. Тебе даны все эти элементы. Взгляни, как всё это работает для тебя! Тебе даны лёгкие – и вот тебе воздух для дыхания. Тебе даны глаза – и вот тебе виды для зрения. Обо всём позаботились. Каждая деталь предусмотрена. Только вор не возвращает миру.

Лучшее подношение, которое ты можешь сделать миру – твой собственный энтузиазм, твоя собственная радость! Просто предложи это обратно: «Эй! Возьми это! Возьми это! Ты дал мне так много! Я даю тебе!». Я могу много отдавать. Я могу отдавать вечно, потому что Истинное Я – это дар, который продолжает давать, не так ли? Этому просто нет конца. Поэтому выбирайся из своего маленького, цепляющегося, жадного, наполненного страхами ума.

Твоя колоритная жизнь содержит впечатляющий урок, даже если это лишь история, которая никогда не случалась. В конце концов, не имеет значения, правда это или нет.

Да. Это всё – истории. Жизнь – это море историй. А! Есть приятная история напоследок. Пару лет назад я читал газету, здесь в Индии, и заметил небольшой заголовок «Человек становится Богом». Я подумал: «Человек стал Богом?». Только в Индии могут напечатать статью в газете, описывающую как человек становится Богом.

В Пенджабе жил фермер, очень праведный, благочестивый, дисциплинированный человек, типичный *йогин*. В углу его поля был маленький храм, в котором он медитировал каждый день, у него был *гуру* и так далее. Как-то раз – ему было примерно пятьдесят пять – он пришёл к жене и сказал: «Амма, спасибо тебе большое. Наше совместное путешествие на Земле завершилось. Да благословит тебя Господь». И вышел в поле, взял лопату и начал копать себе могилу. Он выкопал хорошую, большую могилу. Разумеется, жена подумала: «Вот это да! Сейчас что-то будет!». Поэтому она рассказала соседям. А ты ведь знаешь, как здесь в Индии – слухи быстрее Интернета! Вскоре там уже собралась вся деревня, несколько тысяч человек.

Мужик копает себе могилу, а им хочется увидеть, чем это все закончится. И вот он отбросил лопату, сел в *йогическую* позу, закрыл глаза, и все подтвердили, что видели, как его душа – Пшик! – вылетела из тела! Заголовок гласил: «Человек становится Богом».

Так что это самая лучшая история, не правда ли? Когда ты сливаешься и обнаруживаешь свое единство со всем. Другой такой истории нет. Это прекрасная история, и такое возможно. Я имею в виду, что если такой придурок как я, жлоб из глухой Монтаны, может осознать кто он, тогда любой сможет!

Твоя жизнь – трогательная история. Она прекрасна!

Она прекрасна, потому что ты прекрасен, Премананда. Красота есть только в тебе!

Хорошо. Большое тебе спасибо.

Нет, это правда! Это правда! Если ты видишь красоту, красота только в тебе. Это только твоя собственная красота.

Чему не суждено случиться, не случится, как ни старайся. Чему суждено случиться, то случится, как ни старайся это предотвратить. Это определённо. Поэтому лучшее, что можно сделать – оставаться безмолвным.

Шри Рамана Махарши

Вверху: Статуя над усыпальницей Раманы

Слева: последние дни Шри Раманы, 1950 г.

Внизу: здание архива Рамана Ашрама

Справа вверху: Похоронный ритуал

Справа посредине: усыпальница Шри Раманы

Справа внизу: Восход над Аруначалой

ГЛАВА 12

История жизни Премананды

Интервью Премананды с Эдди Блаттом в 2003 г., последняя часть – с Кали Деви в 2009 г.

Премананда описывает свое сильное внутреннее желание и хаос, в котором он пребывал до тридцатилетнего возраста, и то, как существование вмешалось и направило его из временного убежища в Токио в индийский ашрам. Он рассказывает о том, как Ошо изменил его жизнь, превратив из архитектора с занятым умом в человека, много медитирующего и заинтересованного в осознанности и свободе. Эти годы принесли ему покой и тишину, однако направить к Самореализации смог его второй мастер, Пападжи, в Лакнау в 1992 году. Премананда рассказывает о том, как многие годы путешествовал по миру, делясь своими внутренними озарениями относительно свободы и жизни в Open Sky House («Дом Открытого Неба»), духовной и творческой коммуне неподалеку от Кёльна, в Германии. Он рассказывает о том, как в его жизнь незаметно проник Шри Рамана, и о своих последних книгах и фильмах.

Премананда, может быть, мы начнем с того, что ты опишешь свои ранние годы в Англии и то, как ты заинтересовался духовностью.

Я родился в декабре 1944 года в городке Бангор в Северном Уэльсе, в Англии. Первый год своей жизни, который конечно же, не помню, я провел со своей матерью в небольшом коттедже на широком песчаном пляже. К тому времени Вторая мировая война подходила к концу и мой отец, служивший врачом в британской армии, находился в Германии. В первый год жизни у меня не было контакта с отцом, но я постоянно находился в контакте с матерью, которую помню как очень нежного человека. На фотографиях того времени я – симпатичный, белокурый, кудрявый ребенок, а моя мама – очень миловидная женщина.

Помню, для меня это было очень счастливое время, но при этом, казалось, присутствовало некое осознание опасности военного времени. Мой отец вернулся, когда мне был год; на фотографиях он выглядит молодым, улыбчивым, типичным доктором из среднего класса.

Вскоре после того наша семья переехала в Ипсвич, небольшой фермерский городок примерно в сотне километров на северо-восток от Лондона. Наш дом находился на окраине городка, на природе. Там родились мои брат и сестра, а позже – еще один брат, который всегда оставался «младшим братом». В том доме мы прожили вместе примерно пятнадцать лет, там я провел свое детство и юношеские годы.

Это был очень типичный дом представителей среднего класса. Я рос в 1950-е. В материальном отношении все было довольно просто, но когда я вспоминаю те годы, то все воспоминания счастливые. Мое детство соединяло влияние матери, которая была домохозяйкой и давала нам много свободы для игр, и влияние отца. Днем он работал, и его не было дома. Он был весьма интеллигентным человеком и авторитетной фигурой. Во время еды он зачастую, казалось, был далеко в своих мыслях. Наша семья была сплоченной, и мы часто собирались вместе за общим столом. Я помню, что у меня было достаточно много друзей в той местности, и поскольку мы жили за городом, у нас была возможность играть и устраивать приключения на природе.

Я предполагаю, что в 1960-х ты пошел в университет? Это было в Лондоне?

Да, в двадцать лет я оставил семью, переехал в Лондон и стал изучать гражданское строительство. Выбор был случайным; на самом деле я не знал, чем хотел заниматься. Я стал дипломированным инженером по гражданскому строительству, но к тому времени у меня начало появляться некое ощущение того, в чем заключался мой подлинный интерес и чем мне хотелось заниматься.

Мне было примерно двадцать три года. Я понял, что строительство было для меня слишком механичным и технологичным, поэтому я нашел работу в фирме, которая объединяла инженеров и архитекторов. Это хорошо известная компания, которая спроектировала Сиднейский оперный театр и Центр Помпиду в Париже. Это была крупная, перспективная международная компания. Я начал работать там примерно в 1967-м. Работа была многообещающая и интересная, но уже с первых дней я понял, что она не для меня. Когда я попал на первое собрание дипломированных инженеров, то испытал большой шок. Я смотрел на находившихся в комнате людей и осознавал, что нахожусь в неправильном месте. Я не чувствовал никакой связи с теми людьми.

Было ли у тебя чувство, что чего-то не хватает и что ты должен это найти?

Уже в конце подросткового периода у меня возник острый вопрос. Когда я был подростком, часто поздним вечером мы садились с отцом и до поздней ночи вели долгие беседы и дискутировали о мире, жизни и философии. Те дискуссии запомнились мне как исследование жизни. Я очень стремился понять жизнь и людей. В результате всех этих бесед я остался с вопросом. Это был очень острый вопрос и после того, как мне исполнилось двадцать лет, он постепенно становился все отчетливее. Но я не знал, что же это был за вопрос, и совершенно не представлял, каков может быть на него ответ.

Похоже, что вопрос был связан с тем, что на самом деле я «не вписывался» и не чувствовал, что это – моя жизнь и это то, кем я хочу быть. Поэтому когда я стал инженером и осознал, что не хотел этой профессии, то прошел через несколько лет хаоса и смятения, пока отчаянно искал то место в жизни, в которое бы смог «вписаться».

Таким образом, в итоге это привело тебя к уходу с работы, отъезду за границу и путешествиям?

Произошло то, что, наконец, выпив пару порций виски для храбрости, я написал заявление об увольнении с работы и вернулся в университет взрослым студентом на факультет архитектуры. Я пошел в прекрасную школу архитектуры. Это была независимая школа, которая привлекала интересных учителей со всего мира. Курс обучения включал не только архитектуру, но еще и много других предметов, имевших отношение к архитектуре, человеческой цивилизации и культуре.

Закончив этот колледж, я приобрел диплом архитектора и стремление исследовать себя и свои отношения с жизнью: что такое жизнь и в чем она заключается?

Этот вопрос становился все более настойчивым. По окончании колледжа я почувствовал, что моя повседневная жизнь в Лондоне вошла в колею. Я познакомился с несколькими японскими архитекторами, и они вдохновили меня поехать в Японию. Не раздумывая, я решил уехать на три месяца. Я отправился в Японию, где нашел работу в архитектурном бюро в Токио, и моментально получил громадный культурный шок, поскольку моему английскому воспитанию яппи среднего класса, очень традиционному, формальному, степенному и чопорному, был брошен вызов.

В те времена я носил очки в золотой оправе, козлиную бородку и белый костюм. У меня был образ яппи, который на самом деле достаточно хорошо воспринимался японцами. Они относились ко мне очень доброжелательно. Я познакомился со множеством интересных людей, в основном с архитекторами. Но внутренний вопрос стал еще настойчивее. У меня наступила «темная ночь души». Это была не одна ночь, а несколько лет.

Я оставался в Японии и продолжал откладывать отъезд, отчасти потому, что был заинтригован другой культурой. Но основная причина заключалась в том, что я был поглощен внутренним диалогом, спровоцированным пребыванием в чужой культуре.

Так что время, которое я провел в Японии, было очень ценным. Несмотря на большое количество друзей, я чувствовал себя очень одиноким. Я познакомился с японкой, дизайнером модной одежды по имени Йошико, которая впоследствии стала моей женой.

Была ли она причастна к следующему шагу на духовном пути и встрече с учителем?

Вряд ли. Нет.

Так как же это произошло?

Это произошло весьма изумительным образом. Несмотря на то, что мне было около двадцати восьми лет, я все еще не имел ни малейшего представления о духовной жизни. Я начинал с акупунктуры и шиацу, так что я двигался в духовном направлении, но не осознанно. Неожиданно сила судьбы, или существования, взяла надо мной верх. У меня была назначена встреча с архитектором, на которой мы должны были обсуждать японскую архитектуру. Он был очень интересным человеком. Это был немец, профессор Массачусетского технологического института (MIT) в Бостоне, в Америке, и жил в Киото с женой-японкой. Мне его порекомендовали, поскольку он был экспертом по японской архитектуре, и я договорился о встрече и отправился к нему.

В тот вечер мы практически не вспоминали об архитектуре. Он и его жена приготовили прекрасный ужин. Также присутствовала его студентка-китаянка. Все вместе мы сели ужинать в их традиционном японском доме. Они начали рассказывать об их духовном учителе, неком человеке по имени Раджниш. Они стали говорить о *тантре, йоге* и медитации. Для меня все это было совершенно новым. Я, должно быть, проявил некоторый интерес к этой теме, потому что мы проговорили ночь напролет. И только когда начало светать, мы поняли, что пора спать!

Беседа той ночью стала переломным моментом в моей жизни. Несмотря на то, что тогда я по-настоящему не понимал ее важности, она полностью изменила мою жизнь. Когда на следующее утро они включили мне кассету с записью их мастера Раджниша, мне было не очень интересно. Я сказал им: «Простите, ночь была очень хорошая, но я думаю, что это не для меня». Помню, как я выходил из их дома, а они говорили мне: «Ты полностью готов для этого».

Затем судьба вмешалась по-настоящему. Это было на самом деле поразительно. Я взял Йошико с собой в Лондон навестить родителей и друзей на Рождество. Затем мы отправились отдохнуть на неделю в Париж. По техническим причинам самолет, на котором мы должны были возвращаться в Японию, не прилетел, и авиалинии поселила нас в отель на ночь. На следующий день нам выдали новые билеты, и мы сели на самолет авиакомпании «Air India». Мы полетели в Токио через Дели.

Приближаясь к Дели, я внезапно сказал Йошико: «Почему бы нам не сойти в Дели на несколько дней, посмотреть Индию?». Мы решились на это, не раздумывая. На следующее утро я отправился в офис авиалиний подтвердить наш вылет и, на удивление, они сказали мне, что билеты у нас полные, а не по сниженному тарифу, и поэтому если мы хотим, то можем пролететь через всю Индию без дополнительной оплаты. Поэтому я сказал моей будущей жене: «Как насчет того, чтобы провести медовый месяц сейчас? Мы можем путешествовать по всей Индии, побывать в разных местах, а затем вернуться в Японию на несколько недель позже». Мы согласились и прекрасно провели время.

В какой-то момент мы оказались в Бомбее, где я понял, что мы находимся достаточно близко от того *ашрама*, про который рассказывал немецкий профессор, с которым я встречался в Киото. И мы спонтанно решили посетить *ашрам*. Мы сели на поезд до Пуны и приехали в Ашрам Раджниша. Как только я прошел через ворота, которые назывались «Ворота без ворот», я сразу же почувствовал себя дома. Это было невероятно. Я всегда ощущал себя не вписывающимся, но внезапно я почувствовал, что это мое место, что я был дома. Чувство было эмоциональным, мощным и сильным без каких-либо причин. Было так, будто вопрос, присутствовавший в течение десяти лет, внезапно нашел ответ. Это был поразительный опыт.

Мы ходили на утренние беседы и слушали Раджниша (который потом стал Ошо), участвовали в некоторых семинарах и медитациях. Несколько дней превратились в две недели. К этому времени я потерял свою работу в Японии, поскольку японцы не любят, когда человек является на месяц позже! Я знал, что так произойдет, но выбросил все на ветер, потому что момент был исключительно сильным. Вопреки себе я просто должен был там остаться. То был большой сдвиг в моей жизни.

Развил ли ты отношения с Ошо и стал ли его учеником?

Не тогда. Это было началом. У меня по-прежнему было много вопросов, потому что я был человеком ума. Мы вернулись в Японию и оба решили, что останемся там на год для того, чтобы заработать денег, после чего вернемся в *ашрам* по пути в Англию, где мы собирались начать нашу новую семейную жизнь.

Мы поженились, и семья Йошико дала ей ровно столько же денег, сколько я заработал за тот год. Таким образом, у нас обоих были деньги, и мы поехали из Японии через Китай и Азию. Мы совершили замечательное путешествие, которое закончилось в *ашраме* в Пуне. Мы нашли хорошее жилье и обосновались. Но мы четко намеревались вернуться в Англию и начать нашу новую семейную жизнь.

Что было в Ошо такого, что привлекло тебя вернуться к нему? Дело было в самом человеке или в его учении?

Я думаю, и то, и другое. Это был 1976 год, ранние годы *ашрама*. В то время там присутствовало огромное чувство волнения, любви, сумасшествия, восхищения и красоты. Сам Ошо был достаточно молод, а его речи были очень динамичными. Он говорил о вещах, о которых я никогда по-настоящему не задумывался, и бросал вызов всем моим убеждениям. Он решительно указывал в другом направлении, на другую возможность в моей жизни. Он сам олицетворял возможность внутренней трансформации, которая могла бы радикально изменить меня самого и мое отношение к миру. И это было очень привлекательно.

То есть, в твоем образе жизни было нечто, что тебя не устраивало?

Несмотря на то, что моя семейная жизнь была счастливой, когда я покинул дом и отправился в большой мир, мне с этим миром было нелегко контактировать, да и не особенно хотелось. В *ашраме* я нашел все составляющие, которые, казалось, были ответом на мою дилемму.

Как долго ты пробыл с Ошо? Стал ли ты его учеником?

Спустя несколько месяцев я стал *саньясином*, что означало, что я был инициирован непосредственно Ошо, мне было дано новое имя и *мала*, которую я стал носить. Я освоил медитацию в *ашраме* и стал частью коммуны. Я уже был художником, поэтому мои ближайшие друзья были также людьми искусства. В *ашраме* существовала художественная группа. Йошико тоже осталась. С ее стороны присутствовало некое сопротивление, потому что она чувствовала, что моя энергия уходит от нее. Это было так, будто у меня была любовница, но на самом деле моей любовницей был мужчина, которого называли Мастер.

Она сопротивлялась ситуации и была бы счастлива, если бы

мы уехали. Но через несколько месяцев после меня она также стала *саньясинкой* и успокоилась. Мы прожили вместе год, после чего она встретила одного мужчину и вернулась с ним в Европу. Я решил остаться в *ашраме*, где провел еще шесть месяцев. Я остался бы еще, но Ошо уехал в Америку, и на то время у меня не было другого выбора, кроме как вернуться в Англию.

Когда Ошо умер, хотел или нуждался ли ты в поиске другого гуру?

До того, как Ошо умер, я провел шесть месяцев в его коммуне в Орегоне, в США. После этого еще год – рядом с Ошо-центром в Калифорнии. Затем, когда он опять вернулся в Индию, я снова присоединился к *ашраму* в Пуне, где прожил еще около трех лет. У меня не было и мысли искать другого учителя. Вопрос так не стоял, я полностью был предан Ошо.

В те дни я интенсивно занимался телесными практиками, а до этого редактировал некоторые из книг Ошо. Также я был художником и архитектором, фактически я работал в архитектурном отделе *ашрама*. Таким образом, в *ашраме* я выполнял различные работы и был членом коммуны. Внезапно Ошо покинул тело. Это не стало полной неожиданностью, поскольку он уже год болел, но когда это реально произошло, то это шокировало. Кажется, я пробыл там еще год – насыщенное и прекрасное время, за которое много чего произошло. У меня по-прежнему не было мыслей о поисках другого мастера.

В ашраме я познакомился с русской женщиной, студенткой факультета психологии из Москвы, и мы стали любовниками. Она хотела, чтобы те телесные практики, которыми я занимался, были представлены на ее факультете психологии в Москве. Она пригласила меня в Россию. Человек, разработавший эти телесные практики, подбодрил меня поехать, поэтому я так и поступил, но все вышло не так, как планировалось.

Это было незадолго до того, как Советский Союз распался и стал Россией. То время было очень интересным: весь коммунистический образ жизни рассыпался и больше не работал. Люди плохо питались, в магазинах не было товаров, лишь немногие работали. Практически ничего не происходило привычным образом. Страна балансировала на грани коллапса. Люди очень изголодались по контакту с западными людьми и по духовной пище.

Благодаря цепочке невероятных происшествий я стал этаким путешествующим *гуру*. Несмотря на то, что я совершенно не планировал, каждые выходные я оказывался ведущим семинары, обучая медитации, известным мне целительским техникам и проводя долгие беседы. Непонятно откуда собиралось до сотни людей. Совершенно незаконно я странствовал по всему Советскому Союзу. Я путешествовал от Литвы на западе до Ташкента на востоке. Я преодолевал огромные расстояния на поезде очень дешево. Со мной ездила небольшая группа людей. Те полгода были прекрасными. Я почувствовал вкус передачи Истины другим людям, и мне это очень понравилось.

Было ли нечто, что по-прежнему влекло тебя в Индию?

Я уехал из Советского Союза с другой женщиной, которая стала моей любовницей, переводчиком и другом. Мы переехали в Англию. На то время уже прошло пять лет, как я расстался с Йошико, но мы по-прежнему оставались друзьями. Идея заключалась в том, что мы с моей русской подружкой начнем совместную жизнь в Англии. Но у меня было некое ощущение, что мой духовный путь не завершен. Ощущение отличалось от того, что было у меня внутри раньше. Присутствовало чувство незавершенности. Я понял, что не готов осесть в Англии и испытывал тягу вернуться в Индию. Я по-прежнему не искал мастера. Я был заинтересован в том, чтобы найти последнюю деталь головоломки, но не знал, что для этого мне был необходим другой мастер, поэтому вернулся в тот же *ашрам* в Пуне.

К тому времени Ошо не было уже примерно год, я обосновался и продолжил свой внутренний поиск. Я пришел к приятному состоянию, чувствовал внутренний покой, свободно медитировал и ощущал сильную направленность внутрь себя. Так что я не был чем-то особо недоволен, все было своего рода «нормально». Я, вероятно, мог бы продолжать в том же духе, но внезапно как будто подул ветер существования и я услышал про другого учителя. Его звали Пунджаджи, но он был известен как Пападжи. Я прочел интервью с этим человеком, а также посмотрел видеозапись. Но решающим фактором стало то, что я начал замечать людей, которые возвращались от этого Пападжи. Я видел произошедшую в этих людях потрясающую трансформацию. Меня затронул их свет и внутренняя улыбка.

А затем вернулся один мой очень близкий друг и стал объяснять мне что-то очень простое. Он рассказывал про «я» и о том, как мы становимся очень обусловленными и привязанными к определенной идее о себе.

Он пытался показать мне, что если бы я смог увидеть и отпустить эту идею, тогда бы я стал свободен. Он был взволнован своим осознанием и пониманием. Это было очень неожиданно и волнующе, потому что я представлял себе просветление как нечто отдаленное и недостижимое, и тут вдруг мой близкий друг с большим возбуждением рассказывает мне, что на самом деле это реально и достижимо прямо сейчас. Все, что я должен был сделать – увидеть простую Истину, которую я практически не видел. Он пытался объяснить ее мне, хотя до меня не очень доходило. Но он дал мне последний толчок к тому, чтобы я поехал и встретился с Пападжи.

Это было в Лакнау, в Индии?

Да. Я все еще жил со своей русской девушкой. Мы были вместе около двух лет. Мы отправились путешествовать в Непал. К тому времени наши отношения стали несколько проблематичными, но мы оба были заинтересованы в том, чтобы поехать к этому мастеру. Мы отправились в Лакнау в апреле 1992 года. Погода стояла невероятно жаркая, а мы не знали, как найти этого мастера. Мы наняли велорикшу и сказали ему ехать в определенный район Лакнау. Поездка, казалось, длилась вечно, и когда мы уже больше не могли выносить жару, а наш водитель был в полумертвом состоянии от того, что крутил педали, я сказал «Стоп! Мы больше искать не можем, поэтому останавливайся!». И тогда наступил невероятный момент. Как только я вышел из рикши, мой взгляд уперся в имя на воротах дома: «Пунджа». Я подумал: «Ух ты! Это, должно быть, то самое место!». Спустя секунду, пока я рассматривал дом, сам Пападжи уже спускался к воротам, а я шел ему навстречу. Мы совершенно естественным образом встретились у ворот. Прежде, чем я успел отдышаться и собраться с мыслями, потому что все произошло так внезапно, он меня спросил: «Где ты остановился? Где твой багаж? Что я могу сделать, чтобы тебе помочь?». У нас была прекрасная встреча, совершенно неожиданная и спонтанная. Итак, я обустроился и стал ежедневно приходить на его *сатсанги* (встречи в Истине).

Мог бы ты описать, какими были твои отношения с Пападжи? Какова квинтэссенция того времени, что ты провел с ним?

Была невероятная доступность. Ошо был гранд-мастером, но весьма недосягаемым. За все пятнадцать лет, проведенных с ним, у меня ни разу не состоялось с ним личной беседы. У нас происходили личные встречи, но они всегда проходили на дистанции. Пападжи неожиданно оказался очень доступным. Это было очень лично. Помню, как всего через пару дней моего пребывания, в воскресенье, я пошел к нему в дом и обедал у него в гостиной с ним и еще, может быть, с десятком человек. Он сидел там и был чрезвычайно, практически шокирующе, доступен. Шокирующе – потому что его непосредственность бросала мне вызов. Мне пришлось по-настоящему задуматься и задаться вопросом: «Что же я здесь делаю?».

В течение первых трех недель я каждый день сидел у него на *сатсанге* и задал ему три вопроса. В те дни люди писали свои вопросы перед *сатсангом* в виде письма, затем он мог открыть письмо, и человек выходил и садился возле него. Так у меня произошло три прекрасных встречи. Во время третьей встречи произошло нечто, трудно поддающееся описанию. Можно сказать, что я с потрясающей ясностью увидел то, что не был в состоянии увидеть, общаясь со своим другом, и что я никогда не понимал до того момента. За пятнадцать или двадцать лет своих духовных поисков я никогда этого не видел. При третьей встрече Пападжи совершенно окончательно показал мне, кто я есть. Это было концом пути.

Одновременно с пониманием произошел мощнейший энергетический феномен. Я помню, что сидел напротив него и внезапно потерял способность открывать глаза. Это было физически невозможно. Когда я посмотрел вовнутрь, там было лишь белое пространство, и я не мог найти в нем человека по имени Премананда. Он был замещен белым светом, пустотой. Это продолжалось достаточно долго. В какой-то момент я открыл глаза, и Пападжи начал задавать мне простые вопросы, которые, как я понял впоследствии, предназначались для того, чтобы вернуть меня из этого феномена обратно в комнату. Очень деликатным образом он сделал так, что я сел возле него, дал мне попить воды и успокоил, можно сказать, снова вернул меня на землю.

Когда я посмотрел вовнутрь, то было так, будто бы я исчез в этом огромном пространстве, у меня было ощущение, что я по спирали падаю в вакуум, в пустоту. Истинное Я явило себя, и стало очевидно, что это была моя истинная природа, которая всегда была известна.

Назвал бы ты это событие пробуждением?

Да. То событие ознаменовало полное изменение моей жизни. Как будто бы отождествление с Преманандой и его личной историей было мгновенно отсечено. Фактически, Премананда на некоторое время полностью исчез. За одно мгновение произошел колоссальный сдвиг, который я могу описать единственно как пробуждение к Истинному Я.

После твоего переживания ты оставался с Пападжи еще около пяти лет. И при том, что когда у других случалось подобное пробуждение, они уходили, ты же решил остаться?

Оглядываясь в прошлое, я не могу вспомнить. Но, полагаю, вопрос об уходе просто не возникал. В течение следующего месяца происходило много духовных и энергетических феноменов, а я просто был присутствующим. Затем накал изменений спал, и я мог функционировать более привычным, обыкновенным образом. То есть возобновился своего рода контакт с Преманандой. В тот момент я решил, что сниму дом, обоснуюсь и перевезу вещи из Пуны. Я чувствовал такую сильную любовь к мастеру и к коммуне, что было невозможно уехать.

В конце концов Пападжи покинул свое тело. Это было когда ты уехал из Индии?

Нет, было не так. Ранее он попросил меня управлять гостиницей и позаботиться о его гостях, поэтому я открыл достаточно большую гостиницу, обставил ее мебелью и стал принимать гостей, посещавших коммуну и Пападжи. Я занимался этим несколько лет подряд, и за это время у меня установилась глубокая внутренняя связь с Пападжи.

Я не проводил, и у меня не было интереса проводить много времени в его физическом присутствии, но происходил очень интенсивный внутренний диалог. В течение того периода весь Премананда вернулся. Все его проблемы и *васаны* (тенденции ума) вернулись для того, чтобы на них посмотреть. Я выяснил, что на них можно было посмотреть беспристрастно, так как я больше не был привязан ни к ним, ни к этому парню Премананде. Было очень легко посмотреть на различные аспекты ума Премананды. Таким образом, с помощью Пападжи, благодаря внутреннему диалогу, период управления гостиницей стал также временем очистки ума. Спустя примерно четыре года пришло послание о том, что пора уходить, но я ему очень противился. Премананда не хотел уходить. Мне было весьма комфортно. Было довольно сложно оставить то сильное поле любви, присутствовавшее там.

Со временем обстоятельства сложились так, что стало очевидно, что пришло время уходить. Я прекратил заниматься гостиницей. Передо мной стоял выбор: либо ехать в Австралию, где я еще не был, либо вернуться в Англию. Я не мог решить, но в итоге оказался в Австралии. Я прожил там пять лет, до конца 2001 года.

Ты проводишь сатсанг с 1997 года. Что означает сатсанг, и что ты предлагаешь людям, приходящим на твои сатсанги?

Слово «сат» означает «истина», поэтому *сатсанг* – встреча в Истине. В какой-то момент после того, как я прибыл в Австралию, я начал работать с людьми, поначалу обучая медитации и целительским практикам, которыми владел. В то же время я понимал, что хотел делиться тем простым внутренним озарением, на которое пытался указать мой друг, и которое мне в итоге показал Пападжи. Я хотел делиться этим с людьми.

Вначале я думал, что все должны были хотеть познать это. Помню, как в первые дни по приезду в Сидней, я бродил по улицам и чувствовал, что ношу с собой мешок с бриллиантами. Я хотел раздать все эти бриллианты и был поражен, обнаружив, что они никому не нужны. Я не мог найти людей, которым бы мог их отдать. Никто не был заинтересован в этой простой Истине; люди были слишком заняты своей жизнью. Я начал обучать медитации и другим практикам, и постепенно вокруг меня стали собираться ученики. В какой-то момент я понял, что то, чем я делился, было мое Истинное Я, само Истинное Я. Постепенно мне это стало яснее, и даже несмотря на то, что ученики не были сознательно заинтересованы в обретении такого внутреннего озарения, их ко мне влекло.

В ночь, когда Пападжи покинул свое тело 6 сентября 1997 года, я на выходные проводил семинар по системе *рэйки*. Когда он оставил свое тело, в Австралии было обеденное время. Я прогуливался в одиночестве, и внезапно у меня произошло очень мощное энергетическое явление. Я получил внутреннее послание от Пападжи, которое узнал. Оно говорило о том, что я должен делать определенную работу. К этому посланию я отнесся скептически, несмотря на то, что оно продолжало поступать в течение двух дней. Я не знал, что он ушел из тела. Можно сказать, это было началом того, что Премананда стал проводить *сатсанг*. Но, с другой стороны, это произошло естественно, очень постепенно, через ту работу, которую я вел.

Помню, как в 1997-м, в Сиднее, я начинал с несколькими учениками моего курса по медитации. Я сказал, что собираюсь предложить им кое-что другое, немного отличающееся. Итак, примерно шесть человек собрались в чьей-то квартире, и я просто начал рассказывать им об этом простом внутреннем озарении. Они были очень затронуты. Все происходило быстро. Вскоре уже приходило двадцать, а затем и тридцать человек. Неожиданно нам предложили арендовать дом за очень небольшую плату. Сообщество *сатсанга* покрасило его, сделало подушки и оформило его как место встречи для *сатсанга*. Через три месяца все было готово, и началась моя работа учителя.

Итак, ты начал рассказывать об Истине так, как ты ее понимаешь. В чем состояло это внутреннее озарение? Чему ты пытаешься учить людей на своих сатсангах?

Я всего лишь прошу людей остановиться на мгновенье, успокоиться и посмотреть вовнутрь, и когда они посмотрят, я прошу их увидеть, что в течение многих лет они продолжают говорить «я». Точкой отсчета для их жизни всегда служило «я», они видят мир из этого места – из «я». Я пытаюсь показать им, что если они действительно исследуют это «я», то они его не найдут. Они убеждены, что существует «я» и отношение к миру как отдельному от них самих. Их родители и общество передали им такое убеждение и укрепили их в нем. Все общество поддерживает его. Я пытаюсь показать людям, что в действительности это неправда, ложное убеждение. Я помогаю людям стать немного более тихими для того, чтобы у них смогло появиться определенное пространство, где истории не оказывают такого сильного давления. В таком пространстве можно самостоятельно исследовать и увидеть, что подобное убеждение на самом деле ложное. Стоит человеку это ясно увидеть, как для него все меняется.

Один из традиционных путей открытия Истины про «Я» – Самовопрошание, о котором говорил Шри Рамана. Он, как известно, был гуру Пападжи. Можешь рассказать нам, что необходимо для Самовопрошания?

Сам Шри Рамана Махарши говорил, что это – наиболее прямой путь к осознанию Истинного Я. Тем не менее, для Самовопрошания существуют некоторые предварительные условия. Должна быть проделана определенная работа, затрачено некоторое время для того, чтобы познакомиться с умом и успокоить его. Поэтому, какую бы технику вы ни использовали, важно прийти к *саттвичному* уму, ясному и умиротворенному. Такой ум в состоянии понять Истину.

У большинства людей ум настолько занятой, и они так отождествлены со своими историями, что у них просто нет пространства, в котором могло бы работать Самовопрошание. Если заниматься Самовопрошанием в подобном состоянии, то вы просто будете ходить по кругу в пределах ума. В этом случае Самовопрошание не сработает. Если же вы приходите к *саттвичному состоянию*, тогда, задавая себе вопрос «Кто Я?», вы начинаете видеть, что то «я», которое что-то делает, верит во что-то и судит о чем-то, является ложным. Поначалу Самовопрошание служит напоминанием о том, чтобы смотреть глубже. Когда же вы начинаете смотреть вглубь, то понимаете, что такое вопрошание приводит вас к безмолвию и покою. Оно не дает вам какой-то рациональный ответ.

Такое вопрошание в своей сути – интеллектуально-вербальное, или это вопрошание на более глубоком уровне чувствования?

Это не умственное вопрошание. Изначально оно может быть умственным исследованием, и через него вы сможете увидеть Истину о том, что вы не ум. Но если вы начнете заниматься им в *саттвичном* состоянии, тогда обнаружите, что оно приводит к месту умиротворенности внутри себя. Когда вы обнаружите, что Самовопрошание приводит вас к умиротворенности и пустоте, вы больше не сможете верить уму. Вы больше не будете верить в это отдельное «я», отдельную личность. Вы начнете осознавать, что вы — часть единого целого, которое называется Истинное Я, или Бог.

Если Самореализация настолько проста, тогда что препятствует непрерывному осознанию Истинного Я?

Препятствует то, что большинство людей полностью обусловлены находиться в своей личной истории, и то, что они живут в обществе, которое поддерживает отсутствие осознанности. Средства массовой информации, друзья, семья — все находятся в сговоре. Поэтому основная масса людей даже не задумывается о том, что может существовать какая-нибудь альтернатива. Когда мне было за двадцать, у меня стоял этот вопрос, поэтому можно сказать, что у меня не было иного выбора, как стать ищущим. Вопрос должен получить ответ. Но, похоже, большинство людей вполне удовлетворены своей жизнью и не задают никаких вопросов об Истине. Очень небольшая группа людей действительно задается таким вопросом, и они становятся ищущими, искателями Истины о том, кто они. Это очень малая часть населения. Их привлекают различные учителя, учения и пути. Некоторые из них приходят к свободе, но многие теряются по пути. Я глубоко убежден, что для обретения свободы необходим учитель. Почему некоторых людей влечет к таким учителям? Я не знаю. Я только могу воспользоваться словом «Милость». Когда я смотрю на свою жизнь, то испытываю невероятную благодарность за то, что сначала был направлен к Ошо, который меня великолепно подготовил, а затем к Пападжи, который всего за пару недель смог показать мне эту простую Истину. Я чувствую себя по-настоящему благословенным. Я не могу сказать, что это сделал Премананда, потому что он этого не делал!

Вопрос милости — достаточно спорная тема. Потому что если милость снисходит спонтанно, независимо от каких-либо действий человека, тогда должен ли духовный искатель заниматься практикой или ему просто достаточно ожидать, пока она просто снизойдет сама по себе? Может ли духовный ищущий сделать что-нибудь, что может способствовать действию милости?

Это очень сложный вопрос. Абсолютная Истина заключается в том, что вы не можете ничего сделать, милость действует сама по себе. Это предопределено. Возможно, на тот момент я был у милости в списке и был очень быстро направлен в правильные места. К тому же я хотел бы добавить, что есть то, что может быть сделано; то, что поместит вас на «игровое поле». Будьте частью духовной общины, пусть у вас будет духовный мастер, он вдохновит вас стать тихими и смотреть вовнутрь. Когда вы становитесь тихими, то начинаете видеть свой обусловленный ум. Вы начинаете видеть, насколько привязаны к «моей истории». Находясь на *сатсанге* у истинного духовного учителя, а под «истинным» я подразумеваю того, кто осознал Истинное Я, вы не сможете избежать ви́дения. Пребывание в присутствии духовного учителя такой мощности никогда не бывает комфортным. Вот почему лишь немногие люди остаются рядом с учителем, и это причина того, что, например, зачастую больше людей приходят уже после смерти учителя, чем при его жизни. Это распространенное явление. Поэтому если у вас достаточно честности и есть предопределенность, милость работает на вашу поддержку, и тогда осознание того, кто вы – вопрос времени.

Это подводит нас к другой спорной теме: необходимость гуру. Я думаю, что все великие мастера указывали на необходимость гуру. Ты придерживаешься такого же мнения?

Несомненно. Во-первых, настоящая сдача учителю предоставляет вам постоянное напоминание о том, что Истина возможна, что существует альтернатива, иной способ жизни. Он служит постоянным напоминанием об этом. Когда вы живете в обществе без контакта с духовным учителем или духовной общиной, тогда все обусловливание, весь самогипноз возвращается, и вы снова фокусируетесь на «я». В присутствии учителя фокус внимания направлен на Истинное Я. Это постоянное напоминание очень ценно.

Во-вторых, мастер служит зеркалом. Несмотря на то, что мы естественно можем видеть многие личные проблемы и тенденции, некоторые сложные и глубинные из них часто невозможно увидеть самостоятельно, необходимо зеркало.

В-третьих, мастер предоставляет огромный запас безусловной любви. И в этой любви вы получаете подпитку, необходимую вам для того, чтобы встретиться лицом к лицу с некоторыми старыми структурами, что может быть болезненно и сложно. Поэтому любовь мастера очень важна. У мастера есть две более важные задачи. Когда фрукт поспел и готов упасть, мастер об этом знает, и поэтому может просто слегка стукнуть по фрукту в нужный момент. В традиции дзен существует множество историй о том, как мастер делал что-то из ряда вон выходящее по отношению к своим ученикам в самый подходящий момент, и они пробуждались. Образ дзен-мастера с палкой. И, наконец, мастер подтверждает, что пробуждение действительно произошло.

Кем ты себя видишь по отношению к своим ученикам или к людям, которые находятся рядом с тобой? Ты считаешь себя гуру, *учителем или другом?*

В первую очередь я рассматриваю себя как друга. Между мастером и учеником фактически нет разницы. Есть маленькое, небольшое понимание, которое есть у мастера и которого нет у ученика. Мне наиболее комфортно в роли друга. Само собой, *гуру* при этом также существует, потому что друг приходит, поскольку заинтересован в Истине. Он приходит к тому, кто способен показать ему Истину, поэтому естественно, *гуру* также присутствует. *Гуру* – это тот, кто вносит свет в темноту.

Опыт, который ты получил с Пападжи, ты назвал пробуждением, и сейчас называешь определенное событие Истинным Я, или распознанием Истинного Я. Есть ли разница между пробуждением и Истинным Я, и является ли процесс прогрессирующим? Другими словами, сначала кто-нибудь приходит к пробуждению, затем, возможно, до некоторой степени утрачивает его. Потом постепенно оно становится все глубже и глубже, до тех пор, пока человек не осознáет Истинное Я. Это так работает?

Мой опыт был не таким. Я много лет посвятил подготовке, достиг спокойного состояния ума, *саттвичного* состояния ума, но тогда я этого не знал. Поэтому, когда я приехал к Пападжи, то был готов, был подготовлен. Вся работа была завершена, но не было понимания. Что случилось на встрече с Пападжи, в мгновенье ока, в считанные секунды – пришло понимание. Я называю такое понимание пробуждением к Истинному Я.

Это произошло в 1992-м, и с тех пор контакт с Истинным Я никогда не терялся. Основа, Истинное Я, никогда не исчезала. Тот момент с Пападжи представлял собой разительную перемену. С тех пор ничего фундаментального с этим пониманием не произошло, поэтому я бы назвал его пробуждением к Истинному Я. С того времени, как я уже упоминал, многие личные проблемы, тенденции и паттерны Премананды вернулись с новой силой. Но из-за отсутствия отождествления с ними на них можно было посмотреть. С годами остается все меньше и меньше того, что тревожит связь с основой Истинного Я.

Сейчас сияние или ясность Истинного Я больше, чем было тогда, не в сам момент пробуждения, а два или три месяца спустя.

Сияние усилилось из-за того, что ты разобрался с тенденциями, или васанами, и они стали не такими значительными, как раньше?

Помню, когда я начал проводить *сатсанг*, то чувствовал себя очень спокойным и ясным. Поэтому в то время я уже ощущал себя готовым, даже несмотря на то, что противился этому еще несколько месяцев после того, как получил то первоначальное послание. После каждой встречи сохранялось огромное блаженство и сияние, а на следующий день я просыпался с ощущением, что вернулся назад в грязь, ко всем окружающим меня проблемам. Я помню ощущение, что так не должно быть, что мне не следует проводить встречи, что это было как-то неправильно.

Я собирался прекратить проводить встречи, когда мне довелось встретить Айзека, другого духовного учителя. Я поговорил с ним, и он мне сказал: «Да, я также это переживал». Он вдохновил меня продолжать. Такого больше не происходит. За последние несколько лет некоторые из сильных тенденций Премананды возвращались, но за счет осознания их нереальности они ушли, отпали.

У меня последний вопрос. Можно ли пережить Истинное Я? Это переживание или понимание? Другими словами, переживания приходят и уходят, но Истинное Я никогда не приходит и не уходит.

Если присутствует «я», тогда Истинного Я не может быть, и поэтому «я» не может переживать Истинное Я. Однако «я» может исчезнуть на мгновенье, являя Истинное Я. Если ум безмолвствует или спокоен, «я» может исчезнуть. Позже ум может присвоить такое переживание Истинного Я. Надо сказать, что когда Истинное Я переживается, то все равно это происходит внутри ума. Это ум переживает Истинное Я. То, что я имею в виду, когда говорю «пробуждение к Истинному Я», отличается, потому что в таком случае присутствует глубокое, внутреннее знание: «Я есть Истинное Я». Фактически больше нет «я», познающего Истинное Я. Есть просто бытийность Истинного Я. Это просто присутствие. Думаю, что практически каждый человек переживал Истинное Я, такое часто случается. Например, вы прогуливаетесь в лесу, солнце светит, и вокруг летают птицы. На камне появляется тень от птицы, и в момент, когда вы видите тень, ум останавливается, и вы осознаёте тепло солнца, вы обнаруживаете себя полностью присутствующим, и Истинное Я являет себя. Присутствует чувство огромного расширения и покоя. Это и есть Истинное Я.

Полагаю, что встреча с Истинным Я – распространенное

явление, но достаточно быстро оно проходит. Многие так никогда и не узнают, что переживали свою истинную сущность, потому что никто им не сказал: «Это – Истинное Я». Несмотря на то, что эти переживания распространены, они не обязательно приводят человека к духовной жизни. У некоторых людей случаются очень сильные встречи со своей истинной сущностью. Они переживали, может быть, часы или даже дни, когда они не могли нормально функционировать, и это было настолько мощным, что сподвигало их задаться вопросом: «Что это такое?».

Одна моя знакомая из Сиднея однажды покупала продукты в супермаркете. Внезапно она почувствовала, что расширяется и становится размером с супермаркет. Она была очень смущена происходившим. Она ощущала себя невероятно умиротворенной и находилась в своего рода экстазе, но чувствовала себя настолько по-другому, что не могла найти себя. Старое «я», личная история – она больше не могла найти свою историю. Поэтому она была очень обеспокоена, расстроена и, по сути, хотела вернуться в нормальное состояние. Она попала ко мне на встречу, и я незамедлительно распознал, что она переживала Истинное Я. Ее «Я» было Истинным. Мы поговорили, и я попытался воодушевить ее просто принять все как есть. Но через неделю желание быть нормальной и жить своей историей стало у нее настолько сильным, что ее обусловленное «я» вернулось. То была более продолжительная встреча с Истинным Я. Фактически, она может полностью изменить жизнь человека. Бытие Истинным Я не вписывается в старую историю человека, поэтому оно заставляет человека выяснить: «Что это было?», «Я что, сошел с ума?», «Мне пора в психиатрическую больницу?», «Нужен ли мне духовный учитель?».

Может ли такой опыт быть восстановлен каким-то способом?

Ты можешь вернуть этот опыт или искать его, но попытки осмыслить его приведут тебя к мастеру. Или в тот момент мастер придет. В случае этой женщины, она стала моей ученицей. Год или два она общалась со мной, а потом продолжила работу с другими учителями. В ее случае такой опыт не просто прекратился, а стал радикальной переменой в ее жизни.

Следующая часть интервью, освещающая период с 2003 по 2009 годы, была проведена в июне 2009 года в Германии.

Что подтолкнуло тебя переехать из Австралии в Европу?

Я получил очень четкое внутреннее послание. Я упаковывал в машину свои вещи для десятидневного сатсанг-ритрита, когда пришло послание. Оно говорило, что я пакую вещи не только для отпуска, но и для того, чтобы уехать из Австралии. Пришло время возвращаться в Европу. Я был очень расположен к такому посланию, и так на самом деле и получилось. Просто чтобы подчеркнуть это послание скажу, что несколькими часами позже моя машина сломалась, и в тот же самый день владелец моей квартиры написал мне, что она ему нужна для семьи. Поэтому было совершенно ясно, что мои дни в Австралии сочтены, и это стало подтверждением тому, что настало время возвращаться в Европу, где я не был уже восемнадцать лет.

Я испытывал некоторое беспокойство по поводу того, как все получится. У меня уже была запланирована поездка в Индию, и вышло так, что я остался там в индивидуальном ритрите еще почти на год. Затем из Индии я отправился в Европу. Таким образом путешествие из Австралии в Европу состоялось в два этапа, через Индию.

Приехав в Европу, чувствовал ли ты, что тебя направляют на твоем пути?

Да. Я ведь уже получил то послание, но затем, по приезду в Индию, было неясно, как я оттуда поеду в Европу, и в какое место в Европе я отправлюсь. Моя первая идея состояла в том, что я вернусь в Англию, потому что я оттуда родом; а моей второй идеей было жить рядом с родителями, с которыми я практически не был в течение двадцати лет. Но этого не произошло, потому что мои родители не захотели этого. В результате я не знал, куда мне ехать. Затем произошли два события, которые всегда напоминают мне о действии судьбы. Я встретил француженку, которая захотела представить меня одному из своих друзей в Германии. Примерно за неделю до вылета в Германию, на улице перед почтовым отделением Рамана Ашрама я встретил немца, который пригласил меня посетить его город, Лейпциг; он приходил на мои *сатсанги* в Тируваннамалае за два года до этого, и был тогда очень затронут сказанными мною словами. Они действительно ему помогли. Итак, с этими двумя знакомствами я приехал в Европу.

Я приехал в небольшой городок на севере Германии под названием Вольфенбюттель и остановился у доктора нетрадиционной медицины, жившего в большом современном доме. Он любезно организовал для меня несколько вечерних *сатсангов*. Так началась моя жизнь в Европе. Затем я принял приглашение поехать в Лейпциг, где мой знакомый организовал встречу. Это была первая встреча такого рода в Лейпциге. Вечер был очень насыщенным энергетически, и в результате спонтанно начали проходить интенсивы по выходным. В некотором смысле тот уикенд стал фактически началом того, что происходило в последующие годы, потому что после него люди стали приглашать меня в другие места. Так что первый год я мотался по Германии, переезжая с места на место. Я был эдаким сатсанг-бродягой, кочевавшим с большим чемоданом.

В начале второго года я принимал участие в духовном фестивале в Баден—Бадене, и после одной очень интенсивной встречи ко мне подошел поговорить фермер. Он выглядел практически как суфийский мастер. Как бы там ни было, у него была коноферма в Шварцвальде и он видел, что я весьма устал, поэтому пригласил меня и еще нескольких друзей приехать к нему отдохнуть. В огромном старом доме на ферме, над конюшней, он построил прекрасную комнату для медитаций. И мы провели с ним несколько прекрасных дней. В результате того визита родилась сатсанг-коммуна.

Итак, это был достаточно большой шаг, потому что ты как кочевник путешествовал повсюду, и вдруг обосновался, да еще и с группой людей рядом с тобой. Каково это было для тебя? Ты когда-нибудь задумывался о том, чтобы создать коммуну?

Я думаю, что в прошлом фантазировал о людях, живущих вместе и интересующихся духовностью, искусством и подобными вещами. Но тогда я не размышлял об этом всерьёз. Меня больше прельщало быть сатсанг-бродягой. И снова я осознал силу воздействия судьбы, потому что после этих выходных мы спросили его: «А можем ли мы провести летний ритрит у вас на ферме?». Это был первый год, когда я проводил ритрит в Европе и поэтому не ожидал большого количества людей, но фактически приехало около пятидесяти человек. Уже в первые дни ритрита у многих участников возникло желание остаться на этой ферме, поэтому они собрались вместе и решили: «Пожалуй, нам нужно создать коммуну». Фермер был очень расположен к такой идее, и спустя два месяца на его ферме жило примерно шестнадцать человек!

Ты называл эту коммуну «сатсанг-коммуной». Что ты подразумеваешь под этим?

Мы все были заинтересованы в свободе, в пробуждении и хотели не только пробудиться, но и сделать пробуждение устойчивым и проживать его. Мы не очень-то представляли, что это будет за жизнь, но такова была изначальная идея о коммуне.

Мог бы ты рассказать больше об этой перемене, о жизни с группой людей и о том, какой ты видишь свою роль их духовного мастера?

Поначалу я совершенно не представлял, что это такое, когда есть коммуна. Но сейчас, пять лет спустя, я могу сказать, что стал намного мудрее. Если бы тогда я знал то, что знаю сейчас, возможно, я бы и не сказал «да»! Но сказав «да», я прошёл эволюционный путь с группой людей, обладающих стремлением к пробуждению и свободе и живущих совместно. И сейчас, надо сказать, я очень доволен, что поступил так. Затем мы переехали с фермы и сейчас живем в прекрасном особняке семнадцатого века на берегу реки Рейн, совсем рядом с Кёльном. Это настолько красивое место, что оно вдохновило приехать других людей. Кто-то ушел, кто-то пришел, и коммуна развилась не только в *сатсанге*, но также и как место творчества: у нас много живой музыки, каждый год мы проводим фестиваль искусства, каждый понедельник вечером в доме проходят концерты, также действуют художественная и танцевальная студии. Мы планируем открыть студию звукозаписи и студию резьбы по дереву. Также у нас есть пространство для гончарной мастерской. Так что у нас творческая коммуна, которая развивается параллельно с изначальной идеей о сатсанг-коммуне.

Как ты видишь связь между пребыванием в свободе и творчеством?

Когда ты приходишь к собственному безмолвию, своей тишине, пустоте, тогда ты обнаруживаешь, что делать ничего не нужно. «Хорошо, делать нечего. Что дальше?». Естественно, что из этой пустоты возникает творчество, какое-нибудь выражение творчества. Люди наделены различными качествами, поэтому и творческие выражения разные — музыканты, певцы, фотографы, художники — но они все исходят из тишины. Поскольку люди в коммуне становятся тише, они больше готовы к приходу подобного творчества. Поэтому это происходило естественным образом в течение последних пяти лет.

Какую пользу, на твой взгляд, люди получают, находясь в коммуне? Что помогает им получить наибольшую пользу от пребывания рядом с тобой как с учителем?

В обществе, когда люди работают, живут, заботятся о семье, они все время очень заняты. Такова сама природа современного стиля жизни. Для тех, кто хочет заглянуть в себя, побыть с собой, эта коммуна предлагает остров, оазис. Все усилия в коммуне направлены на то, чтобы наблюдать, что происходит внутри.

Сегодня я разговаривал с жителем коммуны, который находится здесь всего два месяца. У него очень сильно действует структура полного закрытия, и тогда он сбегает, остается в одиночестве и отделяет себя. Это совершенно очевидно всем, не только мне, и поэтому в таком случае существует возможность, что другие люди в коммуне могут напомнить ему, когда такое происходит. Я пошутил с ним и сказал: «Попроси людей говорить тебе "Коробка!"», потому что они могут видеть, когда ты в коробке, и это может оказаться интересным напоминанием тебе не теряться в своих структурах». Подобная ситуация может послужить примером преимуществ духовной коммуны.

Когда ты появляешься в коммуне впервые, ты прибываешь со всеми своими структурами и очень возбужденным умом, но затем, постепенно, всё становятся легче и проще, и больше вещей происходит в потоке. Те, кто находятся здесь более продолжительное время, обычно уже не так сильно вовлечены в структуры своего ума; они больше в потоке. Если угодно, здесь присутствует больше любви, и люди становятся все меньше и меньше заинтересованными в своих историях. Чем дольше человек находится здесь, тем глубже становится понимание того, что «Я – не мой ум». И поэтому люди не воспринимают так серьезно свой ум, а также свои идеи и убеждения. Тогда все становится намного проще.

Те люди, которые живут в коммуне с момента ее образования, обнаруживают, что они на самом деле все больше и больше наслаждаются своей жизнью. Некоторые из них изменились невероятно. Одну женщину у нас недавно навещала ее подруга, с которой они не виделись четыре года. Она рассказывала нам, что ее подруга с трудом смогла узнать ее. Работа здесь в офисе, на нашей кухне, пребывание среди других людей очень изменили положение вещей для нее. Это не обязательно означает, что сейчас она – пробудившийся человек, но это точно указывает, что произошла трансформация, и что она способна наслаждаться жизнью намного больше, чем раньше. Так что это еще один пример того, что происходит, когда люди приходят в коммуну.

Ощущаешь ли ты влияние своих мастеров, Ошо и Пападжи, в своей работе духовного учителя?

Да, я думаю, что оба они повлияли на меня. Ошо очень настойчиво напоминал мне о необходимости смотреть вовнутрь, быть Самоосознанным. Его влияние вдохновляло медитировать, прийти к спокойному уму, а также праздновать. Будь здесь сейчас и празднуй этот момент. Наслаждайся. Веселись. Духовная работа не должна быть серьезной, она на самом деле может быть веселой. Когда я попал к Пападжи, я понял что такое Самовопрошание, и что проблема, с которой все сталкиваются, – это отождествление, или привязанность к «моей жизни», «моей истории», «истории моей жизни». Поэтому благодаря влиянию Пападжи и его наставлениям я увидел, насколько важно осознать наше отождествление с «я». Сейчас в коммуне я делюсь тем, чему научился у своих мастеров.

Мы проводим регулярные медитации утром и вечером, а также у нас бывает множество моментов празднования. Раз в неделю мы целый вечер все вместе поем. Каждый понедельник проходит концерт, который дают жители коммуны либо приглашенные музыканты. Так что происходит празднование, но в то же время имеет место постоянное видение, постоянное наблюдение того, что происходит на самом деле. Влияние Пападжи состоит в том, чтобы просто оставаться спокойным и быть со своим Истинным Я, поскольку Истинное Я – наша подлинная природа, сущность того, кто мы есть.

Мы также используем последние достижения техники. Дважды в неделю, по понедельникам и пятницам, мы транслируем через интернет *сатсанг* с возможностью задавать вопросы в прямом эфире. Мы называем это «Сатсанг ТВ». Еще у нас есть музыкальный канал для наших концертов. Такие невероятные новые технологии могут действительно создать «глобальную сеть». Всё, что требуется – быстрый интернет, и нашу трансляцию можно посмотреть в любой точке мира.

Ты упомянул Шри Раману Махарши. Какая у тебя с ним связь?

Моя связь с ним началась с того, что я нашел его старую фотографию. Когда я был с Ошо, я снимал несколько комнат в старом индийском дворце. Махараджа, хозяин этого дворца, за тридцать лет до этого был непосредственным учеником Шри Раманы. Вначале я не знал, кем был этот человек на фотографии, но меня очень привлекла красота его глаз, покой в его глазах, и постепенно это фото завладело мной. Я вставил его в новую раму и выделил ему значимое место в своей комнате. Я начал узнавать о нем и о его учении, о Самовопрошании, о вопросе «Кто Я?» и постепенно, постепенно Шри Рамана стал оказывать на меня все большее и большее влияние.

Когда я приехал к Пападжи, то обнаружил, что у него также была фотография Шри Раманы. Он сидел под ней, когда проводил свои встречи. Я узнал, что он был прямым учеником Шри Раманы. И под этим влиянием меня потянуло посетить Рамана Ашрам. Это случилось много лет назад, в 1993 году, и я становился все ближе к учению Шри Раманы. Теперь каждый год на два или три месяца я приезжаю в маленький городок на юге Индии, где он жил у святой горы Аруначала. Я бы сказал, что после двадцати лет связи с Шри Раманой, Ошо, Пападжи, очень тихо, деликатно и постепенно Шри Рамана стал наиболее влиятельной фигурой в моей жизни. Я чувствую, как он направляет мою работу духовного учителя.

Когда я жил рядом с Пападжи, у меня была идея написать книгу о нем и о людях, которые приходили к нему. Эта книга уже издана под названием Papaji Amazing Grace («Пападжи. Удивительная благодать»), и на основе опыта работы над этой книгой, единственной, которую я планировал, сейчас у меня издано несколько книг, которые касаются Шри Раманы и его учения. Книга «Сатсанги у Аруначалы» состоит из бесед, проведенных во время моих ежегодных паломнических ритритов у Аруначалы. За последний год мы опубликовали «Намётки на пути к Пробуждению» – интервью с индийскими мастерами. Весной 2010 года мы опубликуем аналогичную книгу о западных мастерах, а в промежутке мы выпустим и вот эту книгу. Наше небольшое издательство, Open Sky Press, издает прекрасные книги на английском и немецком языках. Все эти книги являются результатом очень тонкой связи с Шри Раманой, которая становится все сильнее и сильнее.

Итак, куда дальше отсюда, из 2009 года?

После двенадцати лет, проведенных в непрерывных путешествиях, откликаясь на каждое приглашение, проводя встречи по пять дней в неделю и интенсивные группы каждые выходные, пришло время побыть дома и заняться развитием коммуны вокруг меня. Я вижу, что для того, чтобы произошла действительно устойчивая трансформация, коммуна предоставляет наилучшую возможность, потому что западная жизнь стала настолько напряженной, что у большинства людей просто не оказывается свободного времени, чтобы смотреть вовнутрь, быть осознанными.

Я также ценю творчество, проявляющееся вокруг меня. Местные художники становятся в очередь, чтобы выставить картины в нашей галерее, несмотря на то, что мы выставляем только те работы, которые написаны из безмолвия. Музыканты любят играть в нашем доме, даже несмотря на то, что у нас собирается очень небольшая аудитория. Замечательно купаться в невероятной любви, проявляющейся здесь, в Open Sky House.

Я не только писатель, но еще и художник, и надеюсь, что смогу передавать *сатсанг* и через свои картины. У меня в планах несколько книг, и я вижу ценность в том, чтобы представить их миру. Также я пришел к пониманию того, что существует лишь очень небольшое количество людей, которые действительно хотят жить в свободе. Большинство же просто хочет втиснуть немного духовности в свою текущую жизнь. Я всегда буду доступен истинно ищущим. В моей жизни есть много того, за что я благодарен, и я буду продолжать возвращать все, что способен.

В октябре 2014 Премананда написал это дополнение, охватывающее пять лет с 2009 до настоящего русского издания.

За годы, прошедшие с 2009-го, вечерние встречи, которые я проводил раньше, переезжая из одного города в другой, теперь транслируются из нашей студии в Open Sky House

(«Дом Открытого Неба»). Они проводятся по пятницам, по воскресеньям – с переводом на русский, и по понедельникам – с немецким переводом. Есть архив с записями порядка шестисот встреч, которые вы можете посмотреть в удобное для вас время на сайте, www.premanandasatsangtv.org. Также создано приложение SatTV, позволяющее смотреть все *сатсанги* с мобильных телефонов iPhone и планшетов iPad. Open Sky House также служит местом проведения регулярных сатсанг-ритритов, которые я веду в течение года.

Галерея Flow Fine Art развилась настолько, что теперь у нас выставляется двадцать художников, скульпторов, фотографов и керамистов. Их работы постоянно экспонируются в большом выставочном зале. Кроме того, выставляются работы, приобретенные галереей за последние восемь лет. Здесь в течение года проводятся регулярные выставки.
www.flowfineart.com

С 2009 года наше издательство Open Sky Press выпустило уже десять наименований книг на английском, немецком и русском языках, что в общей сложности составляет семнадцать книг. Кроме того, за прошедшие годы я срежиссировал пять фильмов. Книгу и фильм о своем учении я назвал «Великое заблуждение». В них вошли наиболее полезные из наставлений, сказанных мной за восемнадцать лет. Фильм снимался в нашей коммуне, и рассказывает историю украинской женщины, приехавшей жить в коммуну, и проходящей через процесс своей духовной трансформации. Я очень рад тому, что моя книга о Рамане Махарши «Аруначала Шива» переведена на русский язык.
www.openskypress.com

Для того, чтобы финансово поддержать жителей Open Sky House и дать им возможность жить и работать в пределах коммуны, была создана гостиница. По рабочим дням в ней останавливаются бизнесмены, а в выходные – участники семинаров, проводимых у нас в течение года другими ведущими.

Я приезжаю в Россию с 1989 года, а в Украину – с 2010 года. В 2013-м недалеко от Киева, в селе на берегу Днепра открылась новая русскоязычная коммуна «Дом Открытого Неба» в Триполье (Open Sky House Trypillya). Силами коммуны создан

прекрасный ритритный центр на речном заливе, а весной 2015 года будет открыта гостиница «Триполье», которая обеспечит доходом жителей коммуны. Приглашаем вас посетить коммуну в качестве гостя или волонтера, и принять участие в этом эксперименте по осознанной жизни.
www.openskyhouse.com.ua

Глоссарий

Адвайта	Направление в философии *веданты*, полагающее, что Истинное Я, или *Брахман*, является единственно существующей реальностью. *Адвайта* буквально переводится как «не два». Ее главным представителем был Ади Шанкара.
Ананда	Блаженство; проявляется как результат переживания Истинного Я.
Арджуна	Главный герой из *Бхагават Гиты*, который получает наставления от Бога *Кришны* относительно природы существования и значения жизни. *Арджуна* олицетворяет человеческое существо, захваченное неведением.
Аруначала	Святая гора в г. Тируваннамалай на юге Индии. Считается, что это *Шива*. Шри Рамана Махарши называл *Аруначалу* своим *гуру*. Он приехал к ней в шестнадцать лет и больше никогда ее не покидал.
Аруначалешвара	Индуистский храм, посвященный Богу *Шиве*, расположен у подножья *Аруначалы* в Тируваннамалае. Обитель Бога *Шивы* и его жены *Парвати*. Внутреннему святилищу более двух тысяч лет.
Атман	Индивидуализированный аспект Истинного Я.
Ахамкара	Эго, которое рассматривает себя как «действующее я».
Ашрам	В древней Индии — уединенное жилище индуистов, где святые жили в мире и спокойствии среди природы. В наши дни термин обычно используется для обозначения общины, созданной преимущественно для духовного преображения ее жителей. Часто *ашрам* возглавляет духовный мастер.
Аштанга йога	Индийская система *хатха-йоги*. Одна из наиболее точно определенных и сложных систем *хатха-йоги*, в которой дыхание (*пранаяма*) синхронизируется с физическими позами (*асанами*).
Брамин	Член касты браминов, высшей из четырех каст в индуизме, члены которой являются священниками и знатоками *ведической* литературы.
Брахма	Создатель. Один из главных богов индуизма, вместе с *Шивой* (разрушителем) и *Вишну* (спасителем).

Брахман	Безличностная, абсолютная реальность – Истинное Я.
Будда	Обычно подразумевается *Гаутама Будда*, основатель буддизма, которого часто называют просто *«Будда»*. *Будда (Санскрит*: пробужденный) – любое существо, которое полностью пробуждено.
Буддхи	«Та, которая знает», мудрость или разумность.
Бхагават Гита	Часть *Махабхараты*, в которой Бог *Кришна*, воплощение Бога *Вишну*, дает духовные наставления *Арджуне*.
Бхагаван	Живой Бог. Уважительное имя для реализованного существа.
Бхаджан	(букв.: поклонение) Песни духовного содержания, которые часто посвящаются определенным богам.
Бхакта	Преданный Богу.
Бхакти	Преданность, любовь. Традиционно один из основных путей к осознанию Бога.
Вайрагья	Бесстрастие, непривязанность или отречение от боли и наслаждения в материальном мире.
Васаны	Эмоциональные и ментальные тенденции; привычки поведения, реакций и желаний личности обусловленного существа, которые считаются продуктом паттернов текущей и прошлых жизней.
Веданта	Философия, которая происходит из *Упанишад*, последней части *Вед*.
Веды	(букв.: знание) Четыре сборника древних писаний, которые были переданы через *риши*. Самый авторитетный источник для индуистов.
Вичара	Поиск, исследование.
Видехамукта	Тот, кто освободился при смерти физического тела.
Вишну	Одно из главных божеств в индуизме, почитаемое как спаситель и защитник мира.
Вивека	Различение между постоянным и временным.
Вритти	Волны ментальной активности.
Гуны	Три качества всего проявленного: *саттва* (чистота), *раджас* (активность) и *тамас* (инертность).
Гурджиев	Георгий Иванович *Гурджиев* (примерно 1877-1949). Загадочный, провоцирующий и мистический учитель

	греко-армянского происхождения. Изобрел «Гурджиевские танцы» и основал «Институт гармоничного развития человека» в Фонтенбло под Парижем.
Гуру	Учитель в религиозном или духовном смысле; термин обычно используется в индуизме и буддизме. В этих традициях *гуру* рассматривается как священный канал мудрости и наставничества. Тот, кто показывает, что вы с ним/ней – одно. Во многих ветвях вышеупомянутых религий значимость встречи с *гуру* преподносится как необходимое условие для достижения Самореализации.
Даршан	Дословно: видеть святого. Однако часто используется в значении «находиться в обществе святого».
Джапа	Практика повторения имени Бога или *мантры*.
Джива	(букв.: живое существо) Индивидуальная душа, которая будет перерождаться до освобождения. В сущности, она едина с Вселенской Душой.
Дживанмукта	Тот, кто освобожден при жизни.
Дживатман	Индивидуализированный аспект *атмана*; «противоположным полюсом» является *параматман*, абсолютный аспект *атмана*.
Джняна	Знание о том, что реально, а что не реально. Основной, традиционный путь к реализации Истинного Я.
Джняни	Тот, кто осознал Истинное Я. Тот, кто обладает и является *джняной*. Тот, кто достиг реализации путем знания.
Дипам	Один из старейших праздников огня, который празднуется тамильскими индуистами в полнолуние месяца картикай (нояб/дек). Дома и улицы освещаются рядами масляных ламп. Огромный факел зажигают на вершине святой горы *Аруначала* в Тируваннамалае.
Дхарма	Практика или путь Истины.
Йога	(букв.: единение) Учение и практика, происходящие из древней ведической философии. Практика для соединения с божественным.
Йога Васиштха	Считается самой ранней работой, отражающей высшую мудрость *веданты*, или *джняна-йоги*. Это наставления мудреца Васиштхи его ученику Шри Раме, записанные поэтом Валмики в 62 000 строк. Эти наставления привели Раму к осознанию Истинного Я.

Йогин	Тот, кто практикует *йогу*.
Карма	(букв.: действие) Космический закон причин и следствий, результат прошлых действий индивидуума, который, как считается, в определенный момент неизбежно возвращается к нему; общая совокупность достоинств и недостатков всех прошлых действий индивидуума.
Карма-йога	*Йога* действия, основанная на учениях *Бхагават Гиты*. Сосредоточена на тщательном выполнении обязанностей, при этом без привязки к результатам. Она утверждает, что человек может достигнуть спасения (*мокша*) или любви Бога (*бхакти*) путем бескорыстного исполнения обязанностей.
Кали	Богиня в индуизме, символизирующая смерть, разрушение и возрождение. Разрушительница эго и иллюзий, преодолевает замешательство, неведение и оковы, и освобождает тех, кто стремится к познанию Бога.
Кришна	Инкарнация *Вишну*, считающегося верховным Богом. Обычно изображается молодым пастухом, играющим на флейте, или молодым принцем, дающим философские наставления. Символизирует знание, блаженство и празднование жизни.
Кундалини-йога	Физическая и медитативная дисциплина в традиции *йоги*, направленная на поднятие энергии *кундалини* (духовная сила или могущество) от основания позвоночника, через все *чакры* (центры тонкой энергии), до коронной *чакры*.
Лингам	Символ Божественного; основной символ бога *Шивы* в индуизме. Имеет форму фаллоса.
Майя	Мирская иллюзия, заставляющая нереальный мир казаться реальным.
Мала	*Джапамала* – круг из 108 бусин, наподобие четок, часто используется как вспомогательное средство при повторении *мантр*.
Манонаша	(букв.: угасание ума). Разрушение иллюзии отдельного «я».
Мантра	(букв.: священный звук) В индуистской традиции звук из *Вед*. Повторяется вслух или в уме, и используется как вспомогательное средство в достижении концентрации ума. Наиболее известная *мантра* – изначальный звук *ом*.

Глоссарий

Махабхарата	Великий эпос народа Бхараты. Национальный эпос Индии. Содержит 106 тысяч двустиший. Существует в различных формах более двух тысяч лет. Наиболее знаменитый текст – *Бхагават Гита*.
Махарадж	Великий король. Используется как почтительное обращение к духовному мастеру.
Махатма	(букв.: великая душа) Великий человек или святой.
Митья	(букв.: нереальное) В индуистском мировоззрении: мир такой, каким мы его видим, нереален и является всего лишь проекцией Бога.
Мокша	Освобождение от *самсары*, цикла смертей и перерождений, и всех страданий и ограничений мирского существовани.
Мукти	Избавление. См. *мокша*.
Нирвикальпа самадхи	Наивысшее состояние сознания, в котором душа полностью теряет ощущение отличия от вселенской Сущности, однако состояние временно и из него есть возврат к эго-сознанию.
Нитья	Вечное, неизменное, за пределами влияния времени.
Ом	Космический, вечный звук.
Прадакшина	Обход по часовой стрелке вокруг святого человека или места, являющийся проявлением глубокого уважения или почтения.
Пракрити	Сущностная природа, вечная энергия.
Пранаяма	Контроль дыхания.
Премананда	Безусловная любовь и блаженство.
Пуджа	Богослужение. Ритуал, в котором совершаются подношения и молитвы.
Пунья	Хорошая *карма*, созданная хорошими мыслями, словами, делами. Создается пожертвованием, добром и практикой *дхармы*.
Пурна	Завершенность, полнота.
Раджас	Одна из трех *гун*. Характеризуется активностью, страстью, рождением, творчеством. Часто последствием является боль, даже несмотря на то, что мгновенный результат – наслаждение.
Рэйки	Японская форма исцеления, использующая жизненную энергию через наложение ладоней на тело.

Риши	«Провидец» или «мудрец», которому в высоких состояниях сознания были «изначально явлены» *Веды*.
Садгуру / сатгуру	*Гуру*, который ведет человека к свободе – Самореализации.
Садхана	Духовная практика.
Садху	(букв.: праведный, святой) Набожный или благочестивый человек. Традиционно тот, кто отрекся от мирской жизни, странник с абсолютным минимумом личных вещей, полагающийся на милостыню в повседневных нуждах.
Самадхи	Недвойственное состояние сознания. Непосредственное, но временное переживание Истинного Я. Переживающий субъект становится единым с переживаемым объектом, ум становится неподвижным. Также термин используется для обозначения усыпальницы святого.
Санга	Община или собрание людей вокруг *гуру*.
Санкальпа	Воление, умственная деятельность, мысль, тенденции и привязанность.
Санньясин	Тот, кто отрекается; тот, кто после посвящения мастером или религиозным наставником, получает духовное имя, дает обет разорвать все связи со светским обществом и живет с вниманием, направленным исключительно на Бога.
Санскрит	(букв.: очищенный, священный, благословенный) Древний язык *Вед*. В индуизме и буддизме считался «языком богов». Сейчас используется в основном в религиозных и научных дискуссиях. Первоисточник всех индоевропейских языков.
Сат	Истина.
Сатчитананда	Истина-Сознание-Блаженство. Три качества, атрибута Абсолюта, *Брахмана*.
Сатсанг	(букв.: пребывание в Истине) Собрание *гуру* и его учеников.
Саттва	Чистота, доброта; высочайшая из трех *гун*.
Саттвичный	Чистый. Русифицированное прилагательное от *саттва*.
Сахаджа-самадхи	Высочайшее состояние просветления, не требующее усилий и постоянное.
Свами	Титул, свидетельствующий о духовных достижениях и образованности.

Глоссарий

Сиддха	Человек, достигший *сиддхи*.
Сиддхи	Сверхъестественная сила, паранормальные способности.
Тамас	Медлительность, пассивность, темнота. Одна из трех *гун*.
Тантра	Азиатская система воззрений и практик, которая основывается на следующем принципе: вселенная, которую мы переживаем, есть не что иное как определенное проявление божественной энергии. Стремится ритуально приобрести и передать эту энергию в человеческий микрокосм творческими и освобождающими способами.
Турия	Состояние чистого сознания, близкого к *самадхи*.
Упанишады	Завершающая часть *Вед*, состоящая из 108 текстов. *Упанишады* – тексты, из которых возникла вся *ведическая* философия.
Хатха-йога	Целостный *йогический* путь к достижению просветления. Практикуемая на Западе *хатха-йога* преимущественно состоит из одних *асан* (телесных поз), понимаемых как физические упражнения. Также считается практикой, снижающей стресс.
Шакти	Сила становления, энергия творения. Богиня, женский аспект *Шивы*.
Шанкара	Ади Шанкара – индийский мудрец 9-го века, считающийся самой влиятельной фигурой в *адвайте*.
Шива	Разрушитель. Вместе с *Брахмой* (создателем) и *Вишну* (спасителем) – одно из главных индуистских божеств.
Шраддха	Доверие и вера.
Шрути	Здесь термин используется для обозначения подлежащей основной ноты, на которую опирается пение и практически все музыкальные инструменты.

Список литературы и контактные данные

В этом списке перечислены все книги, упоминавшиеся в «Аруначала Шива». Все книги, опубликованные Шри Рамана Ашрамом, можно приобрести:

Книжный магазин Рамана Ашрама,
Тируваннамалай, Южная Индия
www.sriramana.org

Aksharamanamalai
(Акшараманамалай. (Гирлянда писем))
Sri Ramana Maharshi, Sri Ramanasramam, Tiruvannamalai

A Search in Secret India
(Путешествие в тайную Индию)
Paul Brunton, Srishti Publishers and Distributors, New Delhi, 1934

Be As You Are – The Teachings of Sri Ramana Maharshi
(Будь тем кто ты есть – Учение Шри Раманы Махарши)
edited by David Godman, Penguin Books, 1985

Blueprints for Awakening
(Наметки на пути к Пробуждению)
Premananda, Open Sky Press, London, 2008

Call Off the Search
(Прекращение поиска)
DVD by Jim Lemkin, Avadhuta Foundation, Boulder

Day by Day with Bhagavan
(День за днем с Бхагаваном)
from the Diary of A. Devaraja Mudaliar, Sri Ramanasramam, Tiruvannamalai, 2002

Guru Ramana (Гуру Рамана)
S.S. Cohen, Sri Ramanasramam, Tiruvannamalai, 1974 edition

Garland of Guru's Sayings
(Guru Vachaka Kovai)
(Антология высказываний гуру
(Гуру Вачака Ковай))
Muruganar, translated by Swaminathan, Sri Ramanasramam, Tiruvannamalai, 1990

Guru Vachaka Kovai
(Гуру Вачака Ковай)
Muruganar, translated by Dr T.V. Venkatasubramanian, Robert Butler and David Godman, edited and annotated by David Godman, Avadhuta Foundation, Boulder, 2008

I Am That (Я Есть То)
Sri Nisargadatta Maharaj, translated by Maurice Frydman, Chetana Publishing, Bombay, 1973

Mother's Agenda (Агенда Матери)
Satprem, Institute for Evolutionary Research, USA, 1993

Nothing Ever Happened
(Ничто никогда не случалось)
David Godman, Avadhuta Foundation, Boulder, 1998

Padamalai (Падамалай)
Muruganar, edited and translated by David Godman, T.V. Venkatasubramanian and Robert Butler, Avadhuta Foundation, Boulder, 2004

Prior to Consciousness
(Прежде сознания)
Sri Nisargadatta Maharaj, edited by Jean Dunn, Chetana Publishing, Bombay, 1999

Sad Darshana Bhashya
(Сад Даршана Бхашья)
translated and compiled by Kapali Sastri, Sri Ramanasramam, Tiruvannamalai, 9th edition, 2006

Self-Enquiry (Vicharasangraham) of Sri Ramana Maharshi
(Самовопрошание (Вичарасанграхам) Шри Раманы Махарши)
translated by Dr T.M.P. Mahadevan, Sri Ramanasramam, Tiruvannamalai, 1994

Silence of the Heart Dialogues with Robert Adams
(Безмолвие Сердца. Беседы с Робертом Адамсом)
Robert Adams, Acropolis Books, Atlanta USA, 1999

Talks with Sri Ramana Maharshi
(Беседы с Шри Раманой Махарши)
compiled by Sri Munagala Venkataramiah, Sri Ramanasramam, Tiruvannamalai, 1st edition, 1955

The Adventure of Consciousness
(Шри Ауробиндо, или путешествие сознания)
Satprem, Mira Aditi Centre, Mysore, 2000

The Collected Works of Ramana Maharshi
(Собрание сочинений Шри Раманы Махарши)
Sri Ramanasramam, Tiruvannamalai, 6th revised edition, 1996

The Last Days and Maha Nirvana of Bhagavan Sri Ramana
(Последние дни и Маха Нирвана Бхагавана Шри Раманы)
Viswanatha Swami, Arthur Osborne and T.N. Krishnaswamy, Sri Ramanasramam, Tiruvannamalai, 1997

The Power of the Presence
(Сила Присутствия)
David Godman, Avadhuta Foundation, Boulder, Volume One 2000, Volume Two 2001, Volume Three 2002

The 108 Names of Sri Bhagavan (Ramana Ashtothara)
(108 имен Шри Бхагавана. Рамана Аштотара)
Sri Viswanatha Swami, English translation and commentary by Professor K. Swaminathan, Ramanasramam, Tiruvannamalai, 1st edition 1997

Wandering in the Himalayas
(Странствия по Гималаям)
Swami Tapovan Maharaj, Chinmaya Mission, India

Who Am I? (Nan Yar) The teachings of Bhagavan Sri Ramana Maharshi
(«Кто Я?». Учение Бхагавана Шри Раманы Махарши)
Sri Ramanasramam, Tiruvannamalai, 22nd edition, 2006

Премананда

Связаться с автором или получить информацию о сатсангах с Преманандой

office@premanandasatsang.org
www.premanandasatsang.org
Тел.: +49 2173 4099204

Информация о книгах и DVD-фильмах Премананды

office@openskypress.com.ua
www.openskypress.com.ua
Тел.: +38 (067)1723236

Публикации Премананды

Книги

Намётки на пути к Пробуждению – Индийские Мастера
«Открытое Небо», Киев, 2014

Великое Заблуждение
«Открытое Небо», Киев, 2013

European Masters - Blueprints for Awakening
(Европейские Мастера – Намётки на Пути к Пробуждению)
Open Sky Press, London, 2010

Arunachala Talks
(Сатсанги у Аруначалы)
Open Sky Press, London, 2007

Papaji Amazing Grace
(Пападжи. Удивительная Благодать)
Open Sky Press, London, 2007

DVD-фильмы

Аруначала Шива
Комментарии к учению «Кто Я?»

Намётки на Пути к Пробуждению
Индийские Мастера

Великое Заблуждение
Обрети Истинное Счастье Благодаря Простому Пониманию

Сатори.
Метаморфоза Пробуждения

Европейские Мастера
Намётки на Пути к Пробуждению

Подлинная любовь
Отношения, Любовь и Секс

Кто Я?
Учение Шри Раманы Махарши

АРУНАЧАЛА
ПАЛОМНИЧЕСКИЙ РИТРИТ

Этот Сатсанг-ритрит дает возможность пожить в течение трех недель в формате коммуны у священной горы Аруначала в городе Тируваннамалай, в Южной Индии. Аруначала является местом силы, к которому люди совершают паломничество в течение уже двух тысяч лет. Мы располагаемся в уютном современном ашраме. Наши Сатсанги проходят на крыше ашрама, с которой открывается вид на святую гору. Каждое утро проходят занятия йогой, медитации в тишине и Сатсанг. Вторую половину дня мы проводим в одиночестве, в ашраме Раманы Махарши, или совместно с группой. Кроме того, мы отправляемся в волшебный автобусный тур, посещая удивительных индийских святых, который дает нам возможность увидеть и почувствовать индийскую культуру и природу.

http://india.premanandasatsang.org

Кто Я?

«ДОМ ОТКРЫТОГО НЕБА» В ТРИПОЛЬЕ
Эксперимент по Осознанной Жизни

Сатсанг-коммуна «Дом Открытого Неба» образовалась в июне 2013 г. в Украине в историческом селе Триполье, в часе езды на юг от Киева. На момент ее создания первые жители были знакомы с Преманандой больше трех лет и неоднократно бывали в «Доме Открытого Неба» возле Кельна, в Германии.

Первый проект коммуны — создание ритритного центра на берегу живописного залива Днепра. Первый ритрит прошел здесь в августе 2013 г. Следующий проект предусматривает создание гостиницы на базе существующего здания возле ритритного центра. Дом коммуны в Триполье обеспечивает комфортное проживание своих обитателей, еще одно здание перестраивается под жилье для гостей и волонтеров.

Это удивительное время для того, чтобы присоединиться к коммуне в качестве постоянного жителя, или стать на некоторое время волонтером или гостем. Если вас интересует духовное пробуждение и жизнь в свободе — мы будем вам очень рады.

www.openskyhouse.com.ua

Будь тем, кто ты есть!

OPEN SKY HOUSE
Международная Сатсанг- и Арт-коммуна
Эксперимент по Осознанной Жизни

Open Sky House, международная Сатсанг- и Арт-коммуна, располагается в большом доме 17 века на берегу Рейна, в небольшом поселке между Кельном и Дюссельдорфом в Германии. Каждую неделю здесь проходят три Сатсанга и Энергетический Даршан с Преманандой. Кроме того, в течение года проходят регулярные ритриты и уикенд-интенсивы. Арт-программа включает рисование, музыку, театр, скульптуру и керамику, клоунаду, пение и танцы.

Обитатели коммуны совместно ведут несколько бизнесов: издательство Open Sky Press, гостиницу Rhine River, галерею Flow Fine Art и услуги Open Sky Seminar House. Все аспекты работы, а также повседневные дела в коммуне: приготовление еды, уборка, уход за детьми и личное общение направлены на то, чтобы показать роботичную природу большинства действий. Когда появляется свобода от привычных реакций и паттернов, ум становится безмолвным.

Мы приглашаем вас посетить нас в качестве гостя или волонтера.

www.openskyhouse.org

Будь тем, кто ты есть!

Издательство «Открытое Небо»
Мудрость Неподвластная Времени

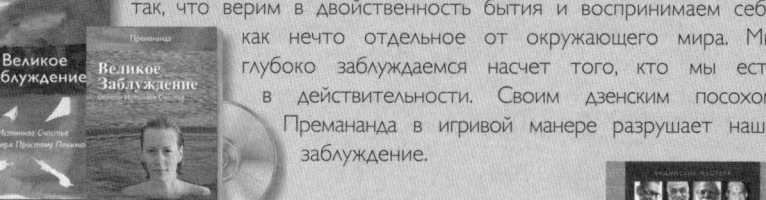

«Великое заблуждение» — демонстрирует нам, что мы обусловлены так, что верим в двойственность бытия и воспринимаем себя как нечто отдельное от окружающего мира. Мы глубоко заблуждаемся насчет того, кто мы есть в действительности. Своим дзенским посохом Премананда в игривой манере разрушает наше заблуждение.

«Намётки на Пути к Пробуждению – Индийские Мастера» архив редких и незаурядных видео, аудио и печатных материалов. Изумительное собрание живых, самобытных, мудрых учений святых. Британский учитель Премананда на основании учения Шри Раманы Махарши составил двенадцать вопросов, которые он задает шестнадцати индийским мастерам.

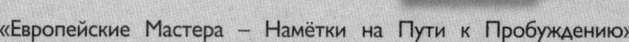

«Европейские Мастера – Намётки на Пути к Пробуждению» это мост, соединяющий древние писания и учения Индии с современной жизнью Запада. Премананда берет интервью у четырнадцати европейских духовных мастеров, известных и не очень. Радостно слышать объяснения недвойственности на современном английском языке, к тому же основанные на опыте жизни на Западе. Будет издана на русском языке.

«Сатсанги у Аруначалы» книга состоит из восьми бесед, проведенных спонтанно во время ежегодных Сатсанг-ритритов Премананды у горы Аруначала в Южной Индии. С любовью и юмором Премананда подводит нас к видению того, что мы не являемся переживанием «моей жизни», но осознанностью, в которой происходит это переживание. В беседах обсуждается влияние преданности, доверия и судьбы, приводящих нас к присутствию.

«Сатори. Метаморфоза Пробуждения» Редкие съемки процесса Пробуждения, традиционно называемого «сатори». Он может происходить мощно и драматично, либо в виде тонкого сдвига. Лакшми, живущая рядом со своим духовным учителем Премананды, пережила этот могущественный энергетический феномен. В этом фильме они ведут диалог о переживании Лакшми этого момента и о том, что происходило после него.

Издательство «Открытое Небо»
Издание духовных книг и фильмов высокого качества
info@openskypress.com.ua
www.openskypress.com.ua

DVD-диск с трейлером и Карта Аруначалы

К книге «Аруначала Шива» прилагается карта Аруначалы и DVD с фрагментами сопровождающего фильма «Аруначала Шива», дополняющего содержание книги живым визуальным измерением.

DVD-фильм «Аруначала Шива»

Фильм освещает важные аспекты жизни и учения Шри Раманы. Он представляет наиболее яркие моменты побуждающих к размышлению комментариев Дэвида Годмана, Рама и Премананды о самых значимых письменных работах Шри Раманы. Фильм содержит архивные материалы о Шри Рамане, съемки в Рамана Ашраме и, конечно же, красивые кадры Аруначалы.

- **Длительность фильма: 75 мин.**
- **Субтитры:** русский, английский, немецкий, датский, французский, голландский, испанский языки.
- **Бонусный материал:** фотографии в высоком качестве.

Карта Аруначалы и окрестностей включает информацию о местах, где жил Шри Рамана (красным цветом). Карта будет полезна всем желающим посетить святую гору Аруначала, и тем, кто интересуется подробностями жизни Шри Раманы. (Карта вложена в пластиковый конверт на противоположной странице, за DVD-диском).

Трейлер к «Аруначала Шива», DVD-фильму по этой книге. Вы можете просмотреть его на своём компьютере или DVD-плеере с системой PAL. Длительность: 24 минуты.

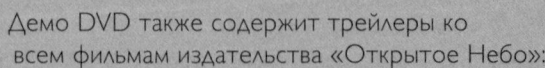

Демо DVD также содержит трейлеры ко всем фильмам издательства «Открытое Небо»:
- Великое заблуждение
- Намётки на Пути к Пробуждению – Индийские Мастера
- Европейские Мастера – Намётки на Пути к Пробуждению
- Сатори. Метаморфоза Пробуждения

Все фильмы с русскими субтитрами высокого качества.

Приобрести фильмы можно на сайте:
info@openskypress.com.ua
www.openskypress.com.ua